U0695269

工业化、城镇化进程中的农村土地制度改革研究
（编号：14BJL071）2014 年国家社科基金一般项目

国家社科基金丛书
GUOJIA SHEKE JIJIN CONGSHU

城镇化进程中的
农村土地制度改革研究

Research on the reform of Rural Land System
during the process of urbanization

刘卫柏　李中　著

人民出版社

目　　录

前　　言

　　工业化是中国顺应世界科技经济发展的必然选择,城镇化是现代化的必由之路。工业化过程是伴随经济发展、科技进步、产业转型升级的过程,城镇化是解决农业、农村、农民问题的重要途径,是推动区域协调发展的有力支撑,对于全面建成小康社会、加快推进社会主义现代化具有重大现实意义和深远历史意义。

　　1978 年 12 月,自党的十一届三中全会决定对内实行改革、对外实行开放的政策以来至 2017 年 10 月党的十九大召开宣布中国特色社会主义进入新时代已近 40 年。在这段经济发展的黄金期内,中国的工业化、城镇化经历了快速的发展阶段。国内生产总值从 1978 年的 3679 亿元增长到 2018 年的 900309 亿元,年均增长 9.4%,2018 年的工业产值也较 1978 年增长了近 59 倍;我国城镇化进程明显加快,1978 年至 2018 年,城镇常住人口从 1.7 亿人增加至 8.3 亿人,城镇化率从 17.92%增加至 59.58%,提高 41.66 个百分点,2012 年至 2018 年,户籍人口城镇化率由 35.33%提高到 43.37%,与常住人口城镇化率的差距由 17.24 个百分点缩小到 16.21 个百分点,缩小 1.03 个百分点。与其他经历相似发展时期的国家和地区一样,中国的工业化和城镇化进程不可避免地出现两类非常明显的变化:农村劳动力大规模地离开农村进城从事非农务工活动和农村土地的非农化。这种变化在中国表现得尤为显著,并且伴随工业化和城镇化进程的速度加快有进一步扩大的趋势。

农村土地的非农化,一方面满足了工业化、城镇化进程中的土地资源要素需求;另一方面,农村土地非农速度过快也带来农村土地利用的一系列问题,并日益成为我国经济发展、社会进步不得不面对的棘手问题:一是耕地减少速度过快影响国家粮食安全战略,影响国家18亿亩的耕地红线,粮食生产能力难以得到有效保障,食物安全因此遭受威胁。二是农村耕地质量难以得到保障,农村土地非农化引发农村边际土地被过度利用。《土地管理法》规定国家实行占用耕地补偿制度,非农建设批准占用耕地实行"占多少,补多少"的原则,补充数量与质量相当的耕地。但实际情形是在保证数量同时难以有效保证复垦耕地的质量,土地整治等增加耕地面积的生态质量有下降的态势,农村土地的生态压力增加。三是失地农民的数量快速增长,农村土地的非农化过程伴随的是农民失去土地的过程,农村土地产权模糊、农村土地征收补偿标准总体偏低,被征地农民的土地权益维护因此受到影响。与此同时,伴随工业化、城镇化进程,农民工外出进城务工无论是规模还是速度都在明显加快,外出农民工从2001年的8399万人增长到2016年的16934万人,增长了2.02倍。农民进城从事非农务工和人口由于资源分布向城镇转移,极大地改变农村的人口与土地的对应关系。但是,由于农村土地市场发展不平衡、土地产权不健全等问题,导致农村土地使用难以适应规模生产、集约经营的要求,难以满足现代农业对土地要素利用的要求,一家一户的分散经营在新时代农业发展中面临效率不高、效益下降问题,对中国农业现代化进程的加快产生比较大的阻碍作用。

当前,我国正处于工业化、城镇化快速发展时期,国外发达国家的历史经验教训表明,这个阶段也是土地被大量消耗占用的时期。我国人口多,底子薄,人均耕地资源占有率低。处理好工业化、城镇化进程中的农村土地问题,统筹当前发展与未来可持续发展的关系,是关系到中国特色新型工业化、信息化、城镇化和农业现代化道路能否顺利进行的一个重大问题,成为理论研究的热点、公共政策的难点和社会关注的焦点。

　　工业化、城镇化进程中的农村土地问题不仅与我国目前所处的经济发展阶段密切相关,而且也与现行制度和政策执行存在很大的关系。第一,在工业化、城镇化发展的不同时期,农村土地资源要素在不同部门的效率和效益存在差别,经济发展水平和社会进步状况对土地要素的需求就存在差异,农村土地非农化的规模和速度则明显不同。在工业化、城镇化起步阶段,由于发展速度较低,农村土地非农化的规模相对较小、速度相对较慢;到了工业化、城镇化中期,发展速度明显加快,农村土地非农化的规模明显扩大,速度明显加快,农村土地资源要素的消耗也显著加快;而在工业化、城镇化后期,由于追求质量和结构最优,对农村土地资源要素的需求逐渐下降。目前,中国正处于工业化、城镇化的快速发展时期,不可避免地需要消耗一定的农村土地资源要素,导致农村土地非农化的进程加快,因此,农村土地利用中的各种利益冲突和矛盾交织在一起。第二,工业化、城镇化发展程度和水平相同,土地问题出现的性质和类别一定程度上与现行制度和政策执行密切相关。能否在工业化、城镇化进程快速发展阶段,实现农村土地资源要素的配置优化和妥善应对参与不同主体的利益诉求,同产权清晰程度、土地市场效率和政府对土地治理的政策联系密切。当前,我国农村土地制度的基本特征就是市场发育程度不高、存在一定的土地利用行政干预、土地产权权能保护不足。土地资源在非农与农业用途的配置、农村与城镇的配置难以实现最优,农村土地过度非农化在不同地区一定程度存在,各参与主体因为利益诉求不同,由此引发的冲突和矛盾难以避免;农村土地资源由于市场流转不充分和农业规模经营的内生动力还将在未来相当长时期存在规模不足、效率不高、经营分散的状态。因此,工业化、城镇化进程中的农村土地问题,不仅是土地资源要素的优化配置问题,更涉及农村土地相关制度和政策的变革。

　　农村土地是农民谋生的主要手段,也是农民进行投资、积累财富及代际转移财富的主要途径。农村土地制度是农村的基础制度,它不仅对土地资源配置及其效率有重大影响,而且对农村社会稳定和社会公平正义也有着重大影响。土地问题在中国历来都是一个重大的政策问题。改革开放以来,伴随着计划经济体制向市场经济体制的转轨,城乡土地产权的明确界定和保护越来越受到重视,市场机制在土地资源配置中发挥着越来越重要的作用,政府对土地利用的调控能力也不断提高。在推进农村土地政策改革的实践中,各地进行了不少探索和创新。迄今为止,中国农村土地政策的改革是值得称道的。从全面建成社会主义小康社会和推进社会主义新农村建设的要求来看,中国农村土地制度和政策还需要进一步改革和完善。过去,中国农村比较突出的一个矛盾是农民负担问题,由于推进农村税费改革,取消农业税,由农民负担问题引发的矛盾基本消除了,但现在因土地引发的矛盾则突出了,集中表现在:土地"农转非"的速度太快,土地征占的规模过大,失地的农民群体越来越多;对失地农民的补偿偏低,不足以解决他们的长远生计;失地农民的就业和社会保障是很大的难题;地方政府对土地转让收益及土地相关融资过度依赖等。

土地制度是一个国家十分重要的生产关系安排,是各种制度中的基础性制度。2016 年 4 月,习近平总书记在安徽小岗村主持召开农村改革座谈会指出,"新形势下深化农村改革,主线仍然是处理好农民和土地的关系"。2018年是我国农村改革 40 周年,也是实施乡村振兴战略的开局之年。2019 年是新中国成立 70 周年,站在新的时代起点上,深刻把握习近平总书记关于农村土地制度改革的重要论述,明确当前和今后一个时期我国农村土地制度改革的方向和任务,十分必要,也十分重要。

中国农村土地制度改革是一个重大的研究课题,笔者对这个问题的研究还是初步的,时间仓促,疏漏在所难免,欢迎广大读者批评指正。希望本书的出版,能够为读者提供有价值的资料,为国家完善土地法律,深化农村土地政策改革提供参考。

第一章　工业化、城镇化进程中的农村土地问题分析

第一节　农村土地问题相关概念分析

工业化是中国顺应世界科技经济发展的必然选择,城镇化是现代化的必由之路。工业化过程是伴随经济发展、科技进步、产业转型升级的过程,城镇化是解决农业、农村、农民("三农")问题的重要途径,是推动区域协调发展的有力支撑,对于全面建成小康社会、加快推进社会主义现代化具有重大现实意义和深远历史意义。2016 年 4 月,习近平总书记在安徽小岗村主持召开农村改革座谈会指出,"新形势下深化农村改革,主线仍然是处理好农民和土地的关系"①。当前,我国正处于工业化、城镇化快速发展时期,国外发达国家的历史经验教训表明,这个阶段也是土地被大量消耗占用的时期。我国人口多,底子薄,人均耕地资源占有率低。处理好工业化、城镇化进程中的农村土地问题,统筹当前发展与未来可持续发展的关系,是关系到中国特色新型工业化、信息化、城镇化和农业现代化道路能否顺利进行的一个重大问题,成为理论研究的热点、公共政策的难点和社会关注的焦点。

---

① 新华社:《习近平在小岗村主持召开农村改革座谈会》,http://news.cnr.cn/native/gd/20160428/t20160428_522016371.shtml.2016-04-28/2019-05-08。

一、土地问题选题背景与研究意义

(一)选题的背景

1978 年 12 月,自党的十一届三中全会决定对内实行改革、对外实行开放的政策以来至 2017 年 10 月党的十九大召开宣布中国特色社会主义进入新时代已近 40 年。在这段经济发展的黄金期内,中国的工业化、城镇化经历了快速的发展阶段。国内生产总值从 1978 年的 3679 亿元增长到 2018 年的 900309 亿元,年均增长 9.4%,2018 年的工业产值也较 1978 年增长了近 59 倍;我国城镇化进程明显加快,1978 年至 2018 年,城镇常住人口从 1.7 亿人增加至 8.3 亿人,城镇化率从 17.92% 增加至 59.58%,提高 41.66 个百分点,2012 年至 2018 年,户籍人口城镇化率由 35.33% 提高到 43.37%,与常住人口城镇化率的差距由 17.24 个百分点缩小到 16.21 个百分点,缩小 1.03 个百分点。[1] 与其他经历相似发展时期的国家和地区一样,中国的工业化和城镇化进程不可避免地出现两类非常明显的变化:农村劳动力大规模地离开农村进城从事非农务工活动和农村土地的非农化。这种变化在中国表现得尤为显著,并且伴随工业化和城镇化进程的速度加快有进一步扩大的趋势。据统计,1978 年至 1985 年,每年全国约有 15.81 万公顷耕地转变为非农用途(钱忠好、肖屹、曲福田,2007);[2]1986 年至 2002 年,每年全国约有 16.84 万公顷耕地转变为非农用途(冀县卿、钱忠好,2007)[3];如果未来中国达到 50% 的城镇化率,2000 年至 2030 年全国建设占有耕地将超过 364 万公顷,年均 18.17 万公顷,失地和部分失地的农民将超过 7800 万人(韩俊,2003)。[4] 国土资源部

---

[1]　根据国家统计局历年《中国统计年鉴》计算得出。

[2]　钱忠好、肖屹、曲福田:《农民土地产权认知、土地征用意愿与征地制度改革——基于江西省鹰潭市的实证研究》,《中国农村经济》2007 年第 1 期。

[3]　冀县卿、钱忠好:《论我国征地制度改革与农地产权制度重构》,《农业经济问题》2007 年第 12 期。

[4]　韩俊:《将土地农民集体所有界定为按份共有制》,《中国经济时报》2003 年 11 月 11 日。

统计数据显示,2012 年至 2015 年,全国因建设占有、灾毁、生态退耕和农业结构调整等原因减少耕地面积 144.64 万公顷,剔除通过土地整治、农业结构调整等增加的耕地面积 120.44 万公顷,净减少耕地面积 24.2 万公顷。①

　　农村土地的非农化,一方面满足了工业化、城镇化进程中的土地资源要素需求;另一方面,农村土地非农速度过快也带来农村土地利用的一系列问题,并日益成为我国经济发展、社会进步不得不面对的棘手问题:一是耕地减少速度过快影响国家粮食安全战略,影响国家 18 亿亩的耕地红线,粮食生产能力难以得到有效保障,食物安全因此遭受威胁。二是农村耕地质量难以得到保障,农村土地非农化引发农村边际土地被过度利用。《土地管理法》规定国家实行占用耕地补偿制度,非农建设批准占用耕地实行"占多少,补多少"的原则,补充数量与质量相当的耕地。但实际情形是保证数量同时难以有效保证复垦耕地的质量,土地整治等增加耕地面积的生态质量有下降的态势,农村土地的生态压力增加。三是失地农民的数量快速增长,农村土地的非农化过程伴随的是农民失去土地的过程,农村土地产权模糊、农村土地征收补偿标准总体偏低,被征地农民的土地权益维护因此受到影响。据估计,到 2013 年,中国因农村土地征收产生的失地农民约为 5000 万,②且每年大约以 200 万至 300 万人口的速度增长,到 2020 年,失地农民总量将超过 1 亿人。③ 2001 年至 2016 年,全国国有土地出让收入从 1296 亿元④增长到 37456.63 亿元,⑤增长了 28.9 倍。因农村土地征收导致的诸如云南晋宁征地冲突事件⑥(黄云、熊

　　① 根据国土资源部 2013 年至 2016 年《中国国土资源公报》计算得出。
　　② 刘奇:《失地农民的叹息》,《中国发展观察》2013 年第 8 期。
　　③ 戚晓明:《人力资本、家庭禀赋与被征地农民就业——基于 CFPS2014 数据的分析》,《南京农业大学学报(社会科学版)》2017 年第 5 期。
　　④ 刘守英:《以地谋发展模式的风险与改革》,《国际经济评论》2012 年第 2 期。
　　⑤ 乔思伟:《2016 年国有土地使用权出让收入 3.74 万亿元》,http://www.mlr.gov.cn/xwdt/jrxw/201703/t20170317_1442683.htm,2017-03-17/2017-05-08。
　　⑥ 黄云、熊剪梅、柴萌:《晋宁县征地冲突事件舆情分析》,http://yuqing.people.com.cn/n/2014/1031/c210114-25946195.html,2014-10-31/2017-05-08。

剪梅、柴萌,2014)等也时有发生,影响了农村的稳定和社会和谐发展。与此同时,伴随工业化、城镇化进程,农民工外出进城务工无论是规模还是速度都在明显加快,外出农民工从 2001 年的 8399 万人增长到 2016 年的 16934 万人,增长了 2.02 倍。农民进城从事非农务工和人口由于资源分布向城镇转移,极大地改变农村的人口与土地的对应关系。但是,由于农村土地市场发展不平衡、土地产权不健全等问题,导致农村土地使用难以适应规模生产、集约经营的要求,难以满足现代农业对土地要素利用的要求,一家一户的分散经营在新时代农业发展中面临效率不高、效益下降问题,对中国农业现代化进程的加快产生比较大的阻碍作用。

工业化、城镇化进程中的农村土地问题不仅与我国目前所处的经济发展阶段密切相关,而且也与现行制度和政策执行存在很大的关系。第一,在工业化、城镇化发展的不同时期,农村土地资源要素在不同部门的效率和效益存在差别,经济发展水平和社会进步状况对土地要素的需求就存在差异,农村土地非农化的规模和速度则明显不同。在工业化、城镇化起步阶段,由于发展速度较低,农村土地非农化的规模相对较小、速度相对较慢;到了工业化、城镇化中期,发展速度明显加快,农村土地非农化的规模明显扩大,速度明显加快,农村土地资源要素的消耗也显著加快;而在工业化、城镇化后期,由于追求质量和结构最优,对农村土地资源要素的需求逐渐下降。目前,中国正处于工业化、城镇化的快速发展时期,不可避免地需要消耗一定的农村土地资源要素,导致农村土地非农化的进程加快,因此,农村土地利用中的各种利益冲突和矛盾交织在一起。第二,工业化、城镇化发展程度和水平相同,土地问题出现的性质和类别一定程度上与现行制度和政策执行密切相关。能否在工业化、城镇化进程快速发展阶段,实现农村土地资源要素的配置优化和妥善应对不同参与主体的利益诉求,同产权清晰程度、土地市场效率和政府对土地治理的政策联系密切。当前,我国农村土地制度的基本特征就是市场发育程度不高、存在一定的土地利用行政干预、土地产权权能保护不足。土地资源在非农与农业用途的配置、农村与城镇的配置难以实现最优,农村土地过度非农化在不同地区一定程度存在,各参与主体因为利益诉求不同,由此引发的冲突和矛盾难以避免;农村土地资源由于市场流转不充分和农业规模经营的内生动力欠缺还将在未来相当长时期存在规模不足、效率不高、经营分散的状态。因此,工业化、城镇化进程中的农村土地问题,不仅是土地资源要素的优化配置问题,更涉及农村土地相关制度和政策的变革。

(二)研究意义

工业化、城镇化进程是我国实现工业现代化、农业现代化和城乡一体化发展的必由之路,也是新时代发展难以阻挡的潮流。因此,系统研究工业化、城镇化进程中出现的农村土地问题,探究其根源和产生背景,并寻求其有效的破解路径,具有较强的理论价值和比较典型的现实意义。

二、国内外研究现状述评

(一)国外相关研究及述评

1.工业化和城镇化问题研究

西方国家的城镇化进程比我们大约早100年,20世纪西方发达国家的城镇化就达到了很高的水平,对城镇化相关理论的研究时间早、范围广、程度深,涉及许多学科领域,涵盖众多方面,出现了一些有影响的学者和观点。大体可以分为三个阶段:第一个阶段为1900年以前,《资本论》(马克思,1867)①、《政治经济学批判》(马克思,1859)②、《英国工人阶级状况》(恩格斯,1845)③、《国富论》(亚当·斯密,1776)④著作中涉及城镇化的论述;第二阶段

---

① 马克思:《资本论》第1—3卷,人民出版社1975年版。
② 马克思:《资本论》第13卷,人民出版社1975年版。
③ 《马克思恩格斯全集》,人民出版社1980年版。
④ [英]亚当·斯密:《国富论》,唐日松等译,商务印书馆2005年版。

为 1900 年至 1950 年,主要关注全球或区域范围的空间组织结构扩散或城镇化的发展规律探索,形成集中主义和分散主义两大对立派系,并对后续的城镇化进程和理论研究产生了深远的影响,主要包括农村区位论(约翰·冯·杜能,1826)①、工业区位论(阿尔弗雷德·韦伯,1909)②、城市区位论(沃尔特·克里斯塔勒,1939;③奥古斯特·廖什,1943④)和人口迁移理论的克拉克定理(科林·克拉克,1940)⑤等;第三阶段为 1950 年至今,城镇化理论的多元化发展阶段。进入第二个阶段以来,现代空间扩散理论(哈格斯特朗,1967)⑥、增长极理论(弗朗瓦·佩鲁,1950)⑦、中心边缘理论(约翰·弗里德曼,1961)⑧从空间扩散视角、生态学视角(帕特里克·盖迪斯,1904;⑨罗伯特·E.帕克,1916;⑩霍伊特,1936⑪),城乡一体化及区域经济发展视角(哈维,1985⑫;卡斯特尔,1976⑬)等研究城镇化问题,并用大都市圈概念解释大城市群现象(戈特

① [德]约翰·冯·杜能:《孤立国同农业和国民经济的关系》,吴衡康译,商务印书馆 1986 年版。
② [德]阿尔弗雷德·韦伯:《工业区位论》,李刚剑等译,商务印书馆 2010 年版。
③ [德]沃尔特·克里斯塔勒:《德国南部中心地原理》,常正文、王兴中等译,商务印书馆 2010 年版。
④ 倪方树:《企业区位选择与空间集聚》,南开大学博士学位论文,2012 年。
⑤ [英]科林·克拉克:《经济进步的条件》,商务印书馆 2010 年版。
⑥ Hagerstrand T.Innovation as a spatial process[M].Chicago:university of Press.1967.
⑦ Francois Perroux. Economic space:theory and applications [J]. Quarterly Journal of Economics,1950,64(1):89−104.
⑧ Friedmann John.Regional Development Policy:A Case Study of Venezuela[M].Cambridge:M.I.T.Press,1966.
⑨ Patrick Geddes.City Development,A Report to the Carnegie Dunfermline Trust[M].New Jersey:Rutgers University Press,1904.
⑩ [美]R.E.帕克、E.N.伯吉斯、R.D.麦肯齐:《城市社会学:芝加哥学派城市研究》,宋俊岭、郑也夫译,商务印书馆 2012 年版。
⑪ 黄怡:《新城市社会学:1970 年代以来西方城市社会学的范式转变》,《同济大学学报(社会科学版)》2011 年第 6 期。
⑫ David Harvey.The urbanization of capital:studies in the history and theory of capitalist urbanization[M].Baltimore:The Johns Hopkins University Press,1985.
⑬ 周立斌、杨林:《空间政治经济学对我国城市发展的启示》,《学术交流》2014 年第 4 期。

曼,1957)①,认为城镇化与经济发展密切相关(诺瑟姆,1975)②,也有学者从国际化视角分析城市带的形成及演进规律(吉尔伯特,1982;阿姆斯特朗,1985)。③

关于工业化内涵,可以衡量制造业在国民收入中的比重,表现为份额的增加(霍利斯·钱纳里,1969)④,农业份额所占比重不断下降(霍撒克,1973)⑤,体现为从农业向工业转移资源(西蒙·史密斯·库兹涅茨,1966)⑥。关于工业化模式,美国是分散的市场化模式,强调发挥参与经济主体的积极性(迈克尔·波特,1990)⑦。国外工业化研究大体经历三个阶段:第一阶段为1940—1960年,注重分析发展中国家的工业化实现路径(阿瑟·刘易斯,1954;⑧威廉·吕彼克,1938;⑨曼德尔鲍姆,1945⑩);第二个阶段为1960—1980年,发展中国家通过工业化战略取得了经济的显著发展,但出现了城乡差距扩大的问题(世界银行,1993);第三个阶段为1980年至今,研究了工业化与信息化二者之间的关系(丹尼尔·贝尔,1980),⑪信息不对称性对工业企业生产成本、收益和竞争能力产生的影响(约瑟夫·斯蒂格利茨,1976),⑫以及由此产生的环境问题及治理(罗伯·格瑞,2002)等等。关于工业化与城镇化二者关

① Gottman,Jean.Megalopolis or the urbanization of the Northeastern Seaboard[J].Economic Geography,1957,33(7):31-40.

② 陈明星、叶超、周义:《城市化速度曲线及其政策启示——对诺瑟姆曲线的讨论与发展》,《地理研究》2011年第8期。

③ 苗长虹:《从区域地理学到新区域主义:20世纪西方地理学区域主义的发展脉络》,《经济地理》2005年第5期。

④ [美]霍利斯·钱纳里、谢尔曼·鲁宾逊、摩西·赛尔奎因:《工业化和经济增长的比较研究》,吴奇、王松宝等译,格致出版社、上海三联书店、上海人民出版社2015年版。

⑤ 李颐:《基于新兴古典经济学的分工理论述评》,《兰州学刊》2010年第3期。

⑥ [美]西蒙·库兹涅茨:《各国的经济增长》,常勋等译,商务印书馆1999年版。

⑦ [美]迈克尔·波特:《国家竞争优势》,李明轩、邱如美译,中信出版社2012年版。

⑧ [英]阿瑟·刘易斯:《经济增长理论》,周师铭等译,商务印书馆1983年版。

⑨ [法]威廉·吕彼克:《农业国的工业化:一个科学的问题》,商务印书馆1999年版。

⑩ 高波:《经济发展理论范式的演变》,《南京大学学报(社会科学版)》2010年第1期。

⑪ Daniel Bell.The Coming of Post-Industrial Society:A Venture in Social Forecasting,Journal of the Operational Research Society,1980,31(1):83-84.

⑫ 谢康、乌家培编:《阿克洛夫、斯彭斯和斯蒂格利茨论文精选》,商务印书馆2010年版。

系,托达罗(1969)在刘易斯(1954)认为工业化与城镇化是同步进行的两部门模型基础上,建立农村劳动力向城市迁移决策和就业概率的劳动力流动行为模型,亦称之为三部门模型,认为工业化主要集中在城市进行并可以不断吸收农村剩余劳动力。① 霍利斯·钱纳里(1975)等认为工业化造成了产业结构调整,从而推进了城镇化进程。② 巴顿(1976)认为工业化与城镇化之间不存在先后问题,是相互促进的,从微观层面分析了城镇化产生的聚集效应。③

2. 土地地租理论研究

一是西方经济学中的地租理论。威廉·配第(1662)首次提出地租理论的"剩余收入说",认为地租是劳动产品扣除生产投入维持劳动者生活必需后的余额,其实质是剩余劳动的产物和剩余价值的真正形态。土壤肥沃程度、耕作技术高低、距离的远近差异是造成地租差异的原因,威廉·配第的地租理论为级差地租理论奠定了初步基础,并促进了地租理论的发展④。杜尔哥(1766)从地租与土地所有权的关系出发阐释了地租的形成与来源,指出地租是由农业劳动者用自己的劳动向土地取得的财富,但却被土地所有者占有的部分。在此基础上,亚当·斯密(1776)提出了"垄断价格说",系统全面地论述了土地的地租,认为地租源于土地的私有制,地租实际上是"垄断的价格",是使用土地所支付给地主的代价,它的来源是个人的劳动收入所得⑤。詹姆斯·安特生提出"价格决定说",认为土地产品的价格决定地租,肥沃程度不同产生差额地租。大卫·李嘉图(1817)提出"差额地租学说",运用劳动价值

---

① Todaro,M.P.A Model of Labor Migration and Urban Unemployment in Less Developed Countries,The American Economic Review,1969,59(1):138-148.

② [美]霍利斯·钱纳里、谢尔曼·鲁宾逊、摩西·赛尔奎因:《工业化和经济增长的比较研究》,吴奇、王松宝等译,格致出版社、上海三联书店、上海人民出版社2015年版。

③ 董梅生、杨德才:《工业化、信息化、城镇化和农业现代化互动关系研究——基于VAR模型》,《农业技术经济》2014年第4期。

④ [英]威廉·配第:《赋税论》,邱霞、原磊译,华夏出版社2017年版。

⑤ [法]杜尔哥:《关于财富的形成和分配的考察》,唐日松译,华夏出版社2007年版。

论研究地租,认为土地的占有产生地租,地租是为使用土地而付给土地所有者的产品,是由劳动创造的。地租是由农业经营者从利润中扣除并付给土地所有者的部分①。屠能(1826)首次系统地论述了土地的位置与农业生产和地租的相关性。认为某产品的产地价格通常等于中心市场价格与产地至中心市场间运费的差额,这就是区位地租。赫德(1872)论述了区位地租理论,认为价值依赖于经济租金,而经济租金依赖于区位,区位依赖于方便性,方便性依赖于接近性。

二是马克思主义地租理论。地租的属性与土地所有权的关系、级差地租理论、绝对地租理论、垄断地租理论、非农业用地地租理论构成马克思(1867)主义地租理论的主要内容:第一,关于地租属性,马克思认为地租是剩余价值,是土地所有权在经济上的实现。地租以土地所有权与土地使用权两权分离为前提。关于地租与土地所有权关系,地租是经济范畴,土地所有权是法律范畴;地租必然与土地所有权相联系,但有土地所有权不一定产生地租。第二,关于级差地租理论,马克思认为级差地租形成条件和基础是土地质量优劣和生产率的差异,形成原因是土地经营权的垄断,形成的根本源泉是劳动者剩余劳动创造的剩余价值。由于土地肥力和位置差异产生的超额利润转化的级差地租称为级差地租 I,由于在同一地块各个连续投资的劳动生产率差异所产生的超额利润转化的级差地租称为级差地租 II。第三,关于绝对地租理论,使用所有者的土地绝对需要支付的地租称为绝对地租,实体表现为农业中的超额利润,其来源有两种不同情况:一种是农业资本有机构成低于社会平均有机构成的条件下,绝对地租来源于土地产品价值高于其生产价格的差额;另一种是农业资本有机构成赶上甚至超过工业的条件下,绝对地租只能来源于土地产品的市场价格高于其价值的差额。第四,关于垄断地租理论,马克思认为垄断地租是由产品的垄断价格带来的超额利润转化成的地租。第五,关于非农

---

① [英]大卫·李嘉图:《大卫·李嘉图全集》,商务印书馆 2013 年版。

业用地地租理论,马克思认为建筑地段地租是为了获得生产场地而支付的地租,矿山地租是为了获得采矿权而支付的地租。

三是现代地租理论。弗雷德·马歇尔(1890)分析土地对国民财富的作用,把生产要素分为土地、劳动和资本,土地是大自然的恩赐,认为地租理论只是一般供求理论中的特定推论的主要应用而已,地租是由供求关系影响的,但是由于土地资源的稀缺性,土地的供给量是固定不变的,所以地租只受土地需求状况的影响,地租取决于土地的边际生产力。克拉克(1899)提出边际生产力理论,认为地租是由土地的边际生产力决定,地租为总产量扣除工资的余额,因此称地租为"经济盈余"。保罗·A.萨缪尔森(1948)认为地租是为使用土地所付的代价。土地供给数量是固定的,因而地租量完全取决于土地需求者的竞争。雷利·巴洛维(1986)认为,地租可以简单地看作是一种经济剩余,即总产值或总收益减去总要素成本或总成本之后余下的那一部分。各类土地上的地租额取决于产品价格水平和成本之间的关系。张五常(1968)建立佃农理论,认为政府干预过度或产权弱化会导致资源无效配置,而允许土地自由交易,实行土地私有化,明晰产权会发挥土地要素的最大效率。

3.农村土地市场和制度变迁研究

国外学者提出土地产权的确定能够促进土地流转市场的健康运行,土地产权制度的确立是流转顺利进行的前提。应该将市场作为主要的流转方式,充分发挥政府的干预措施来抵御市场的不足。Alchian & Demsetz(1972)认为土地产权稳定性会对土地所有者的投资意愿产生重大影响,土地产权同投资激励正相关[①]。Feder & Feeney(1993)认为土地产权明晰可以降低成本,促进农业投资,提高农业生产效率,实现规模经营。Jeanolson Lanjouw(1999)运用土地租借的平衡理论分析了信息资源在土地流转的市场经济中发挥的重要作用。Douglas C.M.(2000)详细地论述了政府对土地市场的宏观调控作用,应

① Demsetz,H.Towords..A Theory of Property Rights,American Economic Review,1967,57(2):347-359.

该完善土地流转的信息系统,采取明确土地价格的方式来完善土地的交易制度。Terry V.D.(2003)通过梳理土地制度的变迁过程,他提出应该用制度创新来调配广大农村的土地,使之达到优化配置以此提高土地的高效利用,这样一方面能够使农业的资源得到优化的配置,另一方面将有助于促进农业的快速发展。

4. 土地交易和土地流转研究

一是土地交易研究。Ronald Coase(1960)研究了农村的土地产权中交易成本对土地资源有效配置的影响,他认为理性人在自由的环境下会选择最有效的交易制度安排,应该利用法律最大限度地降低交易成本,而不是消除这些成本[1]。Douglas C.M.(2000)研究提出政府应该运用一些强制性的手段来抵御市场的不足,农村的土地产权制度的确定是农地进行自由交易的基础和前提。马修·戈顿(2001)研究提倡摩尔多瓦地区的农民应该进行联合的生产来扫除土地流转中存在的障碍。Feder(1988)认为,明晰土地的产权能够使土地的交易费用减少,[2]有利于把生产要素向效率较高的农民进行配置,从而促进生产力的提高。Binswanger(1995)提出适量地转移土地的所有权和使用权一方面可以提升土地的资源配置率,另一方面能够促进土地资源的深度投资,在一定程度上减少农户的风险规避行为。土地的市场,劳动力和商品市场等是土地资源效率降低的主要原因。Ruben(2003)认为不同的农业生产类型、土地、农户家庭以及资金等几个要素的合理配置能够影响土地产权的安全性,它们之间的优化配置可以使土地的产权较为明晰,降低交易的费用,使市场交易更加灵活。

二是土地流转研究。由于在土地交易中,交易实际上是土地产权,因此,国外的许多学者在研究土地流转时,把重点内容放在对土地产权的研究上。他们

---

① Coase R.H.The federal communications commission,Journal of law and economics,1959(2):1.

② Feder Gershon,Feeny David.Land Tenure and Property Rights:Theory and Implications for Development Policy,World Bank Economic Review,1991,5(1):135−153.

一致认为,产权清晰、交易成本低、流转自由是实现帕累托效率的三个前提条件。

首先,农村土地流转方式研究。按照土地产权所有的表现形式,可以分为土地所有权和土地使用权,并且可以相互分离。相应地,土地流转模式也可分为使用权和所有权流转。Macmillan(2000)从经济视角展开对土地市场的研究,认为土地可以公开买卖,实行自由交易,但有必要依靠政府的强力干预以弥补交易过程中市场失灵,避免土地利用率的过分波动,因此,一些国家和政府干预和限制土地交易就在情理之中。[1] Wegren(2003)在对俄罗斯五省调查后发现:2000 年私有土地交易中,乡村土地交易所占比重高达 42%,大大促进了乡村经济的发展。Terry(2003)在研究中东欧土地私有化进程时发现,经济发展状况和社会环境对农户土地所有权交易产生较大的影响,农户的参与程度受土地交易收益及安全心理的影响。当前土地流转的主流模式是土地租赁,Dong Xiao-Yuan(1996)在比较世界各国土地流转状况后得出较土地买卖而言,土地租赁是绝大多数农户获得土地的方式,Basu(2002)在研究土地资源配置时也持同样的观点。Binswanger(1995)认为由于农村金融和保险市场的不发达和社会保障配套欠缺,第二次世界大战以后进行的土地改革不同程度地出现了两极分化和土地集中,影响了社会稳定,从而导致经济效率低下。许多发展中国家,土地交易不仅没有提高土地资源配置效率,缓解农村贫困,而且使许多失地农民丧失许多阶级攀升机会。

其次,农村土地流转影响因素研究。Muth(1961)运用计量模型实证分析认为经济增长同土地流转之间的相关关系为正。Dieninger(1998)指出影响农户参与农地流转的主要因素主要有农户资产组合、劳动力成本和农村金融市场等。Lohmar(2001)、Brandt(2002)、Yao(2002)和 Jin & Klaus(2006)等人通过实证指出,经济发展水平和农村剩余劳动力转移程度对农村土地流转产生较大的影响。Bogaert(2002)认为国家因素增大了土地交易的成本,导致交易

---

[1]　Macmillan D.C..An Economic Case for Land Reform,Land Use Policy,2000,17(1):49-57.

费用大量增加。此外,经济发达程度和市场环境的好坏对土地流转也产生较大的影响。Tesfaye Teklu(2003)在实证研究埃塞俄比亚农地市场时发现,农地经营规模与劳动力和牲畜数量之间的关系密切,但不确定年龄大小和教育程度高低对农地流转的影响程度。Eleonora & Joshua(2004)在研究斯洛伐克土地市场交易价格时指出,政府的直接和间接干预是导致土地交易价格过低的主要原因,而这又刺激了土地交易需求,客观上提高了土地交易效率,但难以达到土地资源要素的最优配置。

最后,农村土地流转对农业生产的影响研究。大部分学者认为通过土地流转可以促进土地集中,实现农业的规模经营,提高农业生产效率。Wang & Gaill(1996)通过研究发现土地流转对于扩大农业生产规模有非常明显的影响,可以获得规模经营的潜在效益。Ruden(1999)在对40多个发达国家与发展中国家农业生产效率的对比分析后发现:土地规模影响比重大概占农业生产效率的15%,土地规模影响比重大约占劳动生产率的25%。从各国土地流转状况的横向比较来看,土地流转最终起到了促进农业规模经营的目的,这也反映了工业化、城市化及农业技术进步和农村经济发展的要求。Elizabeth & Chip(2002)在分析土地经营状况的基础上认为,土地流转会改变土地生产结构。但是,土地细碎化是实现农业集约经营、规模生产的最大障碍,极大地影响了土地的产出效益和削弱了农产品的竞争力。

也有一些国外学者对我国农村土地流转问题展开研究,Whalley(1989)回顾了我国农村土地管理制度变革的制度变迁过程,认为自1978年实行家庭联产承包经营责任制以来劳动生产率得到极大的提高。Gale(2002)对农村劳动人员数量展开研究,认为农业占就业人口的比重从1978年的70%下降到2000年的50%以下,并且随着时间推移还在继续降低。Rozelle(1999)认为从事农业生产比较效益低下促进了农村劳动力进城务工获取非农收入,促进了农村土地流转的规模。James(2002)根据农业部1999年农村市场调查数据实证分析了农村剩余劳动力转移对农村土地流转的影响,认为农村剩余劳动力转移增加了农户流出土地的可能,但减少了流入土地的需求。Klaus(2007)采用村级调查数据定量分析认为,中国农村土地流转市场流转的主要动力是非农务工机会的增加。

这些理论尽管总体上被置于传统经济理论之下,且未涉及中国工业化、城镇化进程中农村土地问题产生的背景、国家特点等,但内容极为丰富、深刻,为本研究提供了很好的借鉴。

(二)国内相关研究及述评

1. 工业化和城镇化问题研究

国内学者主要从如下三个层面对工业化和城镇化问题展开研究:

首先,关于工业化问题。曾国安(1998)认为工业化启动、顺利进行、持续推进需要具备工业化动力、经济资源流动与利用、技术创新与机制、积累、基础设施等条件。[①] 魏后凯(1999)在考察中西部工业化特点、问题及国内经济形势的基础上,认为中西部需要实行市场主导的工业化战略。[②] 从中国工业化的特殊性出发,通过发展第三产业来带动农村劳动力转移,以支持经济增长和工业化阶段的演进(郭克莎,2000)。[③] 袁志刚、范剑勇(2003)分析了1978年改革开放以来中国工业化的进程,认为东部、东北三省、中部、西北和西南地区工业化发展阶段不同,东部沿海地区具备成为制造业中心的条件。[④] 赵国鸿、郭睿(2005)从收入水平、产业结构、信息化与技术进步、人力资源开发、可持续发展、城市化、社会、外贸结构、市场化九个方面构建新型工业化的量度指标评价体系。[⑤]

[①] 曾国安:《试论工业化的条件》,《经济评论》1998年第1期。

[②] 魏后凯:《新形势下我国中西部工业化战略探讨》,《中国工业经济》1999年第2期。

[③] 郭克莎:《中国工业化的进程、问题与出路》,《中国社会科学》2000年第3期。

[④] 袁志刚、范剑勇:《1978年以来中国的工业化进程及其地区差异分析》,《管理世界》2003年第7期。

[⑤] 赵国鸿、郭睿:《新型工业化的量度指标探索》,《中国社会科学院研究生院学报》2005年第1期。

而陈佳贵、黄群慧、钟宏武（2006）则从经济发展水平、产业、工业、就业与空间结构等方面对中国大陆省级区域的工业化水平进行测度,分析发现2000年以后,绝大多数地区工业化的主要动力是工业结构升级替代产业结构调整,[①]走新型工业化道路(吴敬琏,2006),[②]探讨新型工业化与资源环境(成金华、吴巧生,2005)、[③]农业转型(樊端成,2005)、[④]粮食安全(王泽填、林擎国,2005)[⑤]和信息化、劳动就业、城市化与可持续发展战略的关系(庄岚、范文俊,2008),[⑥]关注工业化进程中的失地农民问题(王宇波、张子刚,2005),[⑦]新型工业化不仅是工业制造业的信息化,而且是农业产业的现代化(刘茂松,2009)。[⑧] 黄健柏、刘维臻(2008)实证分析表明,金融发展和资本深化可以实现中国工业与经济的协调发展。[⑨] 也有学者基于云南(龚映梅、顾幼瑾,2009)[⑩]、湖南(陈志平,2010;[⑪]陈赤平、刘佳洁,2016[⑫])、中部地区(王洪庆,2016)[⑬]关注工业化进程中的地方实践和美国、日本、韩国等发达国家的经验借

---

① 陈佳贵、黄群慧、钟宏武:《中国地区工业化进程的综合评价和特征分析》,《经济研究》2006年第6期。

② 吴敬琏:《中国应当走一条什么样的工业化道路》,《管理世界》2006年第8期。

③ 成金华、吴巧生:《中国新型工业化与资源环境管理》,《中南财经政法大学学报》2005年第6期。

④ 樊端成:《新型工业化与农业转型》,《生产力研究》2005年第6期。

⑤ 王泽填、林擎国:《工业化中的中国粮食安全》,《宏观经济管理》2005年第8期。

⑥ 庄岚、范文俊:《走新型工业化道路需要处理好若干重大关系》,《理论视野》2008年第3期。

⑦ 王宇波、张子刚:《工业化进程中的失地农民问题剖析》,《宏观经济管理》2005年第6期。

⑧ 刘茂松:《论新型工业化的中国特色——农业小部门化时期的中国农业工业化》,《湖南师范大学社会科学学报》2009年第5期。

⑨ 黄健柏、刘维臻:《金融发展、资本深化与新型工业化道路》,《金融研究》2008年第2期。

⑩ 龚映梅、顾幼瑾:《云南省县域经济新型工业化发展水平评价与对策》,《经济问题探索》2009年第2期。

⑪ 陈志平、刘佳洁:《"两型社会"建设中湖南新型工业发展探讨》,《湖南社会科学》2010年第4期。

⑫ 陈赤平、刘佳洁:《工业化中期生产性服务业与制造业的协同定位研究——以湖南省14个市州的面板数据为例》,《湖南科技大学学报(社会科学版)》2016年第1期。

⑬ 王洪庆:《中部地区新型工业化发展研究》,经济科学出版社2016年版。

鉴等(李魁,2010;① 胡立君、薛福根、王宇,2013;② 王喆、陈伟,2014;③ 欧阳峣,2017④)。

其次,关于城镇化问题。温铁军(1998)较早关注城镇化进程中的陷阱,存在地方政府资本原始积累与征占农民土地的矛盾。⑤ 辜胜阻(1999)积极评价了推动城镇化的积极意义,有利于实现农村剩余劳动力转移、发展农村市场、实现乡村工业和产业发展(刘铮,2003),⑥但城镇化发展过程中存在制度缺陷,地区产业断层,资源、资金和生产方式制约,需要充分考虑各地特点(李成,2001;⑦刘薰词,2002⑧),并从农业、农村、农民视角提出针对性的对策建议(杜鹰,2001;⑨高强,2005;⑩许经勇,2006⑪)。城镇化进程中要注意农地非农化与农民利益保护(王定祥、李伶俐,2006)⑫ 、失地妇女就业问题(孙良媛等,2007)。⑬ 新时期的城镇化要由过去依赖土地和劳动力的要素驱动转向创新驱动,从重数量转向追求质量,从外延式扩张转向内涵式发展(辜胜阻、成

---

① 李魁:《东亚工业化、城镇化与耕地总量变化的协动性比较》,《中国农村经济》2010 年第10 期。

② 胡立君、薛福根、王宇:《后工业化阶段的产业空心化机理及治理——以日本和美国为例》,《中国工业经济》2013 年第 8 期。

③ 王喆、陈伟:《工业化、人口城市化与空间城市化——基于韩、美、日等 OECD 国家的经验分析》,《经济体制改革》2014 年第 5 期。

④ 欧阳峣:《美国工业化道路及其经验借鉴——大国发展战略的视角》,《湘潭大学学报(哲学社会科学版)》2017 年第 5 期。

⑤ 温铁军:《农村城镇化进程中的陷阱》,《战略与管理》1998 年第 6 期。

⑥ 刘铮:《城镇化障碍因素及路径选择》,《经济学动态》2003 年第 8 期。

⑦ 李成:《经济后进区人力资源与城镇化发展探讨——以陕西北缘六县市为例》,《经济地理》2001 年第 1 期。

⑧ 刘薰词:《湖南小城镇建设的基本策略》,《求索》2002 年第 3 期。

⑨ 杜鹰:《我国的城镇化战略及相关政策研究》,《中国农村经济》2001 年第 9 期。

⑩ 高强:《论我国城镇化进程及对策》,《开发研究》2005 年第 1 期。

⑪ 许经勇:《对中国特色城镇化道路的深层思考》,《经济经纬》2006 年第 1 期。

⑫ 王定祥、李伶俐:《城镇化、农地非农化与失地农民利益保护研究》,《中国软科学》2006 年第 10 期。

⑬ 孙良媛、李琴、林相森:《城镇化进程中失地农村妇女就业及其影响因素——以广东省为基础的研究》,《管理世界》2007 年第 1 期。

德宁,1999),①发展和培育辐射全国的重点城市群体系,改革城乡二元体制,推进农村土地的市场化改革,使其成为中国经济增长的发动机。

关于城镇化的动力机制,绝大多数学者都从自下而上和自上而下两个层面进行梳理(顾朝林,2008),自下而上的城镇化模式主要包括发展乡镇企业、家庭企业、专业市场和推动农村经济发展等(费孝通,2013),②自上而下的城镇化模式主要包括国家直接投资建设、国有大型企业和重大工程项目带动及大中城市发展的向外辐射带动等。除此之外,还有一类被称之为外力促进模式,主要有外贸、外资和旅游推进型等(陈波翀等,2004),③此类模式虽然通过外来力量推动地方发展经济,但同特定的地方政府政策鼓励是密不可分的,一定程度上具有自上而下的特征。关于城镇化的空间模式研究,国内学术界一般把城镇化的空间演变模式概括为内部重组和外部扩展两类,但对进一步的细分没有达成一致意见(房国坤等,2009;④刘欣葵,2011⑤)。内部重组主要包括旧城改造、CBD、工业外迁、城中村、建设新城等,外部扩展主要是郊区化发展(张庭伟,2001)。⑥

最后,关于工业化与城镇化的关系问题。王小鲁(2000)等对中国的工业化和城镇化分别进行了计算,认为中国的城镇化水平明显滞后于工业化水平;⑦而杜传忠等(2013)认为我国的工业化和城镇化发展基本是同步的,工业化对城镇化的促进作用比较明显,⑧工业化与城镇化是相互联系、相互促进的

---

① 辜胜阻、成德宁:《农村城镇化的战略意义与战略选择》,《中国人口科学》1999 年第 3 期。

② 费孝通:《小城镇关系大问题》,《光明日报》2013 年 12 月 8 日。

③ 陈波翀、郝寿义、杨兴宪:《中国城市化快速发展的动力机制》,《地理学报》2004 年第 6 期。

④ 房国坤、王咏、姚士谋:《快速城市化时期城市形态及其动力机制研究》,《人文地理》2009 年第 2 期。

⑤ 刘欣葵:《中国城市化的空间扩展方式研究》,《广东社会科学》2011 年第 5 期。

⑥ 张庭伟:《1990 年代中国城市空间结构的变化及其动力机制》,《城市规划》2001 年第 7 期。

⑦ 王小鲁:《中国经济增长的可持续性与制度变革》,《经济研究》2000 年第 7 期。

⑧ 杜传忠、刘英基、郑丽:《基于系统耦合视角的中国工业化与城镇化协调发展实证研究》,《江淮论坛》2013 年第 1 期。

关系(姜爱林,2002);①蓝庆新等(2013)认为工业化、城镇化是我国社会主义现代化建设战略任务的重要组成部分,是促进经济健康发展的重要动力,但存在工业化对城镇化的带动力不强,不同区域发展不平衡问题。② 邓宇鹏(1999)则认为城镇化进程快于工业化发展水平;③赵鹏(2011)提出加强改革创新的顶层设计,同步推进中国工业化、城镇化与农业现代化;④张红宇(2004)提出政策调整和制度创新推动农村劳动力的转移和城镇化的发展。⑤徐维祥等(2014)展开了对工业化、城镇化评价体系的研究,⑥王新利等(2015)、向鹏成等(2014)分别以黑龙江、重庆为例进行工业化与城镇化协调发展水平的评测研究。曾福生等(2013)则从现代农业视角分析中国农业现代化、工业化和城镇化协调发展及其影响因素,认为中国"三化"存在失衡现象,东、中、西部内部发展不协调。⑦

2. 农村土地制度改革研究

始于 20 世纪 70 年代末期并延续至今的农村土地制度改革问题,是我国学术界研究的热点。多年来,围绕农村土地制度的改革和完善,众多学者在多个问题上进行了理论上的研究。包括家庭承包经营责任制的稳定、农村土地产权制度的完善、农村土地使用权的流转及农村征地制度改革等问题。形成了大量的文献,为进一步深化我国农村土地制度的研究提供了丰富的资料基础。

---

① 姜爱林:《城镇化、工业化与信息化的互动关系研究》,《经济纵横》2002 年第 8 期。
② 蓝庆新、彭一然:《论"工业化、信息化、城镇化、农业现代化"的关联机制和发展策略》,《理论学刊》2013 年第 5 期。
③ 邓宇鹏:《中国的隐性超城市化》,《当代财经》1999 年第 6 期。
④ 赵鹏:《同步推进中国工业化城镇化农业现代化》,《中央党校学报》2011 年第 4 期。
⑤ 张红宇:《城乡居民收入差距的平抑机制:工业化中期阶段的经济增长与政府行为选择》,《管理世界》2004 年第 4 期。
⑥ 徐维祥、舒季君、唐根年:《中国工业化、信息化、城镇化、农业现代化同步发展测度》,《经济地理》2014 年第 9 期。
⑦ 曾福生、高鸣:《中国农业现代化、工业化和城镇化协调发展及其影响因素分析——基于现代农业视角》,《中国农村经济》2013 年第 1 期。

（1）包产到户与家庭联产承包责任制研究

一是包产到户研究。农村改革初期,围绕"能不能包产到户"对包产到户的性质(杜润生,1998)[1]、理论依据(王西玉,1998)[2]和效果(张神根,1998)[3]进行了激烈的争论。包产到户体现了生产队内部的一种经济关系,经济主体是生产队,承包者是户,"包"是生产队和户联系起来的纽带(杨勋,1980)[4],大致采取部分生产项目或作物包产到户、全部作物包产到户、全部作物包产到户的同时生产队对社员户实行大包干等三种形式(王贵宸等,1981)[5]。包产到户是联系产量生产责任制的一种形式,是集体经济经营管理的一项具体办法(王贵宸等,1981),是由生产力水平决定的(马德安,1981)[6],是农村集体经济管理上的新突破(王郁昭,1981)[7],并没有取消生产队这一经济组织,没有改变队为基本核算单位,只是在承认生产队对生产负责的前提下,在经营管理方式上作了改变,是农业生产责任制的一种形式(金汶,1980)[8],是农业中劳动管理的一种形式(刘隆,1981)[9],是来自农民的制度创新(杜润生,2000)[10]。包产到户较好地实现了土地所有权与使用权的分离,建立了"交够国家的,留足集体的,剩下全是自己的"的新的收益分配关系(綦好东,1998)[11]。包产到户有利于农民休养生息,恢复生产(孔庆亮、聂德仁,1980)[12],

---

[1]　杜润生:《稳定农民预期与土地制度法律化》,《中国改革》1998 年第 8 期。

[2]　王西玉:《农村改革与农地制度变迁》,《中国农村经济》1998 年第 9 期。

[3]　张神根:《农村改革反思》,《当代中国史研究》1998 年第 6 期。

[4]　杨勋:《包产到户是一个重要的理论和政策问题》,《农业经济丛刊》1980 年第 5 期。

[5]　王贵宸、魏道南:《论包产到户》,《经济研究》1981 年第 1 期。

[6]　马德安:《农业生产的组织管理形式要由生产力发展水平决定——关于"包产到户"问题》,《经济研究》1981 年第 1 期。

[7]　王郁昭:《包产到户是农村集体经济管理上的新突破》,《农业经济问题》1981 年第 5 期。

[8]　金汶:《论农业生产责任制的基础和前途》,《农业经济问题》1980 年第 2 期。

[9]　刘隆:《包产到户是现阶段加快农业发展的劳动管理形式》,《经济问题探索》1981 年第 1 期。

[10]　杜润生:《包产到户:来自农民的制度创新》,《百年潮》2000 年第 2 期。

[11]　綦好东:《论我国农地产权结构调整与演进的目标模式》,《中国软科学》1998 年第 6 期。

[12]　孔庆亮、聂德仁:《如何看待"包产到户"》,《齐鲁学刊》1980 年第 4 期。

并不违背社会主义制度,因为土地是社有的,归队使用的,所有制未变(黄文清,1980)①。

二是家庭联产承包责任制研究。主要围绕家庭联产承包责任制的功过评判(王丁元,1999)②、价值反思(顾海英、周小伟,2000)③以及完善优化的政策选择(廖洪乐,1998)④等问题展开研究。家庭联产承包责任制是社会主义合作经济的新发展,适应了农业生产的特点,适应了我国农业生产力的发展水平,克服了"大呼隆"和"大锅饭"的弊病,坚持土地等主要生产资料仍归集体所有,在经营方式上坚持统一经营与分散经营相结合,兼顾国家、集体和个人利益,使集体优越性和个人积极性同时得到发挥(朱元珍,1985)⑤,解放了大量农村剩余劳动力,极大地调动了广大农民发展商品生产的积极性,是我国农民的伟大创造(陈华震,1986)⑥,是农村所有制形式的深刻变革,是对原有的集体所有制形式的突破(董辅礽,1985)⑦。家庭联产承包责任制在促进农业生产成功和基本解决农民温饱问题的同时,对农业发展也造成农业基础设施投入减少和土地恶性开发的负面影响(董悦华,1998)⑧。完善家庭联产承包责任制必须处理好统与分的关系,建立和健全承包合同制,加强对专业户的指

---

① 黄文清:《关于包产到户问题》,《兰州学刊》1980年第2期。

② 王丁元:《从列宁的合作制到邓小平的家庭联产承包责任制》,《毛泽东邓小平理论研究》1999年第3期。

③ 顾海英、周小伟:《现代都市农业可持续发展的意义及内涵》,《上海农村经济》2000年第11期。

④ 廖洪乐:《农村改革试验区的土地制度建设试验》,《管理世界》1998年第2期。

⑤ 朱元珍:《家庭联产承包责任制是社会主义合作经济的新发展》,《北京师范大学学报》1985年第1期。

⑥ 陈华震:《经济发达地区农业的根本出路在于更新家庭联产承包责任制》,《农业经济问题》1986年第1期。

⑦ 董辅礽:《再论我国社会主义所有制形式问题》,《经济研究》1985年第4期。

⑧ 董悦华:《农业合作化与家庭联产承包责任制的实施比较研究》,《当代中国史研究》1998年第4期。

导和扶持,鼓励承包户积极进行土地建设(许经勇,1984)[1],把稳定的重心放在土地的家庭承包经营这个基础上,继续解决认识问题、妥善处理遗留问题、谨慎对待发展问题、正确分析和解决局限问题,把完善的重点放在集体统一经营这个薄弱层次上,加强基层组织建设、大力发展村级经济、建立统分管理制度、努力开展服务工作(毛致用,1990)[2]。家庭联产承包责任制所蕴含的新的生产力并未发挥殆尽,发展适度规模经营不仅符合我国的国情,而且是家庭联产承包责任制今后发展的方向,是我国农业摆脱困境的主要途径(张宗斌,1997)[3],农业发展的根本出路在于规模经营(马晓河,1994)[4]。

(2)农村土地产权与制度创新研究

一是农村土地产权研究。中国土地制度的改革受公有制、现代化及人多地少等因素影响。为破解困境,有学者主张从土地所有制的调整上下功夫,大体形成"土地国有化"(蔡昉,1987)[5]、"土地私有化"(李庆曾,1986[6];陈东琪,1989[7])和"坚持和完善集体所有制"(刘书楷,1989[8];陈吉元、邓英淘,1989[9])三种具有代表性的观点。农地产权政策的设计更多地限定于土地使用制度安排(张红宇,1998)[10],会对土地持续利用产生作用(曲福田、陈海秋,2000)[11],并从实

[1] 许经勇:《完善家庭联产承包责任制的若干问题》,《厦门大学学报(哲学社会科学版)》1984年第4期。
[2] 毛致用:《关于稳定完善家庭联产承包责任制的探讨》,《农业经济问题》1990年第9期。
[3] 张宗斌:《也谈我国农业的出路问题——与侯风云同志商榷》,《经济研究》1997年第1期。
[4] 马晓河:《中国农业发展的根本出路在于实现规模经营》,《国际技术经济研究学报》1994年第4期。
[5] 蔡昉:《农村经济发展特征与下一步改革》,《经济研究》1987年第8期。
[6] 李庆曾:《谈我国农村土地所有制结构改革》,《农业经济问题》1986年第4期。
[7] 陈东琪:《经济形势、理论和政策》,《经济研究》1989年第3期。
[8] 刘书楷:《构建我国农村土地制度的基本思路》,《经济研究》1989年第9期。
[9] 陈吉元、邓英淘:《中国农村经济发展与改革所面临的问题及对策思路》,《经济研究》1989年第10期。
[10] 张红宇:《中国农村土地产权政策:持续创新——对农地使用制度变革的重新评判》,《管理世界》1998年第6期。
[11] 曲福田、陈海秋:《土地产权安排与土地可持续利用》,《中国软科学》2000年第9期。

证分析其对农业经济增长的影响(黄少安等,2005)①。朱文(2007)认为现行农村集体土地产权模糊,难以形成有效的激励与约束②。黄维芳(2011)认为博弈力强的产权主体导致各种干扰与侵权行为的产生③。陈胜祥(2009)的实证研究也表明农民对于土地所有权的认知与外部力量的干预高度关联④。因此,杨继瑞(2010)提出须解决当前农村集体土地所有权行使主体的"缺位"与"错位"问题⑤,许经勇(2008)认为土地产权制度还不完善,是一项长期的、渐进式的改革过程⑥,以土地均分为特征的农地制度在为农民提供社会保障方面,不失为对现金型社会保障的一种有效替代(姚洋,2004)⑦,土地产权制度是整个土地制度的基础(陈锡文,2014)⑧。赵阳、李隆伟(2017)认为土地承包经营权确权登记颁证,是当前我国农村进行的重大制度改革,是我国土地管理制度的重要环节,是完善农村基本经营制度的必然要求,⑨土地产权保护传统对地方政府的新城建设效率有重要影响(陆铭等,2018)⑩。

二是农村土地产权制度创新研究。从建立现代农业产权制度的要求出发,可以考虑将我国农村的土地所有权主体和土地所有者产权主体适当分离,构建土地股份合作制,重塑农村土地集体所有者产权主体(杨继瑞,1996)⑪。

---

① 黄少安、孙圣民、宫明波:《中国土地产权制度对农业经济增长的影响——对 1949—1978 年中国大陆农业生产效率的实证分析》,《中国社会科学》2005 年第 3 期。

② 朱文:《新农村建设中农村集体土地流转制度改革与创新》,《农村经济》2007 年第 9 期。

③ 黄维芳:《农地产权弱排他性、产权冲突及其变迁优化》,《江汉论坛》2011 年第 1 期。

④ 陈胜祥:《农民土地所有权认知与农地制度创新》,《中国土地科学》2009 年第 11 期。

⑤ 杨继瑞:《土地承包经营权市场化流转的思考与对策》,《经济社会体制比较》2010 年第 3 期。

⑥ 许经勇:《我国农村土地产权制度改革的回顾与前瞻》,《经济学动态》2008 年第 7 期。

⑦ 姚洋:《工业化、土地市场和农业投资》,《经济学(季刊)》2004 年第 3 期。

⑧ 陈锡文:《关于农村土地制度改革的两点思考》,《经济研究》2014 年第 1 期。

⑨ 赵阳、李隆伟:《农村土地确权登记颁证有关问题探讨》,《兰州大学学报(社会科学版)》2017 年第 1 期。

⑩ 陆铭、常晨、王丹利:《制度与城市:土地产权保护传统有利于新城建设效率的证据》,《经济研究》2018 年第 6 期。

⑪ 杨继瑞:《农村土地产权制度创新与市场化配置》,《经济理论与经济管理》1996 年第 3 期。

"两田制"模式只适用于农地资源相对充裕的地区,不具有农村普遍意义(孔泾源,1993)①;但骆友生、张红宇(1995)认为"两田制"的制度绩效大于制度缺陷,实现了"帕累托改进"②,有利于加快建立社会主义市场经济体制的过渡性制度安排(盖国强,2001)③。而西北地区率先出现,之后全国范围稳步推行的"四荒地"使用权拍卖,王西玉(1994)认为是农村土地承包制的继续与发展④,但要注意保障成员的平等权利(骆友生、张红宇,1995)。发达地区出现的土地股份合作制,蒋励(1994)认为建立起了集体土地权益由集体与农户共享的土地产权制度⑤,标志着劳动群众集体所有制找到了适应市场经济要求的实现形式(靳相木,1995)⑥。"郑各庄模式"中村委会代表广大村民行使主要的监督职能,村民代表和村民监督委员会共同监督土地租赁活动,优化土地经营机制,提高土地使用效率(章政,2005)⑦。创新农村土地产权制度正确界定和明确农村土地集体所有制的性质及其实现途径,放宽土地产权流转的条件约束,建立两种所有权之间的平等交易制度,严格规范土地产权交易行为(胡新民,2007)⑧,确立土地产权主体,重塑农民家庭作为农村土地产权主体的地位,并以此为基础推动农村土地产权制度的改革,构建农民家庭土地产权制度(刘荣材,2008)⑨,把确立和完善以土地使用权为核心的农民土地财产权

---

① 孔泾源:《中国农村土地制度:变迁过程的实证分析》,《经济研究》1993 年第 2 期。

② 骆友生、张红宇:《家庭承包责任制后的农地制度创新》,《经济研究》1995 年第 1 期。

③ 盖国强:《农业现代化进程中的土地制度创新》,《山东农业大学学报(社会科学版)》2001 年第 2 期。

④ 王西玉:《荒山开发治理中的制度、政策和农户行为——山西省吕梁地区拍卖"四荒地"个案研究》,《中国农村经济》1994 年第 11 期。

⑤ 蒋励:《股份合作制:农村土地制度改革的最优选择》,《农业经济问题》1994 年第 12 期。

⑥ 靳相木:《初级社:农村股份合作经济的制度渊源》,《学术研究》1995 年第 4 期。

⑦ 章政:《农村土地产权制度创新模式的探索》,《中国农村经济》2005 年第 2 期。

⑧ 胡新民:《建设新农村背景下农村土地产权制度创新研究》,《华东经济管理》2007 年第 10 期。

⑨ 刘荣材:《农村土地产权制度创新模式选择:构建农民家庭土地产权制度》,《经济体制改革》2008 年第 3 期。

利体系作为现实选择(王蕾、张红丽,2013)①。

(3)稳定农村土地承包关系与流转研究

一是稳定农村土地承包关系研究。郑梦熊(1999)认为要全面理解土地承包期再延长三十年不变政策的内涵和精神实质②,真正含义在"权利不变"(杨学成,2001)③,但林卿(1999)认为"一刀切"地执行"承包期无条件延长三十年"、"增人不增地、减人不减地"等政策可能形成制度的反激励④,长期稳定的土地使用权和经常性的土地调整带来的平等权利之间始终存在矛盾(汪晖,2002)⑤,农村土地产权关系稳定的关键并不在于承包期限的长短,而在于切实保障承包期内合同双方权利义务关系的清晰化与规范化(黄季焜、夏耕,2001)⑥。中共中央、国务院(1993)在《关于当前农业和农村经济发展的若干政策》中提出"在原定的耕地承包期到期之后,再延长30年不变"。党的十七届三中全会(2008)提出"赋予农民更加充分而有保障的土地承包经营权,现有土地承包关系要保持稳定并长久不变"。刘守英(2014)认为土地承包关系长久不变的制度安排,实际上意味着从有期限的土地制度变成没有期限的土地制度⑦,高圣平、严之(2009)也持有类似的观点⑧。高帆(2015)⑨则从制

---

① 王蕾、张红丽:《农村土地产权制度创新》,《农业经济》2013 年第 8 期。

② 郑梦熊:《关于进一步稳定和完善农村土地承包关系问题的思考》,《中国农村经济》1999 年第 7 期。

③ 杨学成:《关于"30 年不变政策"若干基本问题的思考》,《山东农业大学学报(社会科学版)》2001 年第 2 期。

④ 林卿:《农村土地承包期再延长三十年政策的实证分析与理论思考》,《中国农村经济》1999 年第 3 期。

⑤ 汪晖:《城乡结合部的土地征用:征用权与征地补偿》,《中国农村经济》2002 年第 2 期。

⑥ 黄季焜、夏耕:《入世后中国农业综合开发的对策研究》,《农业经济问题》2001 年第 3 期。

⑦ 刘守英:《中国城乡二元土地制度的特征、问题与改革》,《国际经济评论》2014 年第 3 期。

⑧ 高圣平、严之:《"从长期稳定"到"长久不变":土地承包经营权性质的再认识》,《云南大学学报(法学版)》2009 年第 4 期。

⑨ 高帆:《农村土地承包关系长久不变的内涵、外延及实施条件》,《南京社会科学》2015 年第 11 期。

度、机制和操作层面分析了土地承包关系长久不变的政策意蕴,至少应该包括土地家庭经营形式长久不变、承包期内农户与集体之间的承包关系长久不变,土地承包权的权能更加完整三个方面(崔红志、王佳宁,2017)①。习近平总书记在党的十九大报告提出,"保持土地承包关系稳定并长久不变,第二轮土地承包到期后再延长三十年"。对此,李明秋、石鹏鹏(2018)认为土地承包关系长久不变除了承包关系主体(农户)和承包关系客体(土地)长久固化外,还应包括坚持农村土地集体所有制长久不变、实行农村土地"三权分置"并行的产权结构长久不变和以家庭经营为主、其他经营方式为辅的农地经营方式的长久不变,农村土地承包关系保持稳定并长久不变是"三权分置"得以有效落实和实现其政策目的的前提和基础②。

二是农村土地流转研究。谭淑豪、秦光远(2013)认为家庭联产承包责任制阻碍了农业现代化的发展,影响到农业的生产效率③,应该通过推进农地流转来提高土地的利用效率。我国农地市场处于初级阶段,发育缓慢,具有显著的区域差异性特征(叶剑平、蒋妍,2006)④,经济发达地区农村土地流转已经呈现土地流转方式多样、土地流转价格逐渐合理等特征(黄祖辉,2008)⑤。家庭承包责任制的缺陷暴露出农户小规模经营与现代农业集约化之间的矛盾需要通过土地流转来解决(王安春,2010)⑥,推进农村土地流转可以为农民提高收入提供必要保障,实现土地流转可以让农民得到一笔流转费用,还能把精力

---

① 崔红志、王佳宁:《农村土地承包关系长久不变的内涵、挑战与对策》,《改革》2017年第9期。

② 李明秋、石鹏鹏:《农村土地承包关系长久不变的内涵、隐忧及化解》,《西北农林科技大学学报(社会科学版)》2018年第6期。

③ 秦光远、谭淑豪:《农户风险认知对其土地流转意愿的影响》,《西北农林科技大学学报(社会科学版)》2013年第4期。

④ 叶剑平、蒋妍:《中国农村土地流转市场的调查研究——基于2005年17省调查的分析和建议》,《中国农村观察》2006年第4期。

⑤ 黄祖辉:《中国农民合作组织发展的若干理论与实践问题》,《中国农村经济》2008年第11期。

⑥ 王安春:《农村土地流转的必然性及流转方式初探》,《改革与战略》2010年第10期。

投入到所从事的第二、第三产业中,可以获得更多的收入。2015 年底中央农村工作会议、2016 年中央一号文件以及 2017 年中央一号文件持续强调推进农业供给侧结构性改革。农业供给侧结构性改革的主要目的是构建与目前经济发展阶段相适应的经济主体与产业体系,形成农业发展的新动能与新业态,提高农业全要素生产率,提高农民经营收入(陈锡文,2016)[①]。毋庸置疑,完善土地流转机制,发展适度规模经营,培育新型农业经营主体是农业供给侧结构性改革的重要路径(许瑞泉,2016)[②]。

徐旭(2002)认为我国沿海经济发达地区的农村土地流转能够短时期得到比较快的发展,究其动因,主要是广大农户参与、村集体经济组织和各级政府的推动及工商业主需求拉动的结果[③]。张红宇(2002)认为农村土地承包经营权流转速度加快是非农产业收入同土地经营收入差距进一步扩大的结果[④]。同时农业生产外部因素的变化和内部因素的推动也是农村土地流转加快的主要动因。农业比较效益下降和非农部门工资上升是农村劳动力寻求非农就业的动力(江淑斌、苏群,2012)[⑤],主要基于生计创新、生计压迫、社区压力等因素(陆继霞,2017)[⑥]。家庭产业结构(收入结构)对农地转移意愿有较大影响(钱文荣,2002)[⑦],农地产权的流动性、稳定性以及农地收益权的完整性等均对农地租赁意愿产生了不同程度的影响(钟太洋,2005)[⑧],养老保险与

① 陈锡文:《落实发展新理念破解农业新难题》,《农业经济问题》2016 年第 3 期。
② 许瑞泉:《经济新常态下我国农业供给侧结构性改革路径》,《甘肃社会科学》2016 年第 6 期。
③ 徐旭、蒋文华、应风其:《我国农村土地流转的动因分析》,《管理世界》2002 年第 9 期。
④ 张红宇:《中国农地调整与使用权流转:几点评论》,《管理世界》2002 年第 5 期。
⑤ 江淑斌、苏群:《农村劳动力非农就业与土地流转——基于动力视角的研究》,《经济经纬》2012 年第 2 期。
⑥ 陆继霞:《农村土地流转研究评述》,《中国农业大学学报(社会科学版)》2017 年第 1 期。
⑦ 钱文荣:《浙北传统粮区农户土地流转意愿与行为的实证研究》,《中国农村经济》2002 年第 7 期。
⑧ 钟太洋、黄贤金、孔苹:《农地产权与农户土地租赁意愿研究》,《中国土地科学》2005 年第 1 期。

失业保险缺乏仍然是阻碍土地耕作者获得长期流转使用权的最主要因素(孔祥智、伍振军,2010)①。目前主要采取土地转让、土地租赁、土地抵押、土地入股与土地买卖等方式(刘卫柏、陈柳钦,2012)②,农村土地经营权流转是对家庭联产承包责任制的有益补充和完善,存在湖南益阳、陕西杨凌、山西太古等政府引导性模式(郭栋、邸敏学,2017)③。土地收益是农家收入的重要来源之一,因此并非所有外出务工经商农户都会将土地流转出去(贺雪峰,2009)④,当前农民的土地流转意愿整体上处于较低水平,农村土地流转困难的根源是土地收益的增量有限和土地集中的需求不足(乐章,2010)⑤,但租入和租出土地均有利于提升农户收入并降低贫困发生率(陈飞、翟伟娟,2015)⑥。

陈锡文、韩俊(2006)指出土地流转过程中存在的问题,主要表现就是不尊重农民意愿,损害农民切身利益⑦,使农民失去生存和发展的保障,存在规模不大、市场化水平低、程序不规范问题(张军,2007)⑧,可能导致农地非农化、农地非粮化,进而引起粮食安全问题(石冬梅,2013)⑨,表现为土地流转的收益分配不合理,农地补偿机制不健全;土地流转的价格评估体系不完善(宋宜农,2017)⑩,只有产权清晰稳定,流转市场才能健康发育(陈锡文,2009)⑪,结合合理高效的市场机制以及土地中介机构,同时配合国家提供便利的制度

① 孔祥智、伍振军:《我国土地承包经营权流转的特征、模式及经验》,《江海学刊》2010年第2期。
② 刘卫柏、陈柳钦:《农村土地流转问题新思索》,《理论探索》2012年第2期。
③ 郭栋、邸敏学:《发挥好农村土地流转中的政府作用》,《理论探索》2017年第3期。
④ 贺雪峰:《如何做到耕者有其田》,《社会科学》2009年第10期。
⑤ 乐章:《农民土地流转意愿及解释》,《农业经济问题》2010年第2期。
⑥ 陈飞、翟伟娟:《农户行为视角下农地流转诱因及其福利效应研究》,《经济研究》2015年第10期。
⑦ 陈锡文、韩俊:《如何推进农民土地使用权合理流转》,《农业工程技术》2006年第1期。
⑧ 张军:《农村土地流转存在的问题与对策思考》,《农业经济》2007年第8期。
⑨ 石冬梅:《非对称信息条件下的农村土地流转问题研究》,河北农业大学博士学位论文,2013年。
⑩ 宋宜农:《新型城镇化背景下我国农村土地流转问题研究》,《经济问题》2017年第2期。
⑪ 陈锡文:《农村形势与农村政策》,《中国报道》2009年第1期。

环境,土地流转才会在不断实践中逐步适应现代农村经济的市场化发展要求(董国礼、李里,2009)①。应以保护耕地和农民权益为根本提升农村土地承包经营权流转,建立土地整理的农民全程参与机制(郭晓鸣、廖祖君,2012)②。

(4)农村土地制度变迁与改革试点研究

一是农村土地制度变迁研究。孔泾源(1993)分析了人民公社及其制度含义、联产承包到包干到户、集体经营再现的条件与机理、利益调整的"两田制"实验、双层经营选择及其制度潜力的变迁过程。③ 冯开文(1997)在分析公田、初级社与"大包干"三种不同的退出权中探测农村土地制度变迁的前景认为,既往的制度创新必然是后续创新学习和移植的参考集合,制度创新往往是一个连续不断的过程④。王小映(1999)分析土地承包制的变迁方向认为土地承包权物权化是进一步完善我国农地制度的现实选择和具体途径⑤,邓大才(2000)从效率与公平视角分析了我国农村土地制度变迁的轨迹⑥及其对农业转型的影响(袁国龙、林金忠,2013)⑦。农村土地制度改革主要围绕增加农民财产性收益方向演进,提高农民在土地产权交易中收益分配比例(黄征学,2018)⑧。

二是农村土地制度改革深化与试点研究。首先,关于农村土地集体土地征收与建立城乡统一建设用地市场问题,蒋省三、刘守英(2003)认为允许农

① 董国礼、李里:《产权代理分析下的土地流转模式及经济绩效》,《社会学研究》2009年第1期。
② 郭晓鸣、廖祖君:《中国城郊农村新型城市化模式探析——来自成都市温江区的个案》,《中国农村经济》2012年第6期。
③ 孔泾源:《中国农村土地制度:变迁过程的实证分析》,《经济研究》1993年第2期。
④ 冯开文:《公田、初级社与"大包干"——从三种不同的退出权中探测农村土地制度变迁的前景》,《中国农业大学(社会科学学报)》1997年第1期。
⑤ 王小映:《土地制度变迁与土地承包制》,《中国土地科学》1999年第4期。
⑥ 邓大才:《效率与公平:中国农村土地制度变迁的轨迹与思路》,《经济评论》2000年第5期。
⑦ 袁国龙、林金忠:《农业土地制度变迁对我国农业转型的影响》,《华南农业大学学报(社会科学版)》2013年第2期。
⑧ 黄征学:《我国城镇化进程中的土地制度变迁》,《宏观经济管理》2018年第11期。

村集体建设用地直接进入市场,实行国有土地与集体土地的同地、同价、同权,让农民分享工业化进程中的土地级差增值收益①,从根本上改变土地制度的二元性(刘守英、李青,2007)②,加快土地征用制度改革(廖洪乐,2007)③,放松政府对农地转用的垄断和管制,促进和发展地权特别是集体建设用地的流转和交易(张曙光,2007)④,化解土地冲突(谭术魁、涂姗,2009)⑤,推动土地发展权转移和交易的地区创新(汪晖、陶然,2009)⑥,还权赋能,逐步缩小征地范围(周其仁,2010)⑦,放宽对农地入市的限制,构建城乡统一的建设用地市场(蔡继明,2018)⑧。其次,关于农村土地"三权分置"问题,"三权分置"是公有制的基本政治经济制度、农业国转向工业国的现代化目标以及人多地少、可耕地面积不足的现实因素相互作用的结果(刘守英,2014)⑨,能够保证集体土地所有权、工业化和城镇化发展及农业现代化的需要(胡震、朱小庆吉,2017)⑩。不同学者从"共有说"(孟勤国,2006)⑪与"公有说"(王利明,2013)⑫、物权说(郜永昌,2013)⑬与收益权说(张红宇,2014)⑭、用益物权说

①　蒋省三、刘守英:《土地资本化与农村工业化——广东省佛山市南海经济发展调查》,《管理世界》2003 年第 11 期。
②　刘守英、李青:《土地制度改革与国民经济成长》,《管理世界》2007 年第 9 期。
③　廖洪乐:《农村集体土地征用中的增值收益分配》,《农业经济问题》2007 年第 11 期。
④　张曙光:《城市化背景下土地产权的实施和保护》,《管理世界》2007 年第 12 期。
⑤　谭术魁、涂姗:《征地冲突中利益相关者的博弈分析》,《中国土地科学》2009 年第 11 期。
⑥　汪晖、陶然:《论土地发展权转移与交易的"浙江模式"》,《管理世界》2009 年第 8 期。
⑦　周其仁:《还权赋能——成都土地制度改革探索的调查研究》,《国际经济评论》2010 年第 2 期。
⑧　蔡继明:《乡村振兴战略应与新型城镇化同步推进》,《人民论坛·学术前沿》2018 年第 10 期。
⑨　刘守英:《中共十八届三中全会后的土地制度改革及其实施》,《法商研究》2014 年第 2 期。
⑩　胡震、朱小庆吉:《农地"三权分置"的研究综述》,《中国农业大学学报(社会科学版)》2017 年第 1 期。
⑪　孟勤国:《物权法如何保护集体财产》,《法学》2006 年第 1 期。
⑫　王利明:《我国市场经济法律体系的形成与发展》2013 年第 1 期。
⑬　郜永昌:《集体土地收益分配规定的实证分析》,《经济法论坛》2013 年第 2 期。
⑭　张红宇:《三权分离、多元经营与制度创新》,《南方农业》2014 年第 2 期。

(蔡立东、姜楠,2015)①与债权说(陈小君,2014)②等分别阐释集体所有、承包权和经营权的内涵和性质。认为"三权分置"创新了农村土地产权制度,是中国特色三农理论的重大创新(韩长赋,2016)③,借此可以改变集体所有权归属模式错位、"两权分置"中公权和私权混淆的状况(李国强,2015)④,增加国家对农民的产权保护(韩俊,1999)⑤,关键在于盘活农地经营权(罗必良,2016)⑥。最后,关于农村宅基地"三权分置"问题,农村宅基地使用过程中出现的大量闲置造成了巨量土地资源浪费(韩康,2008)⑦,应该赋予农民更充分的宅基地使用权(高圣平、刘守英,2010⑧;罗必良,2019⑨),通过农村宅基地的自由转让来增加农民的财产性收入(周其仁,2010)⑩,实现农村建设用地的集约、节约利用(刘守英,2014)⑪。完善农民闲置宅基地和闲置农房政策,探索宅基地所有权、资格权、使用权"三权分置",使得同一宗宅基地上的权利由农民集体、农户、社会主体三者分享(宋志红,2018)⑫有序扩大农村宅基地产权结构开放性(叶兴庆,2019)⑬。

---

① 蔡立东、姜楠:《承包权与经营权分置的法构造》,《法学研究》2015 年第 3 期。

② 陈小君:《我国农村土地法律制度变革的思路与框架》,《法学研究》2014 年第 4 期。

③ 韩长赋:《土地"三权分置"是中国农村改革的又一次重大创新》,《中国合作经济》2016 年第 10 期。

④ 李国强:《论农地流转中"三权分置"的法律关系》,《法律科学》2015 年第 6 期。

⑤ 韩俊:《中国农村土地制度建设三题》,《管理世界》1999 年第 3 期。

⑥ 罗必良:《农地确权、交易含义与农业经营方式转型》,《中国农村经济》2016 年第 11 期。

⑦ 韩康:《宅基制度存在三大矛盾》,《人民论坛》2008 年第 14 期。

⑧ 高圣平、刘守英:《土地权利制度创新:从〈土地管理法〉修改的视角》,《经济社会体制比较》2010 年第 3 期。

⑨ 罗必良:《从产权界定到产权实施》,《农业经济问题》2019 年第 1 期。

⑩ 周其仁:《还权赋能——成都土地制度改革探索的调查研究》,《国际经济评论》2010 年第 2 期。

⑪ 刘守英:《中国城乡二元土地制度的特征、问题与改革》,《国际经济评论》2014 年第 3 期。

⑫ 宋志红:《宅基地"三权分置"的法律内涵和制度设计》,《法学评论》2018 年第 4 期。

⑬ 叶兴庆:《扩大农村集体产权结构开放性必须迈过三道坎》,《中国农村观察》2019 年第 3 期。

这些成果为本研究提供了理论借鉴,形成了逻辑起点,指明了研究价值,极具重要性。但现有文献中研究视角以工业化、城镇化、农村土地制度独立研究居多,将其视为一个整体的研究略显不足,为本课题提供了良好的研究基础和一定的研究空间。本课题将从宏观把握工业化、城镇化与农村土地制度改革的关系问题,在科学合理的土地规制制度基础上,充分发挥市场配置土地资源的基础作用,实现市场机制与政府治理的有效耦合。

三、相关概念界定

(一)工业化与新型工业化的内涵

1.工业化的内涵

工业化最初起步表现为一种自发的社会现象,最早在英国起步,大约为18世纪60年代,表现为机器生产的大规模使用,科技进步和原始资本积累为工业化产生提供了可能,工业化的发展是一个长期、循序渐进的过程。起初工业活动一般限定在一定区域,是单个的,分布呈点状,伴随经济发展和交通、电力等基础设施改善逐渐向外拓展,逐渐达到国家或地区的均衡。但工业化在推动人类社会进步的同时,也带来水土流失、环境污染等消极影响,不得不进行调整和限制。

工业化是农业传统经济向工业现代经济转化的自然过程,是经济发展落后国家或地区从根源破解贫困的路径(罗森斯坦·罗丹,1943)[1],被视作现代社会进步、经济发展特别是发展中国家和地区经济发展的关键概念。工业化的内涵在国内外文献中存在不同的阐释,霍利斯·钱纳里(1969)从制造业视角、霍撒克(1973)从产业结构视角、西蒙·史密斯·库兹涅茨(1955)从资源配置、张培刚(2001)从社会生产方式变革视角阐释了工业化的内涵等。

---

① 杨良敏、姜巍:《"以地谋发展"模式能否持续?》,http://theory.people.com.cn/GB/82288/83853/83865/15825945.html,2017-07-02。

因此,工业化一般指的是工业或第二产业(尤其是制造业)在国民生产总值或国民收入所占比例不断提高的过程,以及第二产业中就业人数在全部就业人数中比例不断增加。工业快速发展是工业化的一个典型特征,但工业化并不简单地同工业发展画等号。这是因为现代化的核心内容之一就是工业化,体现了农业向工业、传统社会向现代社会的转换发展过程。在发展转换进程中,工业发展肯定不是单独发展,而是同城镇化、农业和服务业发展融为一体,相互促进,共同发展的,只不过是发展速度存在差别。

2. 新型工业化的内涵

应对资源、环境压力,2002 年 11 月召开的党的十六大首次提出"新型工业化"概念。新型工业化,就是坚持以信息化带动工业化,以工业化促进信息化,就是科技含量高、经济效益好、资源消耗低、环境污染少、人力资源优势得到充分发挥的工业化道路。同传统工业化对比,新型工业化突出特点表现为如下三点:一是强调信息化的带动作用,依托创新和科技进步,注重提高劳动者素质,以实现工业化的跨越式发展。二是强调可持续发展能力,突出环境友好和生态保护,科学处理人口、资源、环境与经济发展之间的关系,节能减排,实现绿色、可持续发展。三是强调劳动力的作用,充分调动劳动参与者的人力资源优势。

相对其他发达国家和地区的工业化及中国过去的工业化水平,中国的新型工业化进程是在城乡二元经济结构显著,人均占有资源并不丰裕的情形下进行,体现出鲜明的时代特色和地域特征。

第一,新型工业化体现了科学发展观的客观要求。

工业化初期或发展中国家工业化发展起步时期,人们往往认为增长是最关键的。但伴随工业化过程中诸多矛盾的显露和爆发及工业化战略面临的实践挑战,人们逐渐对增长有了重新认识,增长不能同发展画等号。经济增长是经济发展的核心,但经济增长并不是经济发展的全部,追求经济增长的单一目标会出现无发展或者有增长无发展的状况。发展是时代的主旋律,自 2002 年

11 月党的十六大召开以来,党中央根据国内国际经济形势的变化,提出科学发展、构建社会主义和谐社会、建设社会主义新农村和创新型国家的要求。2007 年 10 月,党的十七大又提出全面建设小康社会,转变经济发展方式、建设生态文明等诸多重要战略举措。这些战略举措和重大理论创新都是紧紧围绕如何发展,怎样发展,这一根本问题展开的。党的十七大科学分析了我国在生产国际化、经济全球化浪潮中面临的机遇和挑战,要求全面认识工业化、信息化、城镇化、国际化深入发展的新形势新任务,深刻把握我国发展面临的新问题新矛盾。科学发展观的第一要义是发展,核心是以人为本,根本方法是统筹兼顾,基本要求是全面协调可持续。这就为中国的新型工业化道路指明了方向,与传统工业化相比,发展理念、发展战略发生了根本改变,高度重视人力资本、技术进步和知识的作用,重视制度变革和市场资源配置,重视环境、文化、社会资源等因素对经济发展的影响及经济发展的可持续问题。

第二,新型工业化促进了经济发展方式的根本转变。

在工业化起步阶段,由于客观条件限制和对要求发展理解的偏误,过分重视资本积累,以为资本积累便是破解贫困的万能钥匙。20 世纪 90 年代中期以来,中国转变经济发展方式取得明显成绩,劳动生产率和能源消耗强度等评价指标得到较大改善,但没有发生根本性的变化。国外工业化道路和中国传统工业化教训告诉我们,高投入、高排放、高消耗的"三高"增长老路行不通,不仅资源和环境不能负担,而且也难以实现全面建设小康社会的目标,不断提高人民生活水平就会成为一句空话。因此,推动产业转型、结构升级,实现经济发展方式转变是关系国家经济全局的一项重大而又紧迫的任务,党中央一直高度重视经济发展方式问题。1982 年 9 月,党的十二大提出把党和国家的工作重点转到经济建设上面来;1987 年 10 月,党的十三大提出使经济建设依靠科技进步和提高劳动者素质,逐步由粗放经营转移到集约经营的轨道上来;1992 年 10 月,党的十四大提出加速科技进步,努力提高科技进步在经济增长中所占的含量,促进整个经济由粗放经营向集约经营转变;1997 年 9 月,党的十五大提出要优化和调整产业结构,促进人民生活水平的改善;2002 年 11 月,党的十六大提出走新型工业化道路;2007 年 10 月,党的十七大提出转变经济发展方式;2012 年 10 月,党的十八大提出建设资源节约型、环境友好型社会,加快转变经济发展方式,走中国特色新型工业化、信息化、城镇化、农业现代化道路;2017 年 10 月,党的十九大提出坚持新发展理念,贯彻创新、协调、绿色、开放、共享的发展理念,推动新型工业化、信息化、城镇化、农业现代化同步发展。发展方式的转变和发展理念的更新体现了理论认识的深化和实践经验总结的进步,经济发展方式的转变过程,在某种程度而言就是新型工业化的推进过程。

第三,新型工业化体现了世界科技发展的趋势变化。

科学技术是人类认识世界、改造世界的知识和能力的智慧结晶。在人类历史发展进程中,生产力任何一次发展和飞跃,人类文明的任何一次进步与文明,都与科学、技术的重大发现和发明密不可分。这种密切联系在 20 世纪中后期表现得尤为明显。世界科学技术突飞猛进、新技术特别是信息技术在各领域的广泛应用,使得资源配置和产业结构的国际化、全球化程度明显提升。步入 21 世纪,全球科技革命的发展势头更加迅速,产业升级和科技成果转化的时间越来越短,频率越来越快。人民生活条件改善和国民财富增加同科技创新和知识积累的联系越来越密切,科技业已成为生产力中最活跃的、最重要的因素,成为名副其实的第一生产力。产业转型、结构优化、经济发展的速度、效益、可持续性都同科学技术密切相关。科技竞争已经成为各国国家综合国力竞争的焦点,成为大多数国家的国家战略。科学技术的进步和科学技术的创新,成为国家工业化战略的决定因素,也是新型工业化道路的重要推手,可以为经济发展的转型升级提供源源不断的技术支持。因此,具备一定的科技水平是新型工业化的重要特征和标志,也是区别传统工业化的重要表现。面对世界科技革命浪潮和日趋激烈的国家竞争,我们必须充分利用国际化、全球化和科技革命浪潮带来的重大机遇,走新型工业化道路。

（二）城镇化与新型城镇化的内涵

1. 城镇化的内涵

"Urbanization"一词最早由西班牙工程师（赛达，1867）提出，通常翻译成城镇化或城市化（陈凯，2014），①但中国更多采纳城镇化的说法。城镇化通常体现的是农村人口向城镇转移集中的过程。城镇化包括人口与经济结构、地域空间与生活方式的改变与转型。

党的十八大提出，要把推进城镇化作为破解我国经济发展过程中存在结构性问题的钥匙。党的十八届三中全会提出，"坚持走中国特色新型城镇化道路，推进以人为核心的城镇化，推动大中小城市和小城镇协调发展、产业和城镇融合发展，促进城镇化和新农村建设协调推进"②。2013 年 12 月，召开的中央城镇化工作会议进一步明确了中国城镇化的基本目标和主要任务。推动城镇化进程是解决"三农"（农业、农村、农民）问题的重要途径，为实现区域协调发展提供有力支撑，为经济转型、产业升级和扩大内需提供抓手，对全面建成小康社会，加快社会主义现代化建设具有重大现实意义和深远历史意义。坚持以人为本，推进以人为核心的城镇化。

2. 新型城镇化的内涵

"新型城镇化"一词最早是在 2002 年伴随党的十六大"新型工业化"战略一起提出的，主要是通过依托产业融合实现城乡一体化③。自 2012 年 11 月，党的十八大报告提出"坚持走中国特色新型工业化、信息化、城镇化、农业现代化道路，推动信息化和工业化深度融合、工业化和城镇化良性互动、城镇化和农业现代化相互协调，促进工业化、信息化、城镇化、农业现代化同步发展"

---

① 陈凯：《中国城镇化的现状特征与趋势》，《中共中央党校学报》2014 年第 1 期。
② 中国共产党中央委员会：《中共中央关于全面深化改革若干重大问题的决定》，人民出版社 2013 年版。
③ 李程骅：《科学发展观指导下的新型城镇化战略》，《求是》2012 年第 14 期。

以来,新型城镇化成为学者关注的焦点。但是,新型城镇化具体内涵究竟是什么,尚未取得一致意见。单卓然、黄亚平(2013)认为,新型城镇化以统筹区域发展与协调、产业转型与低碳升级、集约高效与生态文明、体制改革与制度创新为核心内容的新型城镇化过程,①是大中小城市、小城镇、新型农村社会和谐发展、协调有序、相互促进、良性运行的城镇化②;大中城市发展与小城镇发展不可偏废,都要予以重视③,体现不同地区、不同层次的城乡关系与合作④;要从构建新型城乡关系,构建覆盖城乡一体的保障体系,实现社会公平、城乡共生共荣、空间共享⑤。因此,新型城镇化的要求和内涵至少应该包括明显的质量提升,四化同步、体现生态文明理念、以人为核心、以城市群发展为主体形态、注重文化传承与保护等等⑥。新型的内涵并不是说在空间与时间上与过去的城镇化相比发生了根本的变化,而是体现在城镇化的发展质量、发展观念和发展战略方面发生了根本的变化。⑦

因此,新型城镇化是在伴随新型工业化、信息化和农业现代化、非农产业向城镇聚集的同时,实现产业布局与结构优化,产业竞争力快速提升,农村人口向城镇积聚的同时,新进城人口逐渐享受到与城市居民一样的公共服务和体验,这样的过程称为新型城镇化。同原来的城镇化比较,发展理念更注重城镇化的发展质量,发展模式更注重保护耕地资源要素,空间形态更注重城镇发

---

① 单卓然、黄亚平:《"新型城镇化"概念内涵、目标内容、规划策略及认知误区解析》,《城市规划学刊》2013年第2期。

② 王黎明:《中国特色的新型城镇化道路研究》,《改革与战略》2014年第2期。

③ 余欣荣:《坚持走中国特色农业现代化和新型城镇化协调发展道路》,《农村工作通讯》2013年第18期。

④ 孙久文:《城乡协调与区域协调的中国城镇化道路初探》,《城市发展研究》2013年第5期。

⑤ 武廷海:《建立新型城乡关系　走新型城镇化道路——新马克思主义视野中的中国城镇化》,《城市规划》2013年第11期。

⑥ 何树平、戚义明:《中国特色新型城镇化道路的发展演变及内涵要求》,《党的文献》2014年第3期。

⑦ 孙立行:《中国特色新型城镇化道路的科学思辨》,《国土资源》2014年第4期。

展效率,城镇建设更注重文化传承与保护,让居民"望得见山、看得见水、记得住乡愁",可持续发展更注重生态文明建设,政策保障更注重改革与创新①。

(三)农村土地相关概念

为了避免产生歧义,本研究涉及的土地相关概念采用《中华人民共和国土地管理法》(2019年第三次修订)和《中华人民共和国农村土地承包法》(2018年第二次修订)的规定:农村土地,是指农民集体所有和国家所有依法由农民集体使用的耕地、林地、草地,以及其他依法用于农业的土地。农用地是指直接用于农业生产的土地,包括耕地、林地、草地、农田水利用地、养殖水面等;建设用地是指建造建筑物、构筑物的土地,包括城乡住宅和公共设施用地、工矿用地、交通水利设施用地、旅游用地、军事设施用地等;未利用地是指农用地和建设用地以外的土地。

第二节　工业化、城镇化的进程与特征分析

一、工业化的进程分析

工业化发展的同时带来用地需求的增加,我国工业用地大多通过农村土地征收而来,由此产生一系列的农村土地问题,工业化不可避免地给农村土地管理制度变革产生影响。工业化发展所处的时期或阶段特征决定了农村土地问题的内容和形式。

(一)中国的工业化进程发展阶段

1949年,新中国成立时,我国的工业基础还比较落后,属于一个典型的农

---

① 谢天成、施祖麟:《中国特色新型城镇化概念、目标与速度研究》,《经济问题探索》2015年第6期。

业国。社会总产值构成中农业总产值占比高达九成,工业总产值仅占一成。工业布局的地域分布上,七成以上的工业主要集中在天津、上海和青岛等少数沿海港口城市,占据九成以上国土面积的内地,工业占比不足三成。当时中国工业无论是生产能力,还是工业生产产品数量,甚至赶不上印度。新中国成立70年来,在经济发展、社会进步等方面取得巨大成就,高铁、大飞机等高科技结晶成为中国智造的典型代表。按照国内学术界大多数学者的观点,可以以改革开放时点为界,把工业化进程划分成两个大的阶段,即改革开放以前的工业化阶段和改革开放以后的工业化阶段。每个阶段又可细分成若干时期。回顾分析中国工业化进程的发展阶段,有利于汲取成功经验,总结失败教训,对于顺利实现中国的新型工业化道路目标具有较强的实践价值和非常重要的理论意义。

第一阶段:改革开放以前的工业化阶段

新中国成立以后,通过近三十年的努力奋斗,至 20 世纪 70 年代后期,中国的工业化发展奠定了初步的基础,逐渐形成相对比较完整和独立的工业化体系。但工业化发展进程也非一帆风顺,历经多次反复、波动,又可以细分成五个发展时期。

第一,1949 年至 1952 年的工业化恢复起步时期。

新中国刚刚成立,百废待兴,在"一穷二白"基础上发展国民经济和工业布局都面临较大困难。中央政府通过采取物价平抑、通货膨胀遏制等诸多手段和措施,逐步建立起工业发展所需的正常经济环境。通过在党政机关工作人员中开展的"反贪污、反浪费、反官僚主义"的"三反"运动和在私营工商业者中开展的"反行贿、反偷税漏税、反盗骗国家财产、反偷工减料、反盗窃国家经济情报"的"五反"运动,有效维护了发展工业所需的经济秩序和环境。工业总产值由 1949 年的 140 亿元增加到 1952 年的 343.3 亿元,年均增长34.8%,增长幅度为 144.9%。工业总产值在工农业总产值中的比重明显提升,由 1949 年的 30%增加到 1952 年的 41.5%。各主要工业品的产品产量迅速大幅度增加,绝大多数工业产品的产量达到或者超过新中国成立前的最好水平。铁路的全国通车里程达到 24518 公里,接近新中国成立前的最好年份,公路、航空也得到较快的恢复和发展,全国商品流转额由 1950 年的 170.5 亿元增加到 1952 年的 276.8 亿元,增长幅度为 62.3%,对于改善供求、提高人民生活水平发挥了重要作用(赵梦涵,2003)。[①]

第二,1953 年至 1957 年的工业化全面建设时期。

自 1953 年起,中国开始实施国民经济发展的第一个五年计划,进入工业化全面建设时期。在重工业优先发展的指引下,集中精力以苏联援助建设的 156 个工程项目为中心,项目涉及煤炭、电力、钢铁、石油、冶金、汽车与飞机工业等。工业总产值由 1953 年的 450 亿元增加到 1957 年的 704 亿元(卿孟军,2014),[②]增长幅度为 156.44%,年均增长 18%,完成计划值的 122%。限额以上工业施工单位高达 921 个,远远超出规定的 694 个计划数,工业总产值首次超过农业总产值,工业总产值在工农业总产值中的比重由 1952 年的 43.1%增加到 1957 年的 56.7%,重工业总产值在工业总产值中所占比重由 1953 年的 35.5%增加到 1957 年的 45%(鄢一龙、胡鞍钢,2012)。[③] 各种工业产品控制指标均超额完成任务,发电量 193 亿度,完成计划值的 121%;煤产量 13100 万吨,完成计划值的 116%;钢铁产量 535 万吨,完成计划值的 130%。新增铁路营业里程 3800 公里(王亚华、鄢一龙,2007)。[④] 至"一五"计划结束,中国已经建立了工业发展的初步框架体系,为工业化顺利实施奠定了物质基础,但由于忽视其他部门发展,过度重视重工业,给国民经济长期健康发展埋下了

[①] 赵梦涵:《新中国经济结构战略调整的历史变迁及宏观政策分析》,《中国经济史研究》2003 年第 4 期。

[②] 卿孟军:《新中国成立后中国共产党发展战略的历史考察》,《中共南宁市委党校学报》2014 年第 5 期。

[③] 鄢一龙、胡鞍钢:《中国十一个五年计划实施情况回顾》,《清华大学学报(哲学社会科学版)》2012 年第 4 期。

[④] 王亚华、鄢一龙:《十个五年计划完成情况的历史比较》,《宏观经济管理》2007 年第 4 期。

安全隐患。

第三,1958 年至 1960 年的工业化"大跃进"时期。

第一个五年计划顺利结束后,新中国的经济基础得到改善,但极易滋生盲目乐观情绪,突出表现为经济建设过程中的急于求成,"左"倾思想高度膨胀。1958 年 5 月,党的八大二次会议通过了鼓足干劲、力争上游、多快好省地建设社会主义的总路线。总路线的初衷是迅速改变中国落后的经济文化状况,但由于忽视了经济规律的客观实际,根本不可能实现。随后开始了"大跃进"运动,主要以工农业生产高指标为目标,追求生产发展的高速度,要求主要工农业产品的产量要成倍、几倍、几十倍的迅速增长,冒进指数①达到 354.6%(鄂一龙、胡鞍钢,2012),②盲目追求"一大二公",制定同实际相背离的赶超战略。譬如,提出 1958 年钢铁产量要比 1957 年翻一番,由 535 万吨增长到 1070 万吨,1959 年钢铁产量相对 1958 年实现再翻番的目标,由 1070 万吨增长到 3000 万吨,开展了轰轰烈烈的全民"大炼钢铁"运动,片面强调发挥人的主观能动性作用,给工业发展造成难以挽回的损失。一是导致国民经济比例发展失调。由于大修水利、发展工业消耗了农民的大量劳动时间,导致农业产量迅速降低,引发原材料供给短缺,大幅度降低了轻工业产品产量。农业和轻工业发展迟滞最终影响了以钢铁等为代表的重工业部门发展,严重影响其增长速度。二是工业规模的迅速膨胀严重超过了其他部门配套水平和承载能力。突出表现为:财政收支严重失衡,不能满足工业投入的需求;以煤炭为主体的能源工业生产能力难以满足工业发展速度的要求,导致能源供给不足,许多企业因为燃料短缺而停产停工;汽车等交通运输部门运载能力增长缓慢,不能满足工业原材料运输和市场物质运输的正常需

---

① 冒进指数是指本计划期的指标值相当于上一个计划期实际值的百分比,该比值越高,说明制定的计划越冒进,反之,越保守。

② 鄂一龙、胡鞍钢:《中国十一个五年计划实施情况回顾》,《清华大学学报(哲学社会科学版)》2012 年第 4 期。

求。三是工业经济发展的比较效益迅速下滑。表现在一些经济指标数据明显降低,工业发展的内部比重不平衡,轻工业产品产值迅速降低。导致消费品工业严重不足,市场供给匮乏,不得不采取计划供给手段,影响人们的生活水平提高。

第四,1961年至1965年的工业化调整发展时期。

为了矫正因为"大跃进"导致的国民经济发展内部比重过度失衡,1961年初,党的八届九中全会上提出了"调整、巩固、充实、提高"的八字指导方针,中国工业直到1962年才逐渐走出发展的谷底,工业经济在1965年实现全面复苏,工业发展重新回到正常、有序发展的轨道。这一时期通过主动降低工业生产相关指标、压缩工业规模、降低城镇人口和精减职工、对部分工业企业实行关停并转,支持和鼓励农业发展,适当加快轻工业发展速度等措施恢复工业发展。

第五,1966年至1977年的工业化全面停滞时期。

中国工业全面健康发展的势头没有恢复多久,1966年至1976年"文化大革命"爆发,步入了工业化全面停滞时期。虽然如此,就其总体发展水平,中国工业还是得到了一定程度的提高和发展。工业总产值占工农业总产值比重由1965年的62.7%提高到1976年的72.3%,这一增长速度相对新中国成立以来的其他各个时期比较而言,这一时期的发展速度偏低。不仅如此,"文化大革命"还破坏了中国工业化发展的正常进程,加重了中国工业化健康发展面临的困难和挑战。

第二阶段:改革开放以后的工业化阶段

1978年,党的十一届三中全会决定对内实行改革、对外实行开放以后,对工业发展开始采取一系列措施,调整了工业发展的方向,转变了中国的工业化道路,又可以细分为四个时期(见图1-1)。

第一,1979年至1989年的工业化轻工业发展时期。

这个时期实行轻工业优先发展的鼓励政策,对重工业发展项目进行压缩,

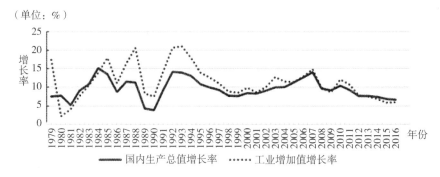

图 1-1　1978—2016 年全部工业增加值增长率变化趋势图

资料来源:根据国家统计局《国民经济和社会发展统计公报》(1978—2016)数据整理。

这样使得轻工业的发展速度在大多数时间里都超过了重工业的发展速度。这种轻工业优先发展政策可以视同对过去片面强调重工业发展策略的修正。与此同时,政府部门投资、银行等金融机构的贷款支持、对外贸易用汇等财政政策和货币政策工具也开始倾向于支持轻工业发展,优先满足轻工业所需的资金、材料和能源等,促进了食品、轻纺工业的快速发展。另外,对化工、机械等行业的结构和服务方向进行调整,实行重工业服务轻工业的策略,服务消费工业的提升与发展,满足人民的提高生活水平的要求。同期重工业、轻工业年均增长率分别为 10.3%和 13.9%。到 1990 年,工业内部的轻工业与重工业之比为 49.4∶50.6(孙学光,2008)。① 工业结构优化是对中国工业化发展初期畸形工业化的有力矫正。轻工业的发展也带动了重工业的合理、有序发展,促进了国民经济的健康发展。

第二,1990 年至 1995 年的工业化基础发展时期。

这个时期为了有效提升工业的经济效益,根据国家"八五"计划,在工业发展方面采取了两个方面的措施。一是对工业结构进行调整,促进经济效益的提升。在维持关键原材料和能源等基础工业持续、稳定增长的条件下,从市

---

① 孙学光:《中国新型工业化进程分析与科学推进研究》,华中科技大学博士学位论文,2008 年。

场需求状况出发,合理组织生产,限制供过于求和销路不好的产品生产,防止出现新的积压,避免出现资源、能源的无谓消耗。加快资金周转速度,促进产品质量提升,实现利税的稳步增长。二是合理确定工业类固定资产的投资规模和投资结构,优先鼓励能源建设和原材料建设,鼓励高新技术的应用与发展。加工工业重点在进行技术改造,提升质量和效益,不再简单铺新摊子,技术改造的重点是显著降低原材料和能源的消耗。加快技术引进、吸收、转化能力,防止不必要的重复建设和引进。采取这方面的措施后,有效消除和破解基础工业发展面临的瓶颈制约,到 20 世纪 90 年代中期,基本缓解了基础工业对工业发展的制约和束缚,实现了产业的有序发展。

第三,1996 年至 2002 年的工业化结构优化与升级时期。

自 20 世纪 80 年代以来,中国的主要工业品生产能力和产量迅速增加,大部分工业产品在市场上出现供过于求状态,产品销售由卖方市场转向买方市场。此时,出现了工业生产能力过剩的矛盾,工业生产能力的利用率迅速降低,出现了商品的大量积压。由于中国当时形成的工业生产能力在一定程度上进口依赖倾向明显,生产能力和产品并没有对零部件、机械设备和原材料工业的发展产生带动推进作用,因此,工业发展日益面临产业升级和工业结构调整的巨大压力。工业产业升级需要大力发展关键零部件、机械设备和原材料的进口替代,提高轻工业产品的技术研发能力,工业结构调整对过剩和过时的工业生产能力进行削减,实现产业、产品的供需平衡。该时期的产业政策主要是对传统产业进行改造,淘汰落后产能,提升产品质量;鼓励发展电子、生物工程、软件、信息、新材料与新能源产业,形成企业主体的科技创新体制和机制;鼓励发展数控机床、大型石化、冶金、环保设备,推动设备工业的进口替代。这一时期强调充分发挥企业自主作用,让市场机制起作用,企业的积极性和比较优势得到发挥,推动了中国工业化进程继续向前发展。截至 2012 年,规模以上高新技术工业销售收入高达 1.46 万亿元,高新技术工业销售收入占全部工业产品销售收入的比重由 1995 年的 6.6% 提高到 2002 年的 13.5%,工业产值增长幅度为72.6%,年均增长速度为12.1%(陈佳贵、黄群慧,2005)①,相对改革开放之初的增长速度而言,该时期发展速度明显降低。

第四,2003年至今的新型工业化实践与探索时期。

伴随工业结构调整、产业升级的进一步推进,以及发展高新技术产业带来的高回报、高收益激励。2002年11月,党的十六大提出,走新型工业化道路,大力实施科教兴国战略和可持续发展战略。清醒认识到工业化依旧是中国现代化道路中面临的艰巨历史任务,而加快信息化发展是中国快速实现工业化和现代化的必然选择。并旗帜鲜明地提出新型工业化的发展目标就是:"坚持以信息化带动工业化,以工业化促进信息化,走出一条科技含量高、经济效益好、资源消耗低、环境污染少、人力资源优势得到充分发挥的新型工业化路子。"(江泽民,2002)②主要通过如下措施推进新型工业化:一是国有经济布局的调整优化,充分发挥国有经济在国民经济中的示范、引导作用,优化完善和调整所有制结构。二是产业结构的优化升级,注重各个产业的发展协调。扩大内需特别是消费者的消费需求,推动经济增长由过去的出口、投资带动转向消费、出口和投资协调带动,由过去的第二产业带动转向三大产业协调带动,由过去的物质资源消耗带动转向科技、创新带动。三是充分考虑各个区域的经济发展实际和区域发展要求,实行中部崛起、西部大开发和东北老工业基地振兴战略。鼓励发展经济圈和城市群,培育新的促进经济发展的增长极。四是促进信息化的发展,鼓励工业化与信息化的融合发展。2007年10月,党的十七大提出,"大力推进信息化与工业化融合,促进工业由大变强,振兴装备制造业,淘汰落后生产能力;提升高新技术产业,发展信息、生物、新材料、航空航天、海洋等产业"(胡锦涛,2007)③。五是加强资源、能源的使用节约和有效

---

① 陈佳贵、黄群慧:《工业发展、国情变化与经济现代化战略——中国成为工业大国的国情分析》,《中国社会科学》2005年第4期。

② 江泽民:《全面建设小康社会,开创中国特色社会主义事业新局面——在中国共产党第十六次全国代表大会上的报告》,人民出版社2002年版。

③ 《胡锦涛在党的十七大上的报告》(全文)。

保护生态环境,实现经济可持续发展。2012 年 11 月,党的十八大提出要建立资源节约型、环境友好型社会,完善主体功能区布局,初步建立资源循环利用体系。2017 年 10 月,党的十九大提出要贯彻新发展理念,建设现代化经济体系。要求以供给侧结构性改革为主线,把提高供给体系质量作为主攻方向,加快建设制造强国,加快发展先进制造业,推动互联网、大数据、人工智能和实体经济深度融合。坚持去产能、去库存、去杠杆、降成本、补短板,优化存量资源配置,扩大优质增量供给,实现供需动态平衡。

(二)中国工业化进程所处阶段判断

工业化进程是一国或地区经济发展的关键阶段,进程划分没有一个普遍认同的标准。一般从工业、产业、就业结构、收入人均水平或城镇化率高低等方面进行评价。一是工业结构水平评价法。比较有代表性的为霍夫曼比例和科迪指标。霍夫曼比例指的是消费资料工业与生产资料工业之间的比,并根据值的大小不同,把工业化分成 4 个阶段,第一至四阶段对应的比例范围分别为(4,6)、(1.5,3.5)、(0.5,1.5)、(0,1.5)。比例值越小,表明资本品工业规模越大,发展程度越高,消费品工业规模越小,工业结构水平越高。科迪指标指的是制造业的增加值在全部商品增加值中所占的份额,根据份额不同分成非工业化、正在工业化、半工业化和工业化 4 种类别,比值范围分别为(0,20%)、(20%,40%)、(40%,60%)、(60%,100%)。二是产业结构水平评价法。钱纳里等学者认为,产业结构变化遵循一定的规律,从三大产业的国内生产总值结构变化来看,工业化起步阶段,第一产业占比较高,第二产业占比较低。由此分成工业化初期、中期、后期 3 个阶段,第一产业占比分别为(20%,100%)、(10%,20%)、(0,10%)。三是就业结构水平评价法。比较有代表性的为配第—克拉克定理和钱纳里的就业结构模式。配第(1691)在对英国当时经济发展研究发现,伴随经济发展和社会进步,产业会由有形向无形生产转移,劳动力相应也由农业转至工业,由工业转至商业。克拉克根据 20 国某个时期劳动力在三大产业转移的数据分析得出,伴随工资水平提高,劳动力会由第一产业转至第二产业,由第二产业转至第三产业。也就是后来称之的配第一克拉克定理。说明就业结构是一国或地区经济所处阶段的关键标志。四是人均 GDP 水平评价法。钱纳里等学者在研究多国工业化程度后认为可以用人均 GDP 水平衡量工业化发展程度,根据大小不同可以分为 4 个阶段,谓之为钱纳里一般标准工业化模型(见表 1-1)。五是城乡结构水平评价法。钱纳里等学者在研究工业化阶段发现工业化发展水平同城镇化发展水平之间存在密切联系。工业化的发展会推动城镇化发展水平,城镇化发展又会加快城镇化进程。工业化初期、中期、后期对应的城镇化率一般为(10%,30%)、(30%,80%)、(80%,100%)(贾百俊等,2011)。①

表 1-1　钱纳里一般标准工业化模型　　　(单位:美元)

工业化所处阶段	人均 GDP(1964)	人均 GDP(1970)	人均 GDP(1982)
1	200—400	280—560	728—1456
2	400—800	560—1120	1456—2912
3	800—1500	1120—2100	2912—5460
4	1500—2400	2100—3360	5460—8736

姜爱林(2002)梳理了国内学者的工业化阶段划分方法认为,国内学者分析工业化阶段一是直接采用国外划分方法,并考虑中国实际进行必要的调整与修正;二是重新创立一种全新方法,判断中国各时期工业化水平所处阶段。② 陈佳贵等(2006)根据工业化经典理论判断中国工业化所处阶段的测度标准,各阶段测度标准值(见表 1-4),考虑经济发展水平、产业、工业、空间与就业结构五个因素(见表 1-2),采用层次分析法得出各个因素所占权重(见

① 贾百俊、刘科伟、王旭红、李建伟:《工业化进程量化划分标准与方法》,《西北大学学报(哲学社会科学版)》2011 年第 5 期。
② 姜爱林:《国内外工业化发展阶段不同划分方法》,《首都经济》2002 年第 5 期。

表 1-3），获得中国工业化进程的测度值。[①]

表 1-2　中国工业化不同各阶段标志值[③]

基本指标	前工业化阶段(1)	工业化实现阶段			后工业化阶段(5)
		工业化初期(2)	工业化中期(2)	工业化后期(3)	
1. 人均GDP					
（1）1964年美元	100—200	200—400	400—800	800—1500	1500以上
（2）1996年美元	620—1240	1240—2480	2480—4960	4960—9300	9300以上
（3）1995年美元	610—1220	1240—2480	2480—4960	4960—9300	9300以上
（4）2000年美元	660—1320	1320—2640	2640—5280	5280—9910	9910以上
（5）2002年美元	680—1360	1360—2730	2730—5460	5460—10200	10200以上
（6）2004年美元	720—1440	1440—2880	2880—5760	5760—10810	10810以上
2. 三次产业产值结构（产业结构）	A>I	A>20%，且A<I	A<20%，I>S	A<10%，I>S	A<10%，I<S
3. 制造业增加值占总商品值比值（工业结构）	20%以下	20%—40%	40%—50%	50%—60%	60%以上
4. 人口城市化率（空间结构）	30%以下	30%—50%	50%—60%	60%—75%	75%以上
5. 第一产业就业人员占比（就业结构）	60%以上	45%—60%	30%—45%	10%—30%	10%以下

注：1964年与1996年的换算因子为6.2，系郭克莎（2004）计算；1996年与1995年、2000年、2002年、2004年的换算因子分别为0.981、1.065、1.097、1.162，系作者根据美国经济研究局（BEA）提供的美国实际GDP数据推算；A、I、S分别代表第一、二、三产业增加值在GDP中所占比重。

资料来源：陈佳贵（2006）根据钱纳里等（1989，P91—98）、库兹涅茨（1999，P347—360）、科迪（1990，P17—18）、郭克莎（2004）、魏后凯等（2003，P2—8）的有关资料整理。

———————————

① 陈佳贵、黄群慧、钟宏武：《中国地区工业化进程的综合评价和特征分析》，《经济研究》2006年第6期。

表 1-3　地区工业化指标所占权重①　　　　　　（单位:%）

指标	人均 GDP	三次产业比重比	制造业增加值占比	人口城市化率	第一产业就业人口比
权重	36	22	22	12	8

表 1-4　判断中国工业化所处阶段的标准[1]　　　　　　（单位:%）

发展阶段	前工业化阶段	工业化初期		工业化中期		工业化后期		后工业化阶段
		前半阶段	后半阶段	前半阶段	后半阶段	前半阶段	后半阶段	
指标范围	0	0<I<16.5	16.5≤I<33	33≤I<49.5	49.5≤I<66	66≤I<82.5	82.5≤I<100	≥100

　　基于上述分析,考虑人均 GDP 水平影响需求结构的变化(赵昌文,2015),②成为推动工业化进程向前推进的根本动力;而国家的宏观产业政策、经济发展战略的制定又会考虑产业与工业内部结构变动的影响。因此,通过综合分析人均 GDP、产业与工业结构等指标来确定中国的工业化发展阶段。利用国家统计局统计数据,结合工业化进程的历史变迁分析,可以判断中国的工业化进程从 2002 年起进入工业化后期发展阶段。按现价计算,当年人均 GDP 为 6276 美元,按 1964 年不变价进行汇率法折算为 688 美元,按汇率—购买力平价加权平均计算值也超过 900 美元。同年第二产业比重降低至 45%,自 20 世纪 50 年代首次低于服务业 45.5%的比重。其他相关指标包括:城镇化率为 52.57%,第一产业增加值占比低于 9.5%,第一产业就业人数占比低于 33.6%,制造业增加值占总商品增加值比率超过 56%。参照判断中国工业化进程的各项标志测度值,大多数指标显示,中国的工业化已经步入到后期阶段。

---

　　①　陈佳贵、黄群慧、钟宏武:《中国地区工业化进程的综合评价和特征分析》,《经济研究》2006 年第 6 期。

　　②　赵昌文、许召元、朱鸿鸣:《工业化后期的中国经济增长新动力》,《中国工业经济》2015 年第 6 期。

二、城镇化的进程分析

城镇化是农村人口集中于城市的过程,联合国前秘书长潘基文(2010)认为,城市是人类社会的一个最复杂作品,从来都不会完成,也没有确定不变的形态,如同没有明确终点的旅程一样,涵盖过去、现在和未来。据联合国估计,2020年,世界城镇化率将为54.9%,21世纪将会是城市的世纪。美国经济学家约瑟夫·斯蒂格利茨(2001)认为中国的城镇化和美国的高科技是21世纪影响人类社会发展的两大主题。据估计,2020年中国城镇人口将达到7.5亿人(马晓河、胡拥军,2010),[①]中国的城镇化进程加快也会快速推动世界城镇化的进程。

(一)中国的城镇化进程发展阶段

新中国成立以来,伴随经济发展、社会进步,中国经历了人类发展史上最大规模的农村人口转向城镇的过程,成为世界城镇化进程发展速度最快的国家,中国城镇化率从1949年的10.64%增长到2016年的57.35%(见图1-2)。

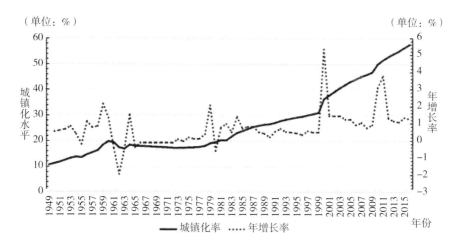

图1-2　1949—2016年的中国城镇化水平和年增长率变化趋势图

资料来源:根据《中国统计年鉴》历年统计数据整理。

[①]　马晓河、胡拥军:《中国城镇化进程、面临问题及其总体布局》,《改革》2010年第10期。

一方面,城镇化进程加快扩大了城镇住宅和大量基础设施建设的投资和消费需求,为中国经济持续保持健康、稳定增长提供稳健动力;另一方面,城镇化也不可避免地带来农民工人数迅速增长、城市空间迅速扩大、大量占用耕地和生态环境问题日趋严峻等问题。总体而言,中国的城镇化自新中国成立至今,大体可以划分两大阶段。

第一阶段:改革开放以前的城镇化阶段

这一阶段的城镇化发展历经较长的徘徊和波动,考虑其发展状况和城镇化水平,又可以细分为三个时期。

第一,1949 年至 1957 年的城镇化起步恢复时期。

伴随新中国第一个五年计划实施和国民经济的逐渐恢复与发展,党的工作重心开始由乡村转移到城市。1949 年 3 月,党的七届二中全会决定的经济重心是发展重工业,实行以重工业为主、轻工业为辅的策略。许多重大工业项目在城市开始建设,并积极推动城镇向农村开放,鼓励农民到工矿区和城镇就业,扩建和新建了部分城镇,这些措施的推行大大加快了城镇化的进程和速度。截至 1957 年,中国的城镇数量已经从新中国成立之初的 135 个提升至176 个;城镇人口从新中国成立之初的 5765 万人提升至 9949 万人,年均增加523 万人;城镇化率从 1949 年的 10.64% 提升至 1957 年的 15.4%,增长幅度为 4.76%,年均提升 0.595 个百分点。

第二,1958 年至 1965 年的城镇化剧烈波动时期。

1958 年提出工业品生产的"超英赶美"策略,具体目标是主要工业品在10 年内超过英国的产量,在 15 年内超过美国的产量,经济建设暴露出主观随意和急于求成,一些不成熟的工业项目急于开工建设,导致大量农村人口涌入城市。1958 年至 1960 年的三年时间里,城镇人口净增 2352 万人,城镇化率由 1958 年的 16.25% 迅速提升到 1960 年的 19.75%,两年增长幅度为 3.5%,年均提升 1.75 个百分点。而在 1961 年至 1963 年,由于缓建和停建大量的工业项目,动员发动近 2 千万城镇人口返回农村,使城镇人口减少人数超过 1 千

万,1963 年的城镇人口为 11646 万人(唐任伍,2013),[1]人口城镇化率降低至
16.84%。相对 1960 年,城镇化率快速下降 2.91 个百分点。此时又遭遇 1959
年至 1961 年极其严重的自然灾害,经济发展剧烈波动,城乡经济发展快速衰
退,城镇化率迅速降低,城镇数量急剧下降。到了 1964 年和 1965 年,国民经
济逐渐有所好转,经济发展不利局面逐渐得到恢复,城镇人口数量逐渐增长,
1965 年的城镇化率达到 17.98%。

第三,1966 年至 1978 年的城镇化停滞徘徊时期。

1966 年爆发的"文化大革命"一直持续十年,导致正常经济秩序被打乱,
经济发展严重倒退,城镇化进程也因此受到影响。这一时期的典型特征是政
治运动成为城市的中心工作,工农业发展十分缓慢。1968 年开始的"上山下
乡"运动更是导致大量城镇人员被下放到农村,一大批干部、青年学生、专业
技术人员甚至城镇居民累计约 39 万人被动员或强制到农村,阻碍了城镇化的
正常进程,城镇人口逐年降低。与此同时,国际环境日益严峻,导致许多人财
物主动撤离城镇,投入到"三线建设"的洪流中,也难以形成规模城镇。该时
期由于备战和政治运动压倒一切,城镇人口在低位徘徊甚至有时降低。城市
数量仅由 1966 年的 175 座增长到 1978 年的 193 座,对应的城镇人口分别为
13313 万人、17245 万人。城镇化率由 1966 年的 17.86% 降低全 1972 年的
17.13%,随后国民经济发展逐渐有所恢复,城镇化水平也呈缓慢恢复态势,至
1978 年城镇化率达到 17.92%,同 1966 年比较,基本没有增长,这一时期的中
国城镇化进程可以说是停滞徘徊的。

第二阶段:改革开放以后的城镇化阶段

总体而言,改革开放以来的城镇化进程表现持续平稳上升的趋势。这是
因为我国实行对内改革、对外开放政策以后,国民经济的持续健康、稳定发展
为中国城镇化进程加快提供了强劲需求的动力和坚实的经济保障。但是,由

---

① 唐任伍:《我国城镇化进程的演进轨迹与民生改善》,《改革》2013 年第 6 期。

图 2-2 也可以发现,尽管改革开放以来的城镇化率呈稳步增长态势,但这一阶段不同时期的城镇化水平仍存在很大差别,城镇化年增长率有时波动幅度较大。

第一,1979 年至 1984 年的城镇化恢复发展时期。

这一时期城镇化率由 1979 年的 18.96% 提升至 1984 年的 23.01%,增长幅度为 4.05%,年均增长 0.81 个百分点。建制市由 1979 年的 203 个增长到 1984 年的 300 个(王伟光,2008)。[①] 城镇人口由 1979 年的 18495 万人增加到 1984 年的 24017 万人,全国城镇人口年均增长 5.68%。该时期城镇化水平逐渐恢复到城镇化的正常水平。

第二,1985 年至 1992 年的城镇化平稳发展时期。

这一时期的中国城镇化进程进入平稳发展期,1992 年的建制市增加到 517 个,全国建制镇剧增到 14500 个(牛凤瑞、潘家华、刘治彦,2009)。[②] 城镇人口由 1985 年的 25094 万人增加到 1992 年的 32175 万人,增加了 7081 万城镇人口。城镇化率由 1985 年的 23.71% 提升至 1992 年的 27.63%,增长幅度为 3.92%,年均增长 0.56 个百分点。

第三,1993 年至 2003 年的城镇化加速发展时期。

这一时期的中国城镇化水平得到快速提高,推进城镇化的机制由计划逐渐过渡到市场,各地尝试逐步放宽农村人口到城镇落户的资格,并在一些地域展开了农民集资参与建设中小城镇的试点工作。2003 年的建制市增加到 660 个,建制镇增加到 20226 个(殷江滨、李郇,2012)。[③] 城镇人口由 1993 年的 33171 万人提升至 2003 年的 52376 万人,增加了 19205 万城镇人口,增长幅度为 57.89%。城镇化率由 1993 年的 28.14% 提升至 2003 年的 40.53%,增长幅

[①] 王伟光主编:《中国二线城市科学发展研究》,社会科学文献出版社 2008 年版。
[②] 牛凤瑞、潘家华、刘治彦主编:《中国城市发展 30 年(1978—2008)》,社会科学文献出版社 2009 年版。
[③] 殷江滨、李郇:《中国人口流动与城镇化进程的回顾与展望》,《城市问题》2012 年第 12 期。

度为12.39%,年均增长1.24个百分点。典型特征为以建设现代城市、发展小城镇、建立工业园区、成立经济开发区为标志,全面推动城镇化建设进程,城市的承载水平与吸纳农村人口的能力显著提升。

第四,2004年至今的城乡统筹发展与新型城镇化时期。

中国的城镇化建设进入新时期,步入新时代,确立了市场机制的主导地位,城镇化建设理念由追求城镇数量增加向追求城镇规模增长,由追求城镇外在形式向追求城镇建设效益转变。截至2016年底,全国建制市657个,建制镇20883个。[①] 城镇人口由2004年的54283万人提升至2016年的77116万人,增加了22833万人,增长幅度为42.06%。城镇化率由2004年的41.76%提升至2016年的57.35%,增长幅度为15.59%,年均增长1.42个百分点。

中共中央、国务院于2014年发布了《国家新型城镇化规划(2014—2020年)》,规划紧紧围绕全面提高城镇化质量,加快转变城镇化发展方式,以人的城镇化为核心,有序推进农业转移人口市民化;以城市群为主体形态,推动大中小城市和小城镇协调发展;以综合承载能力为支撑,提升城市可持续发展水平;以体制机制创新为保障,通过改革释放城镇化发展潜力,走以人为本、四化同步、优化布局、生态文明、文化传承的中国特色新型城镇化道路,促进经济转型升级和社会和谐进步,为全面建成小康社会、加快推进社会主义现代化、实现中华民族伟大复兴的中国梦奠定坚实基础。[②]

(二)中国城镇化进程所处阶段判断

城镇化有其自身的发展规律,地理学家诺瑟姆(1979)发现,城市化水平同其所处阶段存在密切关系,采用城市人口与全部人口比率的城市化率指代城市化所处的不同发展阶段,相应的城市化发展呈变体的S形曲线(见

---

① 根据住房和城乡建设部《2016年城乡建设统计公报》计算得出。
② 《国家新型城镇化规划(2014—2020年)》,人民出版社2014年版。

图 1-3）。① 城市化发展水平及阶段同国家和民族不同而存在差别,譬如威尔士和英格兰在 1900 年后不久就处于城市化的成熟阶段,而美国到 1950 年也没有达到城市化的第三阶段。

按照诺瑟姆曲线的阶段划分,成熟水平主要可以分成三个大的发展阶段,分别为初级阶段、加速阶段和成熟阶段。初级阶段对应罗斯托的传统社会时期,城市化率对应 25% 及以下水平;加速阶段期间第二、第三产业快速发展,城市化率在 25% 至 70% 的区间水平;成熟阶段对应城市化率 70% 及以上水平,当城市化水平超过 80% 时,城市化率增长速度逐渐降低,增长很缓慢。

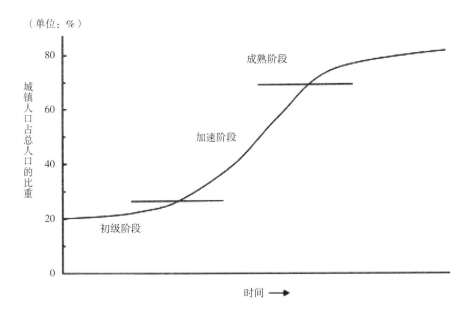

图 1-3　城市化曲线及其阶段划分

通常而言,在城镇化初级阶段,由于科学技术贡献率不高,科技水平处于不发达层次,第一产业能够提供给居民的生活、消费资料不太充裕,国民经济整体水平不强,满足第二产业发展需求的社会资本短缺,城镇化发展的规模与

① 陈明星、叶超、周义:《城市化速度曲线及其政策启示——对诺瑟姆曲线的讨论与发展》,《地理研究》2011 年第 8 期。

速度比较缓慢;在城镇化加速阶段,伴随科学技术贡献率的提升,科技水平逐渐提升,由于农业技术在农业生产的应用,农业生产减弱了对农村劳动力的需求,出现了农村劳动力的剩余,剩余劳动力进入城镇寻找非农就业机会,为工业发展提供了劳动力来源,促成了工业化和国民经济的发展,工业规模扩大,又可以提供更多的就业机会和岗位,带动了城镇化的加速发展;在城镇化成熟阶段,由于农村剩余劳动力已经被城镇化消化完毕,城镇化的发展依靠城镇人口的出生和城镇用地规模的扩张来实现自身发展,城镇化增长速度逐渐放缓,增长速度有所回落,城镇化进入缓慢发展阶段。

从中国的城镇化进程分析,我国 2016 年的城镇化率为 57.35%,介于50%—60%之间,由此不难看出,中国的城镇化发展水平依然处于城镇化的加速发展阶段,由于农村剩余劳动力转移速度加快和城镇吸纳农村剩余劳动力的能力较大,这个阶段的城镇化发展速度较快。国家统计局统计数据显示,中国 1987 年的城镇化率为 25.32%,步入城镇化发展的第二阶段,处于加速阶段,但直到 1987 年,中国的城镇化率才超过 30%,达到 30.4%,历经 11 年城镇化水平增长 5.08%,年增长速度仅为 0.45 个百分点;中国城镇化率在 2003 年达到 40.53%,城镇化水平增长 10.13% 只花费了 6 年时间,年增长速度达到1.69 个百分点;2011 年的城镇化率为 51.27% 首次超过 50%,城镇化水平增长 10.74% 也只花费了 8 年时间,年增长速度为 1.34 个百分点,2012 年至2016 年的城镇化率增长速度为 6.08%,年增长速度 1.22 个百分点,同期美国、英国、法国的城市化发展水平分别为 0.52%、0.30%、0.35%,远超主要发达国家的城镇化发展速度。因此,在未来比较长的一段时间内,中国的城镇化率仍将继续维持在较高水平上增长。

综上所述,从工业化进程所处阶段和城镇化进程所处阶段判断可以看出,中国的城镇化进程明显滞后于工业化进程的发展速度。显而易见,这种滞后的城镇化进程同我国城乡二元户籍制度和农村土地制度等因素密切相关。从国际工业化、国际城镇化的发展经验来看,工业化发展是城镇化发展的前提和基础,城镇化发展是工业化发展的必然结果,两者存在相互联系、相互影响和相互制约的关系。一方面,工业化发展是城镇化发展的核心推动力;另一方面,城镇化发展到一定水平和规模也会促进工业化的发展水平。因此,在绝大多数国家和地区,城镇化发展进程与工业化发展进程基本一致,速度基本保持同步。而我国当前城镇化进程滞后于工业化进程的模式明显是违背工业化进程发展要求的模式,也是不科学的(段禄峰等,2016),[①]这种模式会影响我国现代化目标实现的时间,不可避免会给经济发展、社会进步带来诸多隐患和社会矛盾。

三、工业化、城镇化进程的主要特征分析

工业化发展的同时必然推动城镇化的发展,反之,城镇化的发展也会为工业化发展提供良好的发展环境。工业化进程加快之后,土地资源、劳动力、资本、技术要素由于逐利的驱动会往收益较好、回报较高的行业、产业和地区流动,这样就会加快城镇化的进程;而城镇人口增加、生产和地域分布等规模的扩大又会增加市场需求,增加工业品生产的竞争程度,推动工业技术进步与创新,从而加快工业化进程。从前面的中国工业化进程和城镇化进程分析来看,目前,中国的城镇化发展处于加速发展阶段,中国的工业化发展处于中期,从城镇化和工业化相关影响、相互联系的关系来看,中国工业化、城镇化的主要特征可以归纳为如下几个方面的内容:

(一)工业的产业与区域结构不断优化

当前,伴随中国的工业化进程和城镇化进程加快,体现出的主要特征就是工业的产业结构与区域结构不断得到优化,产业结构实现快速升级。表现如下:第一,第二、第三产业在国内生产总值所占比重逐渐增加。国家统计局统

---

① 段禄峰、田宇轩、魏明、唐文文:《我国城镇化发展快慢问题研究》,《理论探索》2016年第5期。

计数据显示,2015 年,国内生产总值构成中,第一产业、第二产业、第三产业总值分别为 60870.5 亿元、280560.3 亿元和 344075 亿元。第二产业和第三产业总值占国内生产总值的比重为 91.12%。相对中国刚进入工业化中期的 1994 年,这一比率提升了 10.92%。第二,以服务业为主体的第三产业产值比重第一次超过工业产值比重,这是一个具有象征意义和纪念意义的转折点。2013 年至 2015 年,第二产业年增长率分别为 11.16%和 1.07%,第三产业的年增长率分别为 17.49%和 11.69%,第三产业的增长速度明显快于第二产业的增长速度。第三,从工业产业内部构成变化考察,工业高加工度变化明显,战略性新兴产业和技术密集型产业发展非常迅速。2016 年,工业战略性新兴产业增加值增长 10.5%。高技术制造业增加值增长 10.8%,占规模以上工业增加值的比重为 12.4%。装备制造业增加值增长 9.5%,占规模以上工业增加值的比重为 32.9%。六大高耗能行业增加值增长 5.2%,占规模以上工业增加值的比重为 28.1%。高耗能行业和资源型产业同比增长速度最慢,这充分表明中国工业产业结构得到进一步优化。与此同时,东部、中部、西部地区的工业发展区域结构趋向于平衡,在经济下行背景下,东部地区的工业已经呈现企稳态势。自 2006 年以来,东部地区国内生产总值占国内比重呈下降态势,而中部地区、西部地区国内生产总值占国内比重呈增加态势,东部、中部与西部之间的经济发展差距正在逐渐缩小(黄群慧,2014)。①

(二)农村空心化与农村人口大量外流

农村常年居住的人口结构发生了很大变化,伴随农村劳动力外流,大部分懂技术、有文化、会经营的农村青壮年离开农村,外出进城务工或经商,留在农村的劳动力主要是中老年人和未成年人,农村后备劳动力资源严重不足,农村

---

① 黄群慧:《"新常态"、工业化后期与工业增长新动力》,《中国工业经济》2014 年第 10 期。

的中老年妇女成为劳动的主体力量(韩俊,2010)。[1] 中国广大农村地区在一定程度上存在空心化,主要表现为农村的村庄内部荒芜与村庄外部膨胀并存。农村空心化是中国传统农耕文化遭遇工业化进程的必然结果,但是,我们也要重视农村空心化给中国现代农业化带来的严峻考验和挑战,可能会由"民工荒"转变成"农民荒"(陈池波、韩占兵,2013)。[2] 农村青壮年人口大量外流具体体现在如下方面:一是第二产业、第三产业的迅速发展为农村劳动力外出务工经商提供了基本的保障,统计数据显示,1978 年至 2016 的近 40 年时间里,从事非农务工劳动力的年均增长幅度保持在 1%的水平,2004 年至 2014 年更是达到 2%的增长幅度,2015 年、2016 年因经济下行增幅略有降低。二是中国的城镇化和工业化进程,也会促使农民工的增加。国家统计局发布的《2016年农民工监测调查报告》显示,2016 年,全国农民工总量 28171 万人,比 2015年增加 424 万人,增长 1.5%,增速比 2015 年高 0.2 个百分点。其中,本地农民工 11237 万人,增长 3.4%,增速比 2015 年高 0.7 个百分点。本地农民工增量占新增农民工的 88.2%;外出农民工 16934 万人,增长 0.3%,外出农民工中的进城农民工 13585 万人,比上年减少 157 万人,下降 1.1%。从输出地看,西部地区农民工增量占新增农民工的 43.6%(见图 1-4)。

(三)人地城镇化分离与城镇规模的扩张

统筹城乡发展实现城乡一体化的核心要求是,农村人口在农村土地非农化的过程中融入城市,实现生活与生产方式的转变,实现农业社会向城市社会的自然过渡。但中国在城镇化进程中呈现出与国际经验相反的现象,就是城镇化的双轨制。一轨是政府自上而下通过土地征收推动的城镇化,而另一轨

---

[1] 韩俊:《"十二五"时期我国农村改革发展的政策框架与基本思路》,《改革》2010 年第5 期。

[2] 陈池波、韩占兵:《农村空心化、农民荒与职业农民培育》,《中国地质大学学报(社会科学版)》2013 年第 1 期。

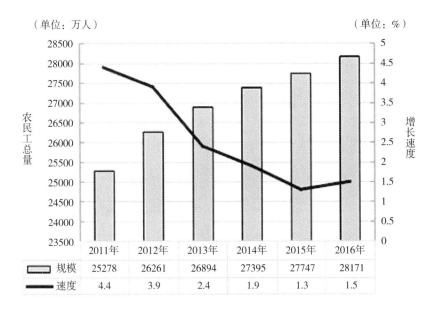

图1-4 2011—2016年农民工总量及增长速度变化

是农民自下而上通过利用集体建设用地和宅基地的自发行为带动的城镇化。二者在土地城镇化与人口城镇化关系中呈现出不同的逻辑关系。

政府通过土地征收推动的城镇化表现为城市规模的快速扩张,1995年至2010年,中国国内的城市建成区面积累计增加20793.8平方公里,年均增加1386.3平方公里。1999年至2008年,中国内地排名前10的城市建成区面积从2629平方公里增加到7727平方公里。而满足政府建设城市需要的土地主要依靠征收农村土地而来,1998年至2008年间征收的农民土地为13925.5平方公里,年均土地征收面积为1392.5平方公里,农村土地征收占政府新增建设用地的面积比重高达74.7%(刘守英,2012)。① 但政府主导的城镇化采取的是"要地不要人"的策略,严重影响了城镇化进程的正常进行。1990年至2000年间,中国的土地城镇化的速度比中国人口城镇化的速度快出1.7倍,2000年至2010年的差距更大,趋势更明显,土地城镇化的速度比人口城镇化

---

① 刘守英:《以地谋发展模式的风险与改革》,《国际经济评论》2012年第2期。

的速度快出 1.85 倍(刘守英,2014)。[1] 倘若考虑中国户籍人口与常住人口的差异,土地城镇化比人口城镇化的速度更快,二者之间的差距会更进一步扩大。到 2016 年,中国的户籍人口城镇化率为 41.2%,同常住人口城镇化率 57.35% 相差 16.15 个百分点。城镇的发展、城市的扩张吸引大量农民工到城市生活和就业,但绝大多数农民工无法在城市居住下来,无法在社会保障、医疗、教育、住房等领域与城镇户籍人口市民享有同等的权利。

第三节　工业化、城镇化进程中的土地利用特征分析

一、土地利用的区域分布不均衡

中国疆土辽阔,且地区发展不平衡,不同地区的人口分布、土地利用有不同的特点,这些地区差异也会影响所在地区的工业化进程和城镇化进程。这样,在土地利用上也呈现出明显的地域特征。

(一)土地利用绝对数量的地域分布差异

中国工业化进程、城镇化进程中土地利用的区域分布不均衡,首先体现在土地利用绝对数量的地域分布上(见表 1-5),该表描述了 2015 年中国大陆地区各省、自治区、直辖市人均建设用地和人均农用地的绝对数量分布情形。就建设用地状况来看,东部地区人均建设用地面积最低,只有 0.37 亩/人,而东北地区的人均建设用地面积最高,为 0.60 亩/人,超过东部地区人均建设用地面积的 62.12%。而中部地区人均建设用地面积仅比东部地区略高,为 0.42 亩/人;西部地区人均建设用地面积接近东北地区,为 0.57 亩/人。因此,从人

---

[1]　刘守英:《中国城乡二元土地制度的特征、问题与改革》,《国际经济评论》2014 年第 3 期。

均建设用地规模来看,东部地区与中部地区基本类似,西部地区与东部地区基本类似。

表 1-5　2015 年土地利用的区域分布表　　（单位:亩/人）

西部地区	人均建设用地	人均农用地	中部地区	人均建设用地	人均农用地	东部地区	人均建设用地	人均农用地
内蒙古	0.97	49.52	山西	0.42	4.11	北京	0.29	0.79
广西	0.38	6.12	安徽	0.48	2.72	天津	0.40	0.68
重庆	0.33	3.52	江西	0.42	4.74	河北	0.44	2.64
四川	0.33	7.71	河南	0.41	2.01	上海	0.19	0.20
贵州	0.29	6.27	湖北	0.43	4.04	江苏	0.43	1.22
云南	0.34	10.42	湖南	0.36	4.02	浙江	0.35	2.33
西藏	0.67	404.89	均值	0.42	3.61	福建	0.32	4.25
陕西	0.37	7.36	东北地区			山东	0.43	1.76
甘肃	0.52	10.70	辽宁	0.56	3.95	广东	0.28	2.07
青海	0.88	115.05	吉林	0.59	9.05	海南	0.56	4.9
宁夏	0.70	8.56	黑龙江	0.64	15.71			
新疆	1.00	32.85						
均值	0.57	55.25	均值	0.60	9.57	均值	0.37	2.08

资料来源:根据《中国统计年鉴》(2016)和《全国土地利用变更调查报告》(2016)数据整理。

从土地利用的区域分布可以发现,目前中国不同区域的建设用地和农用地的人均水平同地区经济发展状况之间也存在一定的关系。经济发达程度较高的东部地区的人均农用地面积最少,而西部地区的状况刚好相反(见图1-5)。另外,需要指出的是,中部地区的人均建设用地面积要超出东部地区0.5亩/人,这除了同土地要素的资源禀赋相关以后,在一定程度上也同工业化进程、城镇化进程的速度存在十分密切的联系。一是东部地区的经济发达,技术进步,建设用地的土地利用效率较高,可以实现土地资源利用的节约,实现人均建设用地面积的减少;二是东部地区吸纳外来人口的能力较强,由于工作机会较多,收入水平较高,增大了单位土地的人口数量,也会降低建设用地的人均面积。

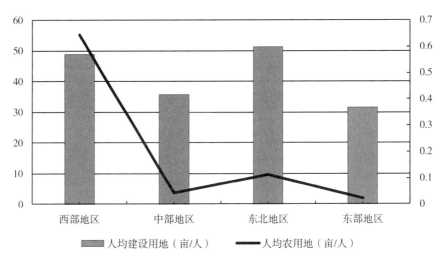

图 1-5　2015 年土地利用的地区平均水平

（二）土地利用相对效益的地域分布差异

工业化进程和城镇化进程的加快需要消耗大量的土地资源,妥善解决农村耕地保护与经济发展之间的矛盾是实现经济发展的生态、绿色、可持续的前提和基础。就目前的形势和任务看,在我国经济发展进入新常态等一系列深刻变化中,实现经济发展的生态持续是亟待解决的突出问题。解决这个突出矛盾迫切需要大幅提升土地利用的相对效益尤其是非农建设用地利用的相对效益,尽可能集约用地,少占耕地,减少对土地资源要素的需求。我国地域差异较大,经济发展不平衡,考虑土地的区域分布,从比较优势角度配置宝贵的土地资源要素,可以有效缓解这一矛盾的尖锐程度。因此借鉴陈江龙等（2004）①的方法用非农用地和农用地的产出效益大小来测度土地利用相对效益的地域差异,以此提出我国工业化、城镇化进程中的土地利用区域规划调整

①　陈江龙、曲福田、陈雯:《农地非农化效率的空间差异及其对土地利用政策调整的启示》,《管理世界》2004 年第 8 期。

建议。

测度土地利用相对优势的方法和手段有很多,利用成本法、指标综合计算法和效益法都可以达到目的。在此采用土地产出绝对效益来测度土地利用的地域优势,同李嘉图运用劳动生产率来测度比较优势的思路是相吻合的。主要分析土地的农业用途与非农业用途的地域分布优势。土地的农业用途效益用农村耕地单位面积种植业的增加值来测度,土地的非农业用途效益用单位居民点工矿用地的第二产业、第三产业增加值来测度。土地利用的地域优势计算公式表示如下:

$$Ra_i = \frac{Na_i}{A_i} \qquad\qquad (1-1)$$

表达式(1-1)中,Ra_i 指代 i 地土地利用的地域优势,Na_i 指代 i 地的土地非农业用途效益,A_i 指代 i 地的土地农业用途效益。由此可以按照从高到低的顺序对各个区域的土地利用地域优势进行排序。

考虑数据处理难易程度及可得性,笔者采用2013—2015年的平均值来计算中国大陆地区,不含香港、澳门和台湾地区土地利用的地域优势。其中,第二产业、第三产业增加值来自国家统计局的《国家统计年鉴》(2014—2016)的统计数据,种植业增加值依据农业增加值来推算,具体方法是用农业总产值中的种植业所占比重与农业增加值的乘积,数据来源于中国农业部的《中国农业统计年鉴》(2014—2016)统计数据。农村耕地面积和居民点工矿用地的统计数据来源于国土资源部的《国土资源统计年报》(2014—2016)。相应结果如表1-6所示。

二、土地利用的结构转化速度太快

土地利用结构和方式同地区经济发展水平与产业构成关系密切,伴随工业化、城镇化进程的加快,人们收入水平提高,也会带来消费需求的增加,相应会对产业结构产生影响,并因此改变土地的利用结构。

（一）城镇产业发展与土地利用结构转化

工业化、城镇化进程会影响城镇的产业分布,而产业分布变化也会影响城镇土地的利用结构。从西方发达国家和地区的国际经验考察,伴随经济转型和产业升级,尤其是第二产业占比的降低和第三产业占比的提升,城镇土地利用构成也会发生相应变化,城镇原有的工业用地会逐渐被城镇服务用地等第三产业需求所取代,且与服务业发展密切相关的公共设施用地、市政公用设施用地、道路广场和绿地等呈明显增加态势。

表1-6 土地利用相对效益的地域分布表

东部地区	耕地效益（元/公顷）	建设用地效益（元/公顷）	地域优势	西部地区	耕地效益（元/公顷）	建设用地效益（元/公顷）	地域优势
北京	6001.86	426908.88	71.13	内蒙古	1217.60	48480.58	39.82
天津	3866.30	333668.27	86.31	广西	3850.57	129180.44	33.56
河北	3976.19	170694.32	42.93	重庆	3818.08	160617.59	42.07
上海	6166.67	939852.38	152.41	四川	4237.44	121873.59	28.76
江苏	5165.82	295132.63	57.13	贵州	1757.98	85214.28	48.51
浙江	7808.76	470380.62	60.24	云南	1928.94	133063.57	68.98
福建	9657.07	430765.98	44.62	西藏	1945.37	106439.55	54.72
山东	5341.96	203419.12	38.08	陕西	1835.92	102610.94	55.89
广东	7695.18	392486.89	51.06	甘肃	1373.89	47464.33	34.55
海南	5805.21	80391.82	13.85	青海	919.04	48552.23	52.84
中部地区				宁夏	1264.22	68152.73	53.91
山西	1278.54	105301.01	82.36	新疆	2328.03	57431.39	24.67
安徽	3555.76	98067.87	27.58	东北地区			
江西	4152.74	140226.86	33.77				
河南	5109.16	124993.83	24.47	辽宁	3299.24	198737.25	60.24
湖北	4077.45	186601.15	45.76	吉林	2424.33	98728.28	40.73
湖南	5335.18	136176.65	25.53	黑龙江	1351.26	134526.18	99.56

资料来源:根据《中国统计年鉴》(2014—2016)、《国土资源统计年报》(2014—2016)和《中国农业统计年鉴》(2014—2016)数据计算得出。

（二）农村产业发展与土地利用结构转化

自 1978 年实行改革开放以来，中国的农业取得很大的进步，农村取得很大的发展，农民的收入有了显著提高。农业的产业结构也发生了明显好转，粮食生产并没有因为城镇化、工业化影响产量。国家统计局统计数据显示，2004年至 2015 年，中国粮食总产量从 46947 万吨增长到 62143.5 万吨，增长了32.37%，实现了粮食生产的"十二连增"。2016 年在去库存背景下，主动调整种植结构，粮食总产量为 61623.9 万吨，比 2015 年减少 520.1 万吨，粮食生产止步"十二连增"，粮食产量下降同时受到播种面积减少和单产下降的影响，播种面积比 2015 年减少 472 万亩，因播种面积减少而减产占粮食减产总量的33.2%；因单产下降而减产占粮食减产总量的 66.8%。

农业产业内部的结构优化也可以在农林牧渔的总产值变化中体现出来，在种植业构成中，伴随人们生活水平提高和食物结构变化，粮食作物所占比率明显降低，其他作物和多种经营所占比率明显提高。1978 年同 2015 年相比，农业产值从 1117.5 亿元增加到 57635.8 亿元，但农业产值占农林牧渔总产值的占比从 77.99% 降低到 53.84%；而林业产值同比从 48.1 亿元增加到4436.4 亿元，林业产值占农林牧渔总产值的占比从 3.44% 增加到 4.14%；牧业产值同比从 209.3 亿元增加到 29780.4 亿元，牧业产值占农林牧渔总产值的占比从 14.98% 增加到 27.82%；渔业产值从 22.1 亿元增加到 10880.6 亿元，渔业产值占农林牧渔总产值的占比从 1.58% 增加到 10.16%。[①] 与此相对应，农村从事农业生产的土地利用结构也发生了明显的变化，耕地面积占比相应减少，而林地、园地面积却在增加。

在中国工业化进程、城镇化进程加快阶段，广大农地以民营企业为主导的第二产业、第三产业也发展快速。农村的固定资产投资构成中，农业投资占比

---

① 根据《国家统计年鉴》（2016）计算得出。

降低,工业投资和服务业投资占比增加。因此,工业化、城镇化进程的加快促进了农村产业结构的调整,伴随产业结构变化,农村土地利用结构也会相应发生变化,对工业和服务业用地的需求也会相应增大。

三、土地利用的可持续问题严峻

发展经济,推动工业化、城镇化进程,利用土地资源要素追求经济利益却不注重保护稀缺的土地资源,导致水土流失的土地退化问题严重,不利于经济发展的绿色可持续。

土地利用的可持续问题主要表现在两个方面:一方面是为了提高经济效益总量,往往会从有限的土地资源要素中想方设法把农业用地资源转化为具有市场价值的非农建设用地资源,根本改变农用地的资源属性;另一方面是一些尚未投入使用的边际土地被投入使用或者已经使用的土地被过度利用,导致土地质量下降,引发土地退化,并且给外部环境带来许多不可挽回的损失。为了缓解农用地减少的速度,大量的山地、林地、草地、坡地和湿地被开垦、转化为农用地。而山地、坡地、草地、湿地有其自身的用途和特征,转化为农地就丧失了涵养水源和防洪蓄水的功能,引发水土流失、山洪和江河堵塞,严重破坏自然环境和生态环境。而为了增加产量,人们往往过量使用农药、化肥,提高土地复种指数,导致土壤肥力、地力降低,造成土壤重金属超标、水污染等土地退化问题。

第四节　工业化、城镇化进程中的农村土地问题与成因分析

一、工业化、城镇化进程中的农村土地问题分析

工业化、城镇化进程的加快会相应增加土地的利用需求,但由此引发的农

村土地问题也不容小觑,在广大农村地区农村土地问题已经成为影响地区发展、社会进步的主要影响因素。总体而言,目前中国工业化、城镇化进程中的农村土地问题的主要特征和类型是源于农村土地的非农化,主要表现在如下几个方面:

(1)农民的土地财产权益受到侵害

一是工业化、城镇化用地需求满足主要依靠农村土地征收。满足工业化、城镇化用地需求的土地主要是通过农村土地征收来实现的。国土资源部统计数据显示,2015 年、2016 年两年中,建设用地分别净增加 713.5 万亩、751.1 万亩,而全国农用地面积分别净减少 426.3 万亩、493.5 万亩,其中耕地面积分别净减少 89.2 万亩、115.3 万亩,未利用地净减少 287.2 万亩和 257.6 万亩。2011—2016 年,在东部经济发达的沿海地区,每年新增建设用地规模高达 20—40 万亩,通过农村土地征收占新增建设用地比率高的超过 90%,比率低的也要超过 75%,如广东 2015 年、2016 年的新增建设用地分别为 31 万亩和 27.46 万亩。在中部、西部、东北地区,尽管建设用地总量远远低于东部地区,随着西部大开发、中部崛起、东部老工业基地战略的实施,建设用地规模的总量依然可观,以广西为例,2014 年、2015 年的新增建设用地分别为 27 万亩和 23.25 万亩,其中农村土地征收仍然是主要方式,占建设用地的比重近九成。农村土地征收的规模如此之大,严重侵害了被征地农民的土地合法权益,影响被征地农民的生活和保障,由此产生大量因土地征收而引发的群体性事件。据统计,2001 年至 2010 年全国涉及土地违法案件年均 8.62 万件,涉案农村土地面积年均 73.65 万亩。土地预征、以租代征、未批先建等农村土地违规征收事件经常发生。违规违法征收农村土地必然导致被征地农民合法权益受损并引发其因维权而产生的抗争行为,触发被征地农民与基层地方政府的冲突与对立。忽视而不重视保护被征地农民的土地合法权益,必然影响社会和谐稳定,激化社会矛盾。

二是被征地农民对以公共利益为由征收土地从事营利性活动意见较大。

被征地农民对以"公共利益"为由征收农村土地从事城市房地产开发等营利性活动的尤为不满。《中华人民共和国土地管理法》(2019)第四十八条规定："征收土地应当给予公平、合理的补偿,保障被征地农民原有生活水平不降低、长远生计有保障。"但实际情形是,农村土地征收权已经被滥用于农地非农化的任何领域,凡是农村土地变为建设用地就要实行征收。有学者认为导致这种局面难以得到根本改变的原因在于公共利益难以明确界定。其实,我国大多数建设用地的营利用途显而易见。对于广大被征地农民而言,地方政府将征收的农村土地用于建设政府办公设施、学校、医院、道路、桥梁、绿地、公园等等,尽管多数具有公共利益性质的用途,也有少部分被用于营利性目的,但被征地农民总体还能理解和接受。一个可喜变化是国土资源部、住房城乡建设部于2017年8月28日印发《关于印发〈利用集体建设用地建设租赁住房试点方案〉的通知》,该试点方案明确,根据地方自愿,确定北京、上海等第一批13个试点城市,可用集体建设用地建设租赁住房,增加租赁住房供应,缓解住房供需矛盾。

三是被征地农民感觉农村土地征收补偿不公平。被征地农民普遍认为农村土地征收补偿标准太低,补偿金额太少,补偿不公平。《中华人民共和国土地管理法》第四十七条规定,"征收土地的,按照被征收土地的原用途给予补偿。征收耕地的补偿费用包括土地补偿费、安置补助费以及地上附着物和青苗的补偿费。征收耕地的土地补偿费,为该耕地被征收前三年平均年产值的六至十倍。征收耕地的安置补助费,按照需要安置的农业人口数计算。需要安置的农业人口数,按照被征收的耕地数量除以征地前被征收单位平均每人占有耕地的数量计算。每一个需要安置的农业人口的安置补助费标准,为该耕地被征收前三年平均年产值的四至六倍。但是,每公顷被征收耕地的安置补助费,最高不得超过被征收前三年平均年产值的十五倍"。并且规定土地补偿费和安置补助费的总和不得超过土地被征收前三年平均年产值的三十倍。

在广大中部、西部、东北地区,尽管被征地农民的土地权利意识没有东部发达地区强,但由于农村耕地大量被征收用于城市扩张需要的基础设施或国家重点建设工程需要,这些项目一般工期紧、资金需求量大,农村土地征收补偿要么低于国家法定的征收补偿标准,要么资金拨付不到位。许多国家投资的重点建设项目往往要求地方政府进行资金配套,自行负责农村土地征收问题,甚至按照每公里或者每亩均价进行费用包干,地方政府因为沉重的财政负担压力只能按照法定最低补偿标准实施,难以保障被征地农民的正当权益。2016 年,陕西省公布的银西高铁(陕西段)征地拆迁补偿标准中,规定征地补偿费为 36500 元/亩,林(草)地补偿费 12000 元/亩,建构筑物拆迁补偿中房屋(含窑洞)拆迁按土木房(含土窑)450—550 元/平方米、砖木房 550—650 元/平方米、砖混房 650—800 元/平方米,征地拆迁补偿难以弥补被征地拆迁农户的重建支出,导致被征地农民的收入减少,生活水平降低。虽然国土资源部早在 2005 年就发布了《关于坚决制止"以租代征"违法违规用地行为的紧急通知》(〔2005〕166 号),但时至今日,一些地方在高速公路等国家重点项目建设中仍旧存在以租代征的违法违规用地行为。

四是农村土地征收补偿费存在截留行为。农村土地征收补偿费用被地方各级政府、村集体经济组织违法、违规截留。按照土地管理法的规定,对被征地农民的补偿主要包括耕地补偿费用、劳动力安置费用和青苗补偿费用。但是,在农村土地实际征收补偿中,被征地农民往往分不清征地补偿具体有哪几项,每项具体多少金额,只知道征地补偿总金额,一些地方的普遍做法是把劳动力安置费用与青苗补偿费用发放给被征地农民,但把农村耕地补偿费用截留在村集体经济组织,有的基层政府也参与截留这边费用。有些地方甚至连被征地农民的劳动力安置费用都不全额发放,而是将劳动力安置费用的部分补偿用于支付部分失地保险金额。据《中国纪检监察报》报道,2004 年,监察部、国土资源部、农业部、审计署组成联合检查组,对重庆、福建、广西等 6 个省(区、市)征收农民集体所有土地补偿费管理使用情况进行了重点检查。据统计,1999 年 1 月 1 日以来,全国各省、区、市共征地 1330.06 万亩,应支付补偿费 3389.38 亿元,共拖欠、截留、挪用农民征地补偿费 175.46 亿元。审计署审计长刘家义向全国人大常委会报告 2014 年度中央预算执行和其他财政收支的审计情况时指出,征地拆迁中,一些地方和单位少支付补偿 17.41 亿元,编造虚假资料等套取或骗取补偿 10.57 亿元。审计指出问题后,各地纠正违法用地 2.4 万起,审计向有关部门移送重大违法违纪问题 397 起。据国土资源部统计,2016 年,全国共发现土地违法案件 74055 件,涉及土地面积 40.35 万亩。国土资源部全年共收到行政诉讼案件 629 件。国土资源部全年共处理来信 15056 件,接待群众来访 9392 起、17030 人次。

　　五是农村土地征收程序缺乏协商和透明、参与度低。《中华人民共和国土地管理法》第四十八条规定,"征地补偿安置方案确定后,有关地方人民政府应当公告,并听取被征地的农村集体经济组织和农民的意见"。但是,现行土地管理法没有明确规定在土地征收之前必须吸取或者征求村集体经济组织或被征地农民的意见,以及给予村集体、被征地农民对征地公告进行反映的机会。地方政府一般只会把农村土地征收目的、征地位置、拆迁补偿标准及拆迁安置办法等,通过公告告知被征地农民,很少事先同被征地农民协商。实地调研中,据长沙市岳麓区国土部门同志反映,在 1999 年 1 月 1 日前,农村土地征收采取协议征地的方式进行,就是由用地需求单位与村集体经济组织、被征地农民直接协商,由双方见面商讨确定农村土地的出让价格,国土部门发挥中介连线作用,被征地农民获得的土地征收补偿相对较多一些。在修订后的《中华人民共和国土地管理法》于 1999 年 1 月 1 日正式执行后,就以公告征地取代了协议征地。公告征地实施后,在如下几个方面发生了明显的变化:一是由国土部门代表地方政府直接征收农民土地,用地需求方只与国土部门、地方政府发生联系,用地需求方不再同被征地农民发生联系,也不再与被征地农民见面;二是地方政府与被征地农民、村集体经济组织不再协商,地方政府只是把计划征收的农村耕地面积以及土地征收补偿标准通过公告的形式通知他们而已;三是地方政府从农民手里征收农村土地后,与用地需求方通过"招、拍、挂"或协议转让土地签订土地供应协议。农村土地征收的过程变成地方政府为了公共利益需要,可以依法从农民那里合法、强制获得被征地农民土地的行为。

(二)农村的耕地资源数量难以保障

工业化、城镇化的进程也就是农村耕地大面积流失的过程。据统计,1978年至2016年,全国耕地面积累计减少约1.97亿亩,年均减少500多万亩。从表1-7所示的相关数据变化考察,统计期内耕地面积净减少经历了两次速度最快的高峰。一次高峰是1984年至1986年,三年耕地净减少面积规模是1979年至1992年其余11个年度耕地净减少面积的总和,尤其是1985年,耕地净减少面积超过100万公顷;第二次高峰是1999年至2006年,这八年耕地净减少面积为771.71万公顷,占1978年改革开放以来中国耕地净减少总面积的58.78%。

表1-7 1979—2016年中国耕地面积增减变化年度分布表

(单位:万公顷)

年份	年末耕地面积	同比上年增减	年份	年末耕地面积	同比上年增减
1979	9949.81	——	1998	12964.21	-26.10
1980	9930.52	-19.29	1999	12920.55	-43.66
1981	9903.51	-27.01	2000	12824.31	-96.24
1982	9860.63	-42.88	2001	12761.58	-62.73
1983	9835.96	-24.67	2002	12593.00	-168.45
1984	9785.37	-50.59	2003	12339.22	-253.74
1985	9684.63	-100.74	2004	12244.43	-80.03
1986	9622.99	-61.64	2005	12208.27	-36.16
1987	9588.87	-34.12	2006	12177.59	-30.7
1988	9572.18	-16.69	2007	12173.52	-4.07
1989	9565.60	-6.58	2008	12171.6	-1.93

续表

年份	年末耕地面积	同比上年增减	年份	年末耕地面积	同比上年增减
1990	9567.29	1.69	2009	13538.50	1358.7*
1991	9565.36	-1.93	2010	13527.14	-11.36
1992	9542.58	-22.78	2011	13523.87	-3.27
1993	9510.14	-32.44	2012	13515.85	-8.02
1994	9490.67	-19.47	2013	13516.34	0.51
1995	9497.39	6.72	2014	13505.73	-10.61
1996	13003.92	——	2015	13499.87	-5.86
1997	12990.31	-13.61	2016	13495.66	-4.35

注:*二次调查耕地数据比基于一次调查数据逐年变更到 2009 年的耕地数据多出 1358.7 万公顷,主要是由于调查标准、技术方法的改进和农村税费政策调整等因素影响。

资料来源:1979—1982 年的数据来自《新中国五十年农业统计资料》,其余来自《中国农业发展报告》(2006)和《中国国土资源公报》(2001—2016)。

　　建设占用、灾毁、生态退耕、农业结构调整等因素是导致耕地减少的原因,但其中最主要原因是建设占用耕地,建设占用耕地在耕地减少中的比重最大。国土资源部发布的《中国国土资源公报》数据显示:2010 年至 2016 年,非农建设占用耕地占减少耕地面积比重均在四成以上,占比最低的 2014 年为41.44%,其次为 2010 年的 49.39%;占比五成左右的年份为 2015 年,比重为52.83%;其他三个年度所占比重均在六成以上,2012 年占比最高,为64.53%,2011 年、2013 年所占比重分别为 62.19% 和 61.91%。如图 1-6所示。

　　随着经济发展,中央政府与地方政府在土地功能目标的差异日益加大。1997 年至 2006 年十年间,全国耕地平均以每年 1217.13 万亩的速度减少,且减少的速度还在加快,凸显地方政府追求经济快速增长的单一目标与中央政府保护耕地、粮食安全与经济发展的综合目标的矛盾。其实在 1997 年,中央政府基于国家粮食安全战略的担忧,提出实行最严格的耕地保护制度,包括占用耕地补偿、耕地总量动态平衡和基本农田保护制度等。占用基本农田的审

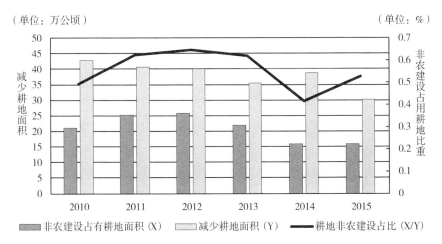

图 1-6　2010—2016 年非农建设占用耕地占耕地减少面积的比重变化图

资料来源:《中国国土资源公报》(2011—2016)。

批权限高度集中于中央,但占用耕地及补充耕地实现动态总量平衡的责任由地方政府负责实施。于是,地方政府充分利用这一制度漏洞,想方设法编制和变通耕地占补平衡,以达到中央政府审批的要求,实现尽量多占多征农村耕地的目的。许多地方要么依靠省内区域调节,由建设用地指标不足地市向指标富余地市支付补偿费用平衡,要么依靠农村土地整理折抵,以此获得中央政府许可使用非农建设用地。许多省份甚至超过占比平衡的目标任务,通常做法是把鱼塘、坡地、河滩纳入基本农田保护范围,出现基本农田上山、入水的不正常现象,甚至还出现了省份与省份之间的基本农田代保办法。有些地方政府干脆违法用地,等到土地清查时通过缴纳罚款实现用地合法了事。为了通过中央政府用地许可的审批,一些地方甚至干脆通过在账面上编制耕地的动态总量平衡,出现该地的商业和工业用地占比很大,但基本农田不减反增的反常现象。也有一些地方政府,尽管通过异地代保和农村土地整理实现了耕地的总量占补平衡,但是,补充耕地的质量明显下降,补充耕地的灌溉设施至少比占用耕地的灌溉设施减少一半。只要现行地方政府经营土地的激励机制没有消除,耕地占用及补充的动态总量平衡实施权仍归地方政府,在农村土地利用目标上,中央政府与地方政府目标不统一的矛盾就难以破解。"指标年年不够用,指标年年用不完"的文字游戏和耕地占补平衡的表面文章就不会停止,单纯依赖中央政府出台严管政策和措施,难以从根源上解决基本农田保护与经济增长脱节所引发的种种问题和矛盾。

(三)农村土地利用效率严重不足

尽管伴随经济发展和社会进步,城镇和农村利用土地的经济效益有了较大幅度提高,但在现行土地制度条件下,工业化、城镇化进程的速度加快在一定程度上导致农村土地利用效率严重不足,这种影响主要体现在如下两个方面:一方面是农村劳动力加速向外流动。由于农村土地产权不清晰、农村土地流转机制不健全及相关配套体系不完善,外出务工的劳动力要么选择将土地弃耕撂荒,要么低价请人代耕或者将土地流转给他人,要么交给他们父母或者未成年子女留在农村耕种家庭承包的土地,这无疑会大大降低农村土地的利用效率,影响农村土地产出,甚至影响国家粮食安全战略,危害国家食物安全。

另一方面是农村建设用地效率低下。伴随农村广大青壮年劳动力进城务工或从事商业经营活动,许多农民离开农村土地到城镇务工甚至定居,由于中国现行的宅基地制度及缺乏有效的农村集体建设用地市场,广大农村地区出现了宅基地闲置或者缺乏有效、合理利用的状况,农村村庄出现了不同程度的空心化,有些地方甚至出现了空心村。据估计,中国农村空心化整治的土地潜力约为 1.14 亿亩,农村面临空心化问题十分严峻(刘彦随等,2011)。[①] 根据清华大学中国农村研究院 2015 年的暑期调查统计,即使在经济下行压力下,农民外出务工时间有所减少,由 2013 年的 9.9 个月下降到 2014 年的 9.08 个月,减少了 0.81 个月务工时间,但外出务工农民离开农村留在城镇的时间仍

---

① 刘彦随、龙花楼、陈玉福、王介勇等:《中国乡村发展研究报告——农村空心化及其整治策略》,科学出版社 2011 年版。

然有 9 个月,一年只有 3 个月不到的时间留在农村。① 与此同时,农民举家迁移进入城镇定居的现象也日趋增多。根据国土资源部的统计数据,1997 年至 2007 年间,中国农村人口降低了 13%,但是村庄、宅基地用地量却增长了约 4%,呈现出人减地增的逆向发展态势(祁全明,2015)。② 农村宅基地及农村住房长期闲置的程度日益加重,农村宅基地的土地浪费现象比较严重,中国 2 亿宅基中处于闲置状态的为 12%—15%(吴春岐,2012)。③ 根据笔者在湖南农村的调查,宅基地闲置的比例更高,达到 20%。由此可见,农村土地利用效率十分低下的问题已经非常严重。

(四)土地利用的可持续问题严峻

改革开放以来,伴随中国人口增长和人民生活水平的提高,全社会对农产品和食品的需求不断增加,对农产品和食品的营养、安全和质量要求越来越高。过去中国用不到世界 7% 的耕地资源,养活了近 22% 的世界人口。在保障粮食基本自给和口粮绝对安全、满足人民营养和日益多元化的食物需求方面取得了巨大成就。但中国农业的基础条件仍然非常脆弱,中国农业农村发展面临的挑战和难题仍然很多。长期以来,为了增加粮食的产量,中国的农业资源存在过度开发利用的问题,生态存在严重的问题,面临资源、环境的压力持续加大,农村土地利用的可持续问题严峻。

笔者在 2016 年 8 月带领清华大学中国农村研究院暑期调研团队赴湖南进行"重金属超标治理"主题调研发现:湖南受到"矿毒"及重金属污染的土地面积达 2.8 万公顷,占全省总面积的 13%,被重金属污染的耕地占全省耕地面积的 25%。湖南 14 个市、州中,有 8 个处在湘江流域。湘江流域占了湖南全

---

① 笔者根据清华大学中国农村研究院 2015 年暑期调研数据计算得出。
② 祁全明:《我国农村闲置宅基地的现状、原因及其治理措施》,《农村经济》2015 年第 8 期。
③ 吴春岐:《中国土地法体系构建与制度创新研究》,经济管理出版社 2012 年版。

省 40% 的土地面积、60% 的人口、80% 的经济总额,土壤中重金属本底值本来就比较高,加上湘江流域历来是中部地区重要的有色金属和重化工业密集区,沿线集中了国家"一五"和"三线"建设时期布点的大型重点工业企业,特别是水污染严重的有色冶金、化工、矿山采选等行业占全省的 80%,也集中了全省80% 的重金属污染,超过 4000 万人的生产、生活用水受到污染。重金属污染的原因主要有如下几个方面的因素影响:

首先,工业污染是重金属污染的主要原因。随着我国城市化的推进,化工污染成为重大污染源。苯、酚、磷类有机污染及镉、砷、铅、铬、汞等重金属污染严重,在对空气、水体造成污染的同时,也成为土壤中长期存在的"毒瘤"。专家指出,重金属无论是污染水体,还是污染大气,最终都会回归土壤,造成土壤污染。土壤中的重金属主要来自工业企业排放的废水、废渣和废气。

其次,农业面源污染在重金属污染中所占比重不断上升。农业面源污染主要为农田化肥、农药施用流失所致。不少化肥和农药其本身就含有重金属成分,它们会让土壤内有机质含量降低,破坏土壤的自我调节功能,一些磷肥、钾肥和复合肥被施入土壤后,能够使土壤和作物吸收到不易被移除的重金属。2014 年,湖南氮肥、磷肥、钾肥、复合肥等农用化肥施用量按实物量计算为852.8 万吨,按折纯量计算为 247.8 万吨,分别比 2010 年增长 22.6%、36%;农药使用量 12.4 万吨,比 2010 增长 45.2%。每年经雨水冲洗带入径流,辗转汇入湘江的化肥实物量、化肥折纯量分别为 3.4 万吨、1 万吨,农药为 868 吨。一些小规模的养殖场常常在猪、鸡等农畜的饲料中添加含砷制剂或硫酸铜,畜禽养殖污染比重也在不断上升。

最后,生活污染也加剧了重金属污染的严重程度。2014 年,湘江流域排放生活污水 156754.8 万吨,占全省的 69%;城镇生活污水化学需氧量(COD)排放量 24.2 万吨,占全省总排放量的 44.5%,在湘江污水排放中占较大的比重。城市生活污水、垃圾污染是湘江有机污染负荷逐年提高的主要原因。土地重金属超标治理是一个世界性难题,没有现成的修复模式和成功的实施经验可以借鉴,目前重金属污染土壤修复技术还处在试验阶段,迄今为止国内并未听说有成功的重金属污染土壤修复案例。在江西、广西、云南等省均不同程度存在重金属污染。

综上所述,无论是农民土地权益受损、耕地资源数量下降、土地利用效率不足,还是土地质量退化、可持续问题严重等,中国工业化、城镇化进程中所面临的这些农村土地主要问题都会成为经济发展、社会进步的影响或制约因素,甚至会对中国的粮食、生态、社会和经济安全产生威胁。更具体来说,农民土地权益受损影响社会和谐与稳定,导致社会秩序不安定;耕地资源数量下降威胁国家的粮食安全战略,影响中国民众的食物安全;土地利用效率不足影响经济发展质量和效益;土地质量退化、可持续问题严重影响中国的生态安全,难以实现绿色、可持续发展的目标。

二、工业化、城镇化进程中的农村土地问题成因分析

(一)政府调控机制失效

政府宏观调控可以弥补市场机制调节的缺陷,作为看得见的手可以对市场产生很大作用和影响。但是,政府调控机制也有缺陷,也存在不能发生作用出现失效的情形。主要有:一是政府调控引发市场机制扭曲不能正常发生作用;二是政府对是否需要调控存在误判,需要调控的时候没有调控,不该调控的时候调控了;三是政府宏观调控能够发生效用,但存在环境的外部性;四是政府调控的效果比市场机制发生作用的效果更差。就目前中国工业化进程、城镇化进程中的农村土地问题来说,由于农村土地产权明晰问题和现行涉地法律制度不完善,政府调控机制失效就会存在,具体表现在如下两个方面:

第一,政府配置土地资源存在偏差。长期以来,由于偏重经济增长,上级政府对下级政府官员的政绩考核主要经济增长考核为主体,在分税制的财政管理体制背景下,地方政府所能选择的工具有限,于是不约而同地选择土地作

为推动经济增长的核心工具,引发建设用地规模快速增长。受计划经济思维影响和政府降低征地拆迁成本、创造税收来源的考虑,地方政府往往深度介入土地资源要素的配置,往往伴随而来的就是直接干预。1988年以来,中国经济增长一直维持在较高水平上,主要依靠的就是工业化和城镇化这两个引擎的巨大拉动作用,而土地成为推动两个引擎发挥作用的杠杆。地方政府依靠强制手段从农民手中低价征收农村土地,以创办工业园区、通过协议出让土地,即保障企业以较低成本甚至零地价获取工业用地推动工业化快速发展,利用垄断土地一级市场和市场化手段出让商业、房地产经营性用地,凭借出让土地获取的收入和土地融资抵押推动了城镇化的飞速发展。

土地是如何发生作用嵌入经济增长过程的呢？普遍为学者接受的推动中国经济高速增长的因素主要有两类:一是凭借大规模的投资和出口;二是依靠地方政府主导的地区经济增长竞争。按照迈克尔·波特(1980)的研究,后发展国家的经济发展可以分成生产要素驱动、投资驱动、创新驱动和财富驱动四个阶段。在生产要素驱动的第一阶段,促进经济增长的力量主要依靠土地、水、矿藏等自然资源与环境和廉价的低技能劳动力。在投资驱动的第二阶段,促进经济增长的力量主要依靠资本投资,典型特征是自然资源大量消耗、生态环境恶化、污染加剧,引发资源环境约束、劳动力工资上涨和要素成本增加。改革开放初期,中国依靠生产要素驱动开始起步,到20世纪90年代,进入高投资与储蓄率下的投资驱动第二阶段,此时的经济增长主要靠投资和出口拉动,其重要支撑是资源的快速消耗,基本保障是要素的无限投入。在资源的消耗构成中,除了水、能源、矿藏等,土地也是属于被过度消耗的资源要素。而在要素的无限投入中,由于中国广大农村存在大量农村剩余劳动力作为蓄水池,低成本的劳动力供应成为一大突出优势;土地资源作为另一个关键投入要素,尽管稀缺,但在以投入为主的经济增长模式面前,也只能采取宽松供应的办法。

西方学者在分析中国经济高速增长之谜时,普遍采用地方政府"公司人"

假设,即地方政府官员所辖地区作为一个公司来经营,为实现区域经济利益最大化及经济增长的政绩考核提升激励,地方政府的积极作为成为促进地区经济增长的关键因素。但是,由于难以界定政府行为边界,直接介入经济活动和控制土地等重要资源要素,极易扭曲资源配置。而土地资源是地方政府可以支配控制的稀缺要素,因此,土地就成为招商引资的主要工具。土地要素商品化后存在极高的收入预期,地方政府对农村土地多征、多占、多卖就在情理之中了。

在现行土地法律制度框架内,在土地用途转变过程中,地方政府成为农村土地非农化的唯一主体,源源不断拥有从农村获得土地转让给城镇用地需求方的垄断性排他权力。伴随征收的农村土地用途转变,地方政府取代农民、村集体经济组织成为土地所有者和经营者。1999年至今,中国在国有土地有偿使用制度方面进行大量改革,大幅减少协议、划拨用地比率,提高有偿用地比率。特别是国土资源部于2002年5月发布的《招标拍卖挂牌出让国有土地使用权规定》的第11号令,要求商业、娱乐、旅游和商品住宅等各种经营性用地必须通过招标、拍卖或者挂牌方式转让。随后国务院在2004年发布的28号文件,规定工业用地也必须实现招、拍、挂,土地出让的招、拍、挂比重逐渐提升,招、拍、挂出让土地面积占出让土地面积的比重,由2001年的不到一成提高到2016年的九成以上。全国国有土地出让收入从2001年的1295.89亿元提高到2014年的42940.30亿元,其后略有下降,2016年为37456.63亿元。2016年的国有土地出让收入同2001年比较增长了29倍,最高值2014年同2001年比较增长了33倍,自2007年国有土地出让收入过万亿(12216.72亿元)以来,一直保持快速增长态势,如图1-7所示。

与此同时,地方政府获取绝大部分的国有土地出让收入。因此,地方政府成为农村土地快速非农化的主导力量;由于中央政府与地方政府在城镇用地规模控制和土地资源配置方式的目的差异,农村土地管理在发挥市场机制作用或纠正土地市场机制失效发生偏差,导致国家的土地调控措施效

（单位：亿元）

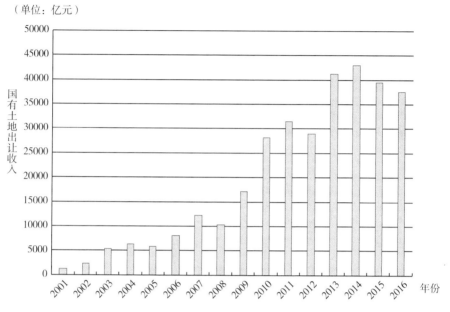

图 1-7　2001—2016 年全国国有土地出让收入分布图

资料来源:《中国国土资源统计年鉴》(2001—2016)。

果大打折扣。

第二,农村土地征收制度的利益分配存在缺陷。虽然国家自 2014 年 1 月 1 日以来,已经在开展征地制度改革的试点,但目前中国农村土地非农化的合法途径仍然只能通过农村土地征收,并且是唯一途径。《中华人民共和国宪法》中有关于征地的专门条款,"国家为了公共利益的需要,可以依照法律规定对土地实行征收或者征用并给予补偿"[①]。《中华人民共和国土地管理法》第四十三条规定:"任何单位和个人进行建设,需要使用土地的,必须依法申请使用国有土地","依法申请使用的国有土地包括国家所有的土地和国家征收的原属于农民集体所有的土地"。[②] 这种制度设计充分考虑国家财政资金

①　全国人大:《中华人民共和国宪法》,http://www.npc.gov.cn/npc/xinwen/node_505.htm。

②　国土资源部:《中华人民共和国土地管理法》,http://www.mlr.gov.cn/zwgk/flfg/tdglflfg/200506/t20050607_68174.htm。

紧张条件下地方政府推动工业化、城镇化进程中的资金来源问题（周其仁，2004）①，对解决地方建设资金不足发挥了重要作用（钱忠好、牟燕，2015）。②但同时存在地方政府行为不太规范，城市土地集约利用程度较低，采取城镇化通过"摊煎饼式"的外延扩张（刘守英，2005），③农村征地补偿标准偏低，导致农地非农化巨额增值收益分配不公，严重侵害了农民的土地合法财产权益（李中，2013），农村土地征收补偿需要采取多元化的补偿方式解决我国农村土地征收补偿困境（唐其宝，2018）④。

（二）市场调节机制失效

市场机制是依靠市场手段，通过竞争的方式达到资源配置的目的，也就是通过市场的自由交换与竞争来实现资源配置的机制，充分体现了价值规律的作用。具体而言，就是市场机制体系内部的供求机制、竞争机制、价格机制和风险机制等各要素之间相互联系和相互作用的机理。由于存在地方政府干预，导致市场调节不能正常发挥作用，存在外部性、交易费用过高或交易的不确定性等。主要体现在如下两个方面：一方面是土地市场开放性不足。能够充分发挥市场机制作用或者说市场有效，应该是市场上存在大量的买者和卖者，产品类型特征明显，没有太多的市场障碍等。倘若市场中存在的有效竞争者不足，那么市场竞争就不是有效的，不是完全的。引发市场竞争不充分、不完全的原因多种多样，但发生决定作用的原因主要是规模经济，伴随企业生产规模的扩大、产量的增加，伴随单位成本降低企业总成本逐渐下降，其他诸如法律因素、政治因素、信息因素、市场规模因素等也会对此产生影响。在现行

---

① 周其仁：《农地产权与征地制度——中国城市化面临的重大选择》，《经济学（季刊）》2004 年第 1 期。

② 钱忠好、牟燕：《征地制度、土地财政与中国土地市场化改革》，《农业经济问题》2015 年第 8 期。

③ 刘守英：《政府垄断土地一级市场真的一本万利吗》，《中国改革》2005 年第 7 期。

④ 唐其宝：《农村土地征收补偿，怎么补更合理》，《人民论坛》2018 年第 29 期。

土地制度体系中,农村土地市场由于开放性不足,市场竞争不充分。其根源在于现行法律规定保障了地方政府垄断一级土地市场的权力,对于农村集体建设用地从事非农用途而言,用地需求方只能通过政府取得,这样导致土地交易价格普遍偏低,不仅妨碍土地的集约利用,而且侵害了农民的土地合法权益。

另一方面是农村土地利用的外部性难以持续。通常来说,倘若企业或者个人的生产或者消费行为影响或妨碍了另一个人效用,那么企业或个人的生产函数或效用函数就违背了最优资源配置的帕累托条件,因而产生外部性。假如不存在获取外部收益必须支付费用或者花费代价的利益交换机制,市场就不是充分竞争的,就不是完全的竞争市场。就我国目前的农村土地市场发展状况考察,农村土地的外部性并没有在土地市场的市场交易中获得价值体现。目前土地市场支付给农村土地的价格仅仅只是单纯体现了农村土地经济价值的一小部分,农村土地具有的其他价值譬如涵养水源、调节环境、净化空气、旅游休闲功能等并没有体现在现行的农村土地价格中。由于价格与价值不一致,因而导致农村土地资源配置失当,带来无谓的浪费。

第五节　工业化、城镇化进程中农村土地问题解决的目标与思路分析

一、工业化、城镇化进程中农村土地问题解决的目标

我国的农村土地问题一直是一个非常敏感而又复杂的问题,涉及关系错综复杂,改革不仅要考虑经济发展,而且要考虑社会稳定,同时还要考虑生态、环境承载能力。但是,解决问题需要聚焦主要矛盾。事实上,工业化、城镇化进程中的农村土地制度改革只要围绕这几个问题,就能突出理论与政策的焦点。

(一)实现农村土地要素的配置优化

农村土地要素的配置优化问题,也就是在工业化、城镇化进程中如何实现土地资源的合理非农化和实现土地要素的可持续利用。改革开放以来,我国经济发展步入快车道,从 1978 年到 2017 年,我国国内生产总值按不变价计算增长 33.5 倍,年均增长 9.5%,平均每 8 年翻一番,远高于同期世界经济 2.9% 左右的年均增速,在全球主要经济体中名列前茅。伴随经济发展的一个重要特征就是土地非农化,并在较长时间内呈快速增长态势。如何合理控制土地非农化的规模和速度是工业化、城镇化进程中农村土地制度改革的重要问题。

(二)依法维护农民正当的土地权益

如何在快速工业化、城镇化进程中科学、妥善处理参与各方的利益,尤其是维护农民正当的土地权益。当前,农村土地资源配置效率不高与土地非农化过程中农民权益难以正当维护联系非常密切。地方政府的"土地财政"通过"低价征收、高价出让"剥夺了被征地农户分享土地增值收益的机会。保护农民土地财产权,保障农民分享工业化、城镇化的利益,促进农村土地资源配置效率的提高,是工业化、城镇化进程中农村土地制度改革的又一个重要问题。

(三)平衡农村土地公共政策体系

农村土地公共政策体系平衡的主要目标是,探寻工业化、城镇化进程中农村土地资源优化配置、协调参与各方利益分配的公共政策。在工业化、城镇化进程加快的形势下,农村土地数量、农村土地的质量及土地问题所面临的压力迫使农村土地法律的修订与建设。在此情形下,农村土地制度法制化的目标是,在统筹城乡发展、实现城乡一体化过程中,通过加强法制建设来调整农村土地参与工业化、城镇化的利益关系,体现农村土地公共政策体系构建的公平和效率目标。

二、工业化、城镇化进程中农村土地问题解决的思路分析

（一）稳定农村土地承包关系，落实承包地"三权分置"制度

巩固和完善农村土地承包经营制度，核心是稳定农村土地承包关系，这是农村政策的基石。总体而言，当前农村土地承包关系稳定。截至 2017 年底，全国 2.27 亿农户以家庭承包方式承包了 13.85 亿亩集体耕地，其中 40% 左右由村级集体发包，60% 左右由村民小组发包[①]。随着经济社会快速发展、工业化城镇化深入推进，统分结合的双层经营体制也面临着新的问题和挑战。实行承包地"三权分置"，是现阶段解决保护农民承包权与促进土地流转矛盾的治本之道。

（二）改革农村土地征收制度，建立农村经营性建设用地入市制度

我国每年都有一部分耕地被征收。现行征地制度存在着征地范围过大、征地程序不规范、土地增值收益分配不平衡、被征地农民权益保障机制不完善等问题，迫切需要改革完善。为此，国家从 2015 年起开展了征地制度和农村集体经营性建设用地入市改革试点。需要总结改革经验，深化征地制度改革：一是缩小征地范围。二是完善土地征收补偿机制。三是维护被征地农民合法权益。完善法律法规，推动建立城乡统一的建设用地市场：一是加快集体建设用地确权登记颁证。二是建立土地增值收益分配机制。兼顾国家、集体和个人利益，收益要向集体和农民倾斜，规范农村集体经济组织收益分配和管理，实现集体成员的收益共享。三是赋予集体经营性建设用地使用权抵押担保权能。

---

① 资料来源：《中国农村统计年鉴》（2018）。

（三）稳慎推进宅基地制度改革

深化农村宅基地制度改革，重点是处理好稳定和放活的关系。一是明确底线。不得违规违法买卖宅基地，不允许城里人到农村购买宅基地建住房。切实保护农民宅基地使用权，不得以退出宅基地使用权作为农民进城落户的条件。二是扩权赋能。加快房地一体的宅基地确权登记颁证，探索宅基地所有权、资格权、使用权"三权分置"落实宅基地集体所有权，保障宅基地农户资格权和农民房屋财产权，适度放活宅基地和农民房屋的使用权。赋予农民住房财产权流转、抵押等权能。三是稳妥试点。系统总结现有宅基地制度改革试点经验，丰富试点内容。

第二章　国外主要国家土地制度特征及其启示

根据国家发展的历史沿革、国家发展的政治体制、国家所处的文化发展阶段及国民人地关系状况,主要分析如下三种类型的土地制度:一是传统欧洲国家的土地制度;二是新大陆国家的土地制度;三是典型东亚国家的土地制度。

第一节　传统欧洲国家英国的土地制度特征及启示

一、英国的土地制度特征分析

英国是典型的实行市场经济体制的国家,具有自由市场与国家计划、自由竞争与国家干预相结合的明显特征。在土地管理过程中,英国通过颁布法律、制定计划、实施经济政策、吸引公众参与等方式干预和指导土地资源管理。

(一)通过立法将土地经济行为纳入法制化管理轨道

英国通过《城乡规划法》(1947)规定国家拥有土地发展权,任何个体使用开发土地必须通过申请取得土地开发许可,以获取土地发展权,英国是世界上最先通过法律严格限制土地开发的国家,在土地使用管理过程中十分重视立法保障是英国土地管理的一个鲜明特征。譬如,20世纪50年代施行的《新镇法》主要应对当时新区大规模的土地开发行为,《地方政府规划和土地法》(1980)主要应对私人部门在城市边缘地域的土地无序开发和政府部门在城区大量闲置土地的行为。强化对私人部门土地开发的控制和对地方政府和公共机构闲置土地约束,保障经济活动有序和市场竞争的公平,体现英国中央政府的政策的一致性、稳定性和权威性。

(二)依靠经济计划实现土地资源配置合理利用的目标

英国政府通过年度各类经济发展计划,对特殊用地改造和特殊地区改善提供有偿资助和无偿资助,有效避免市场失灵弊端。特殊用地与地区主要包括土地利用因为工业活动或者商业开发受到破坏不得不进行的技术处理措施、土地难以重新利用的资源荒废地、旧城范围的保护区和工商业保护区。譬如泰晤士码头区域的土地资源就是通过采取这类方式实现资源配置的合理化。泰晤士码头区域曾经成为世界最繁忙的贮运区和港口之一,但伴随海运和港口工业发展变化逐渐衰退,出现严重的土地资源荒废,中央政府通过实施码头区规划将其改变为资源经济区,逐渐发展成为伦敦繁忙的金融中心。

(三)通过财税政策实现土地资源的高效利用

英国是采取中央政府高度财政集权的国家,中央财政掌握控制大部分财政能力,并以此补助地方财力支出的不足。税收收入是英国政府财政收入的主要来源,土地税收主要采取所得税方式。除了征收财产税和资本转移税以外,不再征收其他土地财产税。因此,与土地相关的税收主要在个人与公司所得税、资本利得税和财产税里面。土地租金收入、个人不动产收入及经营林场收入属于个人所得税调节,执行累进税率,因收入高低各个年度的税率并不一致;根据公司利润总额高低不同按照35%、33%和25%的三档所得税率确定不动产、林地经营的租金所得税。对不动产所得课征资本利得税,应税利得金额为销售价格剔除购买价格、购买费用、维修费用和处治费用的差额,采取比率税率方式征缴,英国对资本转移课税其实就是赠与税和遗产税。英国的业主始终要为拥有的房产和土地缴税,出现空置不能产生经济效益,不能转移税收负担,因此英国民众很少出现房屋和土地的空置。这样制度有利高效利用土地,增加土地供给,促进土地交易,有利于促进土地市场的繁荣。

（四）重视公共组织与公众参与的积极作用

充分发挥公共组织作用确保土地市场交易行为运行有序,注意发挥公众参与的积极作用实现土地规划利用的决策民主化。遵循《地方政府规划和土地法》的规定,自 1980 年开始,英国在各地成立的由中央政府管理控制的城市开发公司,负责对所辖区域内的废地进行开发,提供住宅和社会设施,然后将土地转给私人或公共机构。严格规划许可程序,最关键的步骤包括申请前咨询、申请公示和公众咨询及规划委员会审查许可等。申请公示及公众咨询环节最大限度地保障了社会公众的参与权利,提高了土地规划利用的透明程度,由于可以在该环节充分表达公众意见,减少了规划许可产生土地开发矛盾的可能性。

二、英国土地制度对完善我国农村土地制度的启示

（一）要把完善健全土地开发利用的法律制度体系置于优先地位

科学进行土地管理需要有完善的法律体系作为保障。当前,我国实行土地储备管理制度的依据只有《中华人民共和国土地管理法》及各地地方政府发布的一些具体实施办法。而我国地域辽阔,各地差异十分明显,法律规定又比较笼统,具体到执行层面而言可操作性不强。各地地方政府出台的实施办法虽然操作性较强,但又缺乏法律的刚性和权威性,因此需要加快土地管理相关法律的立法进程,建立健全土地利用管理的法律体系,实现土地管理利用的

有序和科学。因此,需要对农村土地管理体制、农村土地产权、农村土地征收、农村土地经营权、农村土地处分权主体等内容尽快通过法律制度予以明确。加快对农村土地利用管理方面的立法进程,尽早出台《农村耕地管制法》和《城市土地管制法》,为土地使用和耕地保护提供法律保护依据。

(二)建立合理利用土地的监督管理制度

科学合理的土地监督管理使用制度是保障土地利用规划合理,有序健康的基础保障。英国公平合理的民主监督保障了土地利用规划的科学性和有效性,采取政府监督与社会公众相结合的方式进行。我国可以考虑采取类似的方法,建立一套行之有效的监督体系,一是上级政府主管部门的监督,二是来自社会公众的监督。尽可能在土地收购、土地开发、土地储备和土地出让过程中,建立信息公开制度,接受上级部门和社会公众监督。

(三)充分发挥市场资源配置和政府行政调控相互协调的作用

英国的土地使用规划管理制度具有很高的权威性,法律效力较高。就此而言,我国在这方面的差距较大。因此,应强化土地利用管理的统一集中领导,改变过去国土资源部门仅对本级政府负责的领导体制,实行自然资源部和地方政府双重领导与垂直领导相结合的土地使用管理体制。强化土地用途管理,严格控制土地利用总量,减少违法违规操作比重,严厉惩处违法违规行为,维护市场秩序。

(四)采取促进土地利用可持续发展的土地保护措施

英国政府确定城市绿带是为了延缓城市扩张的速度和控制城市向外延伸过度,保护自然资源环境,采取绿带计划措施。绿带计划对我国促进生态环境和谐健康发展具有较强借鉴意义,需要我国从实际出发,在坚持十分珍惜和合理利用每一寸土地、切实保护耕地的条件下,尤其注意促进生态环境的保护、促进生态环境的改善,防止土地荒漠化,降低土地污染的程度,实现人与自然的和谐发展。

第二节　新大陆国家美国的土地
制度特征及启示

一、美国的土地制度特征分析

(一)土地产权清晰,私人拥有绝大多数耕地所有权

美国的土地制度建立在私有制基础上,农地权利主要包括农地所有、使用与转让权,由此所形成的产权称之为不动产。不动产是附着在土地上的一部分权利。农地所有权主要集中于私人手中,此处的私人并不仅指个人,仅相对于土地公有来说。从构成比率来看,美国99%的耕地产权归属私有,牧场、林地的产权归属私有比重分别为61%和56%(Foster,2006)。美国的农地所有者有的选择自己经营,有的将土地出租成为非农业经营者,非农业经营者拥有的土地面积占农业用地总量的四成。从美国土地所有者身份类型考察,农地属于个人或家庭、合伙、家族企业所有的比重分别为70%、14%、10%,非家族企业约占13%。与此相对应,美国的个人或家庭成为农村经营者的主体。美国USDA(2007)统计数据显示,美国220万个农场中个人或家庭经营的农场数量占总量的86.5%,家族企业和合伙制农场所占比重分别仅为3.9%和7.9%。因此,私人所有是美国农地的基本特征,私人拥有绝大多数耕地的使用和转让权。林、草地私人所有的比重较低,一般归地方政府所有,往往以租赁的方式转给私人经营,美国法律通常不会限制农地转让用途。地役权是美国地方政府和美国联邦政府干预土地利用的主要方式之一,农地地役权保护通常由农场主赠与或者出售给地方政府或者所处地域的土地信托机构,以此来防止农地用途发生根本变化。

（二）存在非常发达的土地流转市场

美国主要通过土地买卖、行政再分配和土地流转市场实现农地资源配置。农地资源配置主要通过土地买卖和土地流转市场实现,农地流转主要采取租赁的方式。美国农地在土地买卖市场的交易量不高,交易量仅占农地总面积的5%,且交易量有下降的趋势,内布拉斯加每年的土地买卖交易量由以前的3%—5%减少到1.5%(Johnson,2012)。比较来说,美国的农地流转市场非常发达,交易活跃,美国农场主采取租赁经营方式所占的比重近四成,不同地区存在不同,在玉米种植周,租赁经营所占的比重超过一半。绝大多数地主通常是佃户的亲戚,亦或是退休的农场主或者开发商及其他投资者,不动产投资商或者非农投资者占有农地的比重较低。

（三）出台征地制度规范农地征收行为

美国政府征地需要满足为公共利益服务的原则要求,并对被征地主体业主方支付合理的农地征收补偿(Savery,1987)。因公共利益的政府征地行为需要获得法院的裁决才能产生实施效力(Elazar,2004)。如果被征地主体业主方质疑地方政府的公共利益目标及农地赔付标准合理性,可以通过法院起诉维护其合法权益。在美国农地征收问题上,商业开发与政府农地征收是分开进行的。在工业化、城镇化进程中,美国也出现了农地大量流失的情形,1982年至2007年的25年间,美国约有2300万英亩(约1.4亿亩)的农地被用于商业开发。为了防止农地商业化的快速增长,各州和各地方政府纷纷出台严厉的农地保护方案,但美国联邦政府并没有出台相应保护方案。

（四）完善健全农地保护措施

农地保护主要是通过购买土地开发权、务农权法和减税三种方式调节。农地的土地开发权保护方式得以实施是通过土地权利束在不同主体之间的分配形成的。譬如土地开发权和土地采矿权都是土地权利束的组成部分。购买土地开发权就是通过买断农地采矿权和农地开发权,以避免土地所有者在其所有农地进行土地开发和采矿的行为。而农业保护性地役权是范围适用更加广泛的一种农地保护手段。这两种方式主要是针对农地的具体地块保护,而农地区划则是在更大范围保护农地资源。譬如,在宾夕法尼亚州,农地区划耕地保护范围不得低于250英亩。农地所有者有权自行决定是否加入农地区划,加入农地区划的农地可以额外享受一定的优惠政策,例如税收减免和税收返还等。

二、美国土地制度对完善我国农村土地制度的启示

(一)土地管理政策要实现持续性与灵活性于一体

土地管理政策持续性可以稳定土地使用者的预期,减少不确定性。促使土地所有者增加土地投入,科学合理的高效利用土地,多长期计划,少短期土地利用行为。土地管理制度要充分考虑地域特征,考虑地域差异,坚持统一性的同时考虑当地的经济发展水平和土地利用情况,以增加政策的灵活性。

(二)土地管理政策要充分发挥市场手段的调节作用

在强化国家宏观调控土地管理政策的基础上,要充分发挥市场手段的调节作用。尽量通过市场方式分配和转让土地使用权,通过市场方式确定土地转让价格,尽量避免行政干预和行政分配,防止出现土地腐败行为,提高土地利用效率。

第三节　典型东亚国家日本的 土地制度特征及启示

一、日本的土地制度特征分析

日本的农地资源十分稀缺,同我国情形大体类似。在工业化、城镇化进程

中,日本通过《农地法》《土地改良法》《关于农业振兴地域的法律》《农业经营基础强化促进法》等法律,有效保护了农地资源,最大限度地发挥耕地效用,目前已经成为世界上利用土地最为高效和合理的国家之一。

(一)确立了土地耕作者权利保护置于优先位置的制度

耕作者权利保护通过两次农地改革予以实现。二战结束后,日本于1945年通过制定《改订农地调整法》进行了第一次农地制度改革。规定:①乡和居住相邻市町村地主拥有的土地面积最多为5町步,北海道除外,为12町步。超出部分及没有居住在乡地区土地由政府强制购买后对农民进行有偿分配;②农会具体负责土地的转让和土地的买卖;③用货币资金支付土地地租;④农地委员会在都道府县及市町村普遍设立,农地委员会委员通过选举方式产生。此次改革覆盖土地面积占全部佃耕地面积的30%,仅为改革预期的50%,并把土地地租货币化支付改为在当事人双方一致同意的条件下可以用实物方式支付。本次改革不是太彻底,不仅照顾了地主利益,而且还保留了封建土地制度残余,遭到美国占领军、部分地主、自耕农和佃农的反对,改革方案未能真正实施。随后根据苏联和英联邦的方案,日本于1946年通过制定《农地调整法改正法律案》和《自耕农创设特别措施法》进行了第二次农地制度改革。规定:①地主拥有的土地面积为1町步,覆盖土地面积占全部佃耕地面积的八成;②个人不能私自进行土地买卖,必须通过政府进行交易;③规定土地租金的最高限额,水田和旱地的最高土地租金分别为产量的25%和15%,并且佃农拥有降低土地租金的请求权;④限定保有土地的成员人数,由家庭同一辈分的几人改为一人。此次改革充分体现了耕者有其田的价值取向,构建以"自耕形态"为主题的农地制度,体现了保护佃农、扶植自耕农、限制地区权利的政策意图。改革完成后,日本自耕农农户数由1945年的172.9万增加到1950年的382.2万,在总农户数所占比重由31%增长到62%。佃农户数则从1945年的20%降低到1950年的7%,在总农户数所占比重由28%降低到5%。

（二）确立了农地管制为中心的管理制度

1952 年，日本制定的《农地法》宗旨就是严格农地管制，以保护农地耕作者的合法权利，确保农地农用，以此促进农业发展。农地管制主要体现在如下几个方面：①严格管制农地权利转移。所有、佃耕、租赁权的重新设置和转让必须经过知事的批准和获得市町村农业委员会的同意许可，否则行为无效并将受到处罚。②严格管制土地用途转移。对耕作用途以外使用目的取得农地所有、租赁和场地使用权时，必须获取知事的批准，并对违法行为进行严厉处罚，严格限制农地的非农用途，还受农林省的土地用途转移限制。③严格限制佃耕地所有权。在乡与离乡地主的佃耕地面积超出法律规定部分由政府强制征收并有偿出售给佃农。④严格限制调整租赁关系。对佃租定额货币租金缴纳制度、土地租金减额请求权和农地租佃合同文本进行了严格规定。⑤严格管制未开垦地。规定未开垦地由政府负责征收和出售。该法把农地的所有、使用、转让和交易等各个环节融为一体，形成日本完整的农村土地管理制度。并历经 1962 年、1970 年、1980 年、1992 年、1998 年、2000 年六次修订。第一次修订增设农业生产法人和农地信托事业相关条款；第二次修订在坚持严格管制规定的同时规定了适用放宽管制和例外的条款，增设农业经营代理制度，以推动农地流转的发展；第三次修订增设佃租定额货币缴纳制度和免于适用管制情形的条款，对农业生产法人的资格和条件进行放宽；第四次修订对农业生产法人的资格和条件进行进一步放宽；第五次修订推动农地转用审批制度的法制化；第六次修订主要涉及农业生产法人制度，并对农地权利转移和用途转移管制涉及的土地面积数额进行了弹性的规定。

（三）构建以农地开发整理为主旨的制度

持续进行土地改良是日本农地制度完善的主要方向之一。日本于 1890

年、1899 年、1902 年先后施行《水利合作社条例》《耕地整理法》《北海道土功合作社法》三部法律,从不同地域、领域指引二战前日本的农地改良工作。1949 年,日本施行《土地改良法》。对土地改良资格、土地改良种类、土地改良实施者进行了明确规定。该法实施至今已修订 11 次,主要是丰富土地改良种类和进一步完善实施程序。

（四）充分体现了推动农业振兴发展主导的制度

①不断改善农业结构体系。伴随经济发展、社会进步,日本农业较其他行业而言,在生产力、收入和生活水平等方面出现了较大差距,出现了改革农地制度的需求。日本通过制定《农业基本法》(1961),修改《农地法》(1962)、《农协法》(1962),施行《改善农林渔业经营结构融资制度》(1963),修订《农林渔业金融公库法》(1968),施行《农业人养老金基金法》(1970)实现农业产业结构的调整。②科学设定农业用地区域,助力农业振兴。为了满足各类建设用地需求,科学利用土地,日本于 20 世纪 70 年代末实现全国土地利用划分制度,并先后通过《农振法》(1968)、《城市计划法》(1968)、《国土利用计划法》(1974)予以保障。保证农业用地需求,明确保护农地的基本目标。③确立农业综合发展的制度体系。1980 年,日本通过把《农振法》的增进农用地利用条款单独立法《增进农用地利用法》,推动农地流转的规模,助力农业现代化,进入农地管制与推动流转两种制度并行的时代。《增进农用地利用法》历经两次修改,于 1993 年更名为《农业经营基础强化促进法》。规定都道府县强化农业经营基础、农地保有合理化事业和合理化法人、市町村负责认证农业经营计划和农业法人及实施农业经营基础促进事业、培育农业有效稳定经营体和休耕地的保护措施等。该法的实施大大提高了日本的农地使用效率,推进了农地流转,实现了农业的规模经营,达成了土地改良的目的,确保优质农地用于农业生产目标的实现。

二、日本土地制度对完善我国农村土地制度的启示

(一)农村土地制度体系要完整,结构要科学

日本涉及农地保护、农地利用的制度非常完备,结构科学、体系完整、门类健全。日本涉及农地和农业立法的法律有《自耕农创设特别措施法》《农地法》《农业基本法》《农振法》《农地调整法改正法律案》《土地改良法》《增进农用地利用法》《国土利用计划法》《农业委员会法》《农业改良资金援助法》《城市计划法》《市民农园建设法》《农协法》《地方分权法》《农村地区工业引进促进法》《生产绿地法》《过疏地域振兴特别措施法》《特定农村山区法》《农业经营基础强化促进法》《村落地域建设法》《促进建设优质田园住宅法》《孤岛振兴法》《食品·农业·农村基本法》等130余部。这些法律构成纵横交错的制度保障体系,法律规定对象具体,条款明确,具有较强的可操作性。由此可得出的启示是,体系完整、结构科学、门类健全的制度体系是有效保护土地资源、实现高效利用的前提和基础。中国农村土地资源禀赋同日本有较强的相似性。因此,我国可以吸收借鉴日本在农地使用和农地保护方面的成功经验,强化中国农地使用、农地保护的专项法律制度、严格土地利用规划制度、明晰农地产权主体制度、规范农村土地流转机制、土地非农使用与国家土地利用监控机制、农村土地整治等方面完善农村土地法律制度体系。

(二)农村土地制度执行要严格,制度设计要缜密

为了保护稀缺的农地资源,日本把农地划分为不同类别的农业保护区和农业综合开发区,并执行严格的农地占用许可审批制度,严格限定耕作目的之外的农地权利获取许可。为了维护农业经营者的基本权利,实行耕者有其田制度,并严禁个人土地买卖,严格管制土地权利变更,把土地所有者、使用者、

用途变更申请者、审批者统一纳入法律监管范围,并对违法者执行严厉的惩处措施。在日本占用农地需要通过农业会议和农业委员会的双重论证和双重审核,这种机制严格监控了知事的审批许可权力。中国要实施国家粮食安全战略,严守18亿亩耕地红线,需要从制度设计上出台耕地资源保护的制度、耕地使用机制和耕地保护管理范式。

(三)农村土地制度要不断完善以适应现实需要

《农地法》《农振法》《农促法》和《土地改良法》构成日本农地制度体系的基本框架,也是日本实施农地政策遵循的基本依据。这四部法律并非一成不变,而是根据经济、社会发展的适时需要不断进行修改、调整和完善,以满足农地使用和促进农业生产发展的基本要求。譬如,为了适时应对乌拉圭回合的贸易谈判,日本开始研究取代《农业基本法》的新方案,以满足稳定有效农业经营体的要求,并不断完善农业生产法人制度,通过修订《农地法》和施行《食品·农业·农村基本法》(1999)满足放宽农业生产法人约束条件的要求。因此,日本农地制度变迁的基本经验是,完善农地制度需要与时俱进。换言之,就是农地制度根据经济发展、社会进步的要求,在坚持原有制度框架和立法宗旨的条件下,适时修订和增设部分法律条款或规定,有效实现法律制度延续性、完整性与法律制度完善的统一。

(四)农村土地制度实施和完善需要重视金融制度的支撑作用

日本一直高度重视农地金融在农地制度建设中的关键作用,并根据农地制度完善的要求不断调整农地金融政策。日本农地制度的完善离不开农地金融制度变革的支持,日本金融制度的不断完善也促进农地制度的发展。譬如,1963年施行的改善农林渔业经营结构资金融资制度为开垦土地、改善园艺经营、扩大畜牧经营的农民提供其急需的资金。1970年施行的《农业人养老金基金法》规定从60岁开始并在65岁开发附加支付国民养老金的制度,满足农业规模经营、推动农地流转、实现农业经营年轻化的要求。同理可知,推进中国农村土地制度建设同样离不开农地金融创新和金融制度改革的支持。

第四节　典型东亚国家韩国的土地制度特征及启示

一、韩国的土地制度特征分析

韩国国土面积非常狭小,耕地资源禀赋十分匮乏,人口密度大,土地的多山特征十分明显,实行土地私有制,但韩国政府对土地通过经济手段、行政手段和法律手段等进行严格管理。建立了一套完善的土地管理法律体系,按韩国法律种类,主要由法律、法令和条例构成,含《国土利用管理法》《农地法》等4类共94个。[①]

(一)对土地利用实行严格的计划管理制度

一是规定《国土地利用管理法》(1972)是土地管理的母法,法律效力最大,居于其他法令之上,有效防止因经济发展导致土地滥用的弊端,实现有效利用土地的目的。韩国土地划分为城市、准城市、农林、准农林和自然环境保全五类地域,土地所有者使用土地必须按照当年制定的目的使用。二是施行《国土建设综合计划法》(1963)明确土地综合利用、土地开发、土地保护、满足产业用地需求和合理满足生活环境需求的国土建设总体规划,共分1972—1981年、1982—1991年和1992—2001年三个执行期。三是施行《城市计划法》(1962)满足有效利用、合理开发和科学管理城市土地的需要,以满足提升

---

① 汪秀莲:《韩国土地管理法律制度》,《中国土地科学》2003年第3期。

市民生活质量提高的要求。该法将城市地域分为住宅、商业、工业和绿地等四类,并对其利用行为进行严格限制。

(二)对土地交易实行严格的交易管制制度

1960 年以前韩国实行土地自由买卖,但随后出现的不动产投机热导致土地价格大幅飙升,尤其是 1978 年产生的通货膨胀导致不动产投机更加猖獗,对经济健康发展产生极大的负面作用。对此,韩国政府及时引进借鉴德国、法国、日本等国的土地交易许可制度、土地使用申报制度和土地地价公示制度,达到稳定土地价格、抑制土地投机的目的。一是实行土地交易许可制度和土地使用申报制度,从日本的土地交易制度中借鉴而来,但比日本实施得更加严格。规定在管制的指定区域内必须通过政府审查才能获取许可证,否则转让行为、契约协议无效。倘若交易价格明显偏高或明显违背公共设施建设、严重影响自然环境保护的土地使用主体,则不能获取许可证。对土地交易面积许可的下限进行规定。规定城市规划地域的住宅和商业地域、准工业和绿地地域、城市规划区域外农地地域、林业地域分别为 330 平方米、600 平方米、300平方米和 600 平方米。有效防止土地分割审批,出现逃脱法律规定的行为。倘若土地交易申报价格低于规定的基准价格一定幅度,经政府传告不改者,由政府经营的土地开发公社享有该幅地块的优先购买权。二是对土地交易地价采取公示制度。通过实施《关于公示地价与土地等级的评价法律》(1989),由建设部统一管理土地交易价格。三是对宅地的上限实行严格管理,通过《宅地所有上限法》(1990),对土地私有数量进行控制,规定汉城、仁川、光州、釜山、大田、大邱 6 大城市的私人住宅用地不能超过 300 坪、大约 1000 平方米,其他市镇的城市地域的私人住宅用地不能超过 400 坪、大约 1320 平方米,并规定不允许闲置和浪费。四是土地交易实行实名制。通过实施《不动产实名制》(1995)防止出现隐匿财产、避法与逃税等违法行为。

（三）对土地征用和农地实行严格的管理制度

韩国通过施行《土地征用法》（1962），规定军事等国防用地需求，符合法律需要修建的公路、铁路、港湾、河川、供电、排水供水、煤气等建设用地需求，政府机构、研究所、工厂、公园、市场等满足国家和地方政府需要的建设用地需求，国家和地方政府指定用于满足出售或者出租住宅的建设用地需求。征购土地者（起业者）必须获得建设部长官的认定，并对土地所有者及其相关权利者给予裁决价格补偿。如果属于公布基准地价的所属地域则按基准地价，有效避免土地投机商投机钻营行为。韩国政府通过《农地改革法》与《整顿农地改革事业特别措施法》两部法律对农地分配、流转、收益及政府扶持农地政策措施和土地规划等进行规定，对农地执行严格的限制保护措施。通过颁布《国土利用管理法》《土地区划整理法》《城市计划法》《农地保护利用法》《农地扩大开发促进法》等分别对农林地域利用、城市土地利用、设立农地基金、开垦农地进行规定，有效控制农地大量减少的现象出现。

（四）对土地租税征收和开发实行严格的管理制度

韩国通过《土地过多保有税法》（1986）避免不动产保有课征的财产税税率过低，并于1986年对《地方税法》进行修订，实现土地过多保有税与财产税合并，实施《综合土地税》，并采用累进税率。提出土地公概念制度。土地公概念制度是在确保土地公益的基础上，通过部分限制土地所有者与土地潜在所有者的权利，并在必要情形下，采取土地征用的方式满足土地妥当用途的需要。在1989年以《开发利益还原法》《宅地所有上限法》《土地超额利得税法》等法律形式由国会通过并发布公告。如果开发地区地价较其他地价涨幅过快时，实行开发负担金制度，超出部分利益的一半需要上缴国库。同时，征收土地增值税防止土地暴利。通过《宅地开发促进法》（1981）对土地开发实行严格的管理制度,严格限制土地投机行为,实行土地一元化管理,逐渐过渡到土地公有制,避免社会分配不公引发住宅困难等不利后果。

二、韩国土地制度对完善我国农村土地制度的启示

(一)将土地利用管理的法制保障置于突出地位

韩国的土地利用和土地管理突出法制的保障作用,政府对立法十分重视,根据社会进步、经济发展及土地管理工作的时代特点,不断出台土地利用与管理相关法律,并形成系统、完整的土地法律管理体系。

(二)严格土地利用的社会公共利益目的

韩国土地实行典型土地私有制,但政府在保障私有财产权神圣不可侵犯的同时,也强调土地利用必须满足社会公共利益需要。因此,无论韩国的土地所有者主体归谁所有,土地利用与土地管理一直坚持国家主导地位不改变,土地利用必须满足社会公共利益需求已成为韩国土地法律制定、修订的通识。

(三)严格限制土地投机行为

韩国政府通过出台严厉的法律法规措施,严格限制土地投机行为。如颁发全国法令、取消价格浮动、土地市场冻结,增加土地闲置税和不动产交易所得税,成立国家土地开发公司、建立土地开发银行,采取土地交易实名措施等防止土地投机行为。

(四)出台措施保护稀缺的农地资源,实现土地利用的可持续发展

韩国可利用耕地资源十分稀缺,工业化、城镇化用地需求的满足不可避免地要占用农地。因此,韩国政府不断出台各种法律法规严格保护农地,规定农

地非农化必须获取中央政府主管部门同意的农地转让许可证，未获得许可或者非法获取许可根据情节严重程度处以不同程度的有期徒刑和罚款处罚。通过发布《2000—2020 年国土综合开发计划》突出环境保护和资源保护问题，强调土地资源的可持续发展与利用。

第三章　农村土地非农化与
适度规模分析

　　经济发展水平与农村土地非农化的速度和规模变化是目前土地资源配置研究关注的焦点和热点之一。如何从本国或本地区的客观实际条件出发,综合考虑当地的资源禀赋、环境条件和区域经济发展水平确定农村土地非农化的规模和速度,并以此制定并采取科学的控制措施,是目前世界上绝大多数国家和地区在社会进步、经济发展进程中所亟待解决又不容回避的问题。伴随工业化、城镇化进程速度的加快,中国土地利用过程就是农村土地非农化的过程,大量土地非农利用是我国目前土地利用的典型特征。从中国实际出发,实地调查、分析我国不同区域农村的土地非农化水平,归纳中国农村土地非农化的演变规律,合理确定我国农村土地非农化的适度规模,并从中国人多地少、分布不均衡的客观实际出发,采取可行措施制定严格的农村土地非农化调控措施,对于严守耕地红线,提高土地利用效率,保障国家粮食安全战略,提高土地调控水平,实现土地资源利用的绿色和可持续,确保经济和社会的可持续健康发展,具有十分重要的理论价值和非常深远的现实意义。

第一节　农村土地非农化的制度变迁分析

　　农村土地非农化是农村土地资源由农业转向非农部门的过程,这个过程中体现了农村土地资源要素的重新配置和使用。农村土地资源作为一种不能替代的自然资源,具有经济、生态和社会多重价值,不论是农村土地资源经济价值在两种用途间的取舍是否达到均衡,还是农村土地资源的生态价值是否获得体现,单纯从维护国家粮食安全战略和保障失地农户权益视角考虑,农村土地非农化的调控政策都已经成为党和政府的一项重要工作内容。农村土地非农化调控政策是基于农村土地非农化过程中尽可能避免资源配置无效,降低损失所采取各种政策、工具的统称。农村土地非农化配置要素的基本手段有两类,分别是发挥市场机制作用和利用政府干预手段。如何充分发挥市场作用,规范政府在农村土地非农化过程的职责范围和边界,实现资源要素优化配置,避免无效损失,历来是我国农村土地非农化调控政策的重要组成部分。

一、农村土地非农化政策调控的理论分析

我国农村土地非农化实行土地征收制与土地批租制,农村土地非农化的起步阶段就是从国家征收农村集体土地,农村集体土地通过国家土地征收,变农村土地集体所有为土地国有,然后由地方政府通过"招、拍、挂"出让或协议划拨形式将土地使用权让渡给用地需求方,实现农村土地向国有建设用地转变的过程,政府干预与市场机制是农村土地非农化配置的基本手段。在新古典理论经济学分析框架下,优化资源配置需要体现实现价格信号的供求平衡,但资源要素配置的传统经济学理论体系不能破解农村土地资源优化配置过程中发挥市场机制作用产生的外部性问题,引发农村土地非农配置资源的效率低下。由于我国土地市场不发达,土地资源自动调节干预能力有限,难以自动实现土地资源要素的优化配置。因此,我国农村土地非农化过程中不仅要面对市场机制发挥作用出现的外部性问题,还要遭受因为市场机制本身缺陷所产生的困扰,二者共同发挥作用,农村土地非农化的市场失灵面临进一步扩大的趋势。我国目前实行的农村土地非农化模式引发政府限制市场机制作用的发挥,增加了在土地资源要素配置发挥市场机制作用的不确定性,同时,在政

府垄断土地一级市场的背景下,为地方政府追求土地转让收益最大化提供了条件,由于地方政府干预农村土地过度非农化及由此产生的福利损失远远大于市场机制发生作用的收益。所以,不管是发挥单一的市场机制作用,还是采取单一的政府干预手段,都难以实现我国农村土地非农化过程中的土地资源优化配置和实现社会福利最优。并且,在市场与政府失灵同时存在的环境下,还会进一步恶化这种状况。因此,有必要重新构建一个全新的政策调控机制,破解政府失灵与市场失灵的双重困境,实现农村土地非农化过程中的资源要素配置最优。

导致我国农村土地非农化资源配置效率低下,难以实现最优的主要原因有两类:一是内生性问题导致的,由于土地市场价格多元及土地市场结构缺陷产生的市场失灵;二是外生性问题引发的,由于地方政府的逐利行为引发的政府失灵。不同失灵造成的效率损失需要采取不同的解决办法,实现资源优化配置,其解决办法也可分为两类,调控的作用机制与机理如图3-1所示。

(一)破解市场失灵的内生调控机制

因为农村土地非农化过程中市场主体行为的外部性导致土地资源配置效率低下带来效率损失,可以考虑采用行政管制、经济约束、社会规则调节市场主体的准入制度、供求关系、利益分配和社会福利措施等,进而对市场主体的决策行为产生影响,引导其决策行为向包含外部性损失最低的农村土地非农化接近,从而有效克服因为市场机制产生的外部不经济。可供选择的选项有:一是行政管制,通过维护和确定市场机制运行的基本制度和微观市场经济主体的决策体系而设立,充分体现中央和地方政府的政策强制性特点,采用影响参与双方供求关系的措施,主要关注培育市场机制和构建市场体系。二是经济约束,通过改变农村土地非农化过程中收益分配不理想的状况,主要是改变市场机制形成价格过程中引发的收益分配不均衡、不合理问题。可以考虑采用税收优惠、费用减免、财政补贴的方法避免资源要素配置效率低下无效,确

保市场主体平等参与交易,实现交易主体平等。三是社会规则,主要内容包括
农村土地保护,通过农村土地最优非农化数量限制及土地转用区域限制,缩短
农村土地非农化市场社会与私人决策之间的距离,引导农村土地所有者采用
科学的农村土地使用行为,降低因为使用不当带来的效率损失和福利下降,提
高社会效用。

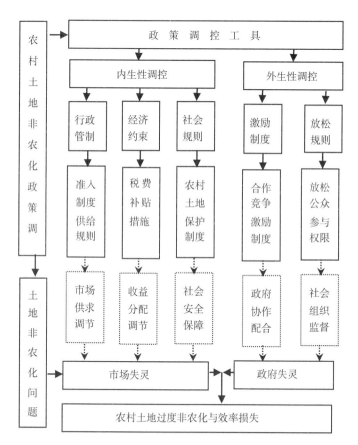

图3-1　农村土地非农化政策调控机制(实线)及机理(虚线)

(二)破解政府失灵的外生调控机制

因为农村土地非农化过程中地方政府行为的不合理干预导致土地资源配
置效率低下带来效率损失,可以考虑采用放松管制和激励性措施。这些措施

主要强调承担管理职能的政府重新定位角色,不同地方政府间进行良性竞争,外部引入监督制度,注重调动社会公众积极性,鼓励公众参与,减弱地方政府在农地非农化资源配置中的不合理外部性行为。可供选择的选项有:一是采取激励制度,通过促进参与方的有序竞争,鼓励参与各方有序竞争,推动承担管理职能的政府部门重新定位和审视其功能,重新确定各相关政府部门间的关系,增加政府执行政策的针对性和有效性,根据需要调整不同级别政府间的关系。二是采取放松规则方式,充分发挥市场机制在资源配置中的功能和作用,实现土地资源要素的优化配置,对原有可能引发成本增加、效率降低的规则适度放松。

二、农村土地非农化政策的历史演变分析

考虑我国农村土地非农化的面积增减变化、经济社会发展水平及政策调控变化情况,可以把我国农村土地非农化调控政策演变划分为两个阶段:改革开放以前的土地非农化阶段,时间从 1949 年新中国成立至 1979 年;改革开放以来的土地非农化阶段,时间从 1979 年全面实行改革开放至今。

(一)改革开放以前的土地非农化阶段

社会主义新中国刚刚成立时,百业待兴,在"一穷二白"基础上发展工业,为经济发展奠定良好基础。此时,农村土地非农化调控政策必须服务和满足这个阶段的国家宏观经济战略,在当时的计划经济背景下,中央和地方政府负责组织和计划全国和地方的经济活动,也对城市国有土地和农村集体经济组织的土地进行统一的管理和控制。这个阶段,农村土地面积的增减变化也是通过国家指标额度计划控制和行政手段调节,当时不是市场经济,也就不存在发挥市场的作用。

1950 年 6 月,中央人民政府委员会通过并施行的《中华人民共和国土地改革法》,废除地主阶级封建剥削的土地所有制,实行农民的土地所有制,在

中国大陆确立了土地国有与农民私有并存的土地管理制度。1953 年 11 月，政务院通过《国家建设征用土地办法》，规定国有用地需求单位可以通过有偿方式取得土地，已经征用的土地，所有权属于国家，如果用地单位因计划变更或其他原因不使用或者不全部使用时，必须把不使用或者多余的土地交由当地县级人民委员会拨给其他用地单位使用或者交给农民耕种。1954 年 2 月，《政务院关于对国营企业、机关、部队学校等占用市郊土地征收土地使用费或租金问题的批复》规定，国营企业经市人民政府批准占用的土地，不论是拨给公产或出资购买，均应作为该企业的资产。不必再向政府缴纳租金或使用费；机关、部队、学校经政府批准占用的土地，亦不缴纳租金或使用费。1954 年 3 月，《内务部答复关于国营企业、公私合营企业及私营企业等征用私有土地及使用国有土地交纳契税或租金的几个问题》规定，国营企业、国家机关、学校、团体及公私合营企业使用国有土地时，应一律由当地政府无偿拨给使用，均不须再交纳租金。至此，计划指令调拨农村土地非农化的土地行政管理模式形成，政府的计划调节和直接的农村土地转用数量控制在这个时期占主体地位，发挥主导作用。

这个时期国家土地非农化政策调控具有如下几个鲜明特征：第一，实行高度的行政计划控制，国家调控农村土地资源要素的基本手段是行政计划和指令，实行计划经济，市场经济不发挥任何作用。行政计划和行政指令的发布是为了满足该时期国家经济和社会发展目标或城镇化进程的需要，而不是为了实现土地资源要素的优化配置。第二，土地利用没有期限限制，无须支付任何代价，通过调拨无偿获得的土地不能自由转让，不能显化土地利用收益。这种土地资源配置方式成为引发政府失灵的根源，从机制设计上扩大了政府的管控能力。

（二）改革开放以来的土地非农化阶段

根据农村土地非农化政策调控的演变特征，又可以把改革开放以来的土地非农化阶段划分为四个时期：

第一，1979 年至 1989 年的准备酝酿时期。在此期间，由于刚刚实行对外开放，经济发展速度明显提速，基建规模迅速扩大，建设用地增加导致耕地被占数量快速增加。与此同时，土地市场开放提速进一步促进了土地需求的增加。耕地资源大量被占，严重影响了国家粮食安全战略，迫使中央政府加强对农村土地非农化调控政策的重视。这个时期国家土地非农化调控政策的明显特征：一是充分发挥政策的指引作用，逐步确立征用和批租并行的土地使用制度。陆续颁布了《国家建设征用土地条例》(1982)、《建设用地计划管理暂行办法》(1987)、《国有土地使用权有偿出让收入管理暂行实施办法》(1989)和《城镇国有土地使用权出让和转让暂行条例》(1990)等，农村土地非农化调控逐渐有政可依。二是充分发挥法律的规范作用。《土地管理法》(1986)明确规定我国土地实现用途管制制度，并对农用地转变为建设用地实行严格控制。并在 1990 年召开的全国人大四次会议把"切实保护耕地，十分珍惜和合理利用每一寸土地"作为我国必须遵循的一项基本国策。三是充分发挥经济手段的调节作用。《耕地占用税》(1987)的颁布标志着开征耕地占用税有法可依，运用经济措施引导用地需求方合理节约使用土地。随后《城镇土地使用税暂行条例》(1988)颁布，开始探索运用经济手段调控土地需求。四是完善、建立健全土地管理机构，逐步确立中央、省、地(市)、县(市)、乡(镇)五级土地垂直管理体系，土地管理体系以及与此相对应的监督监察体制逐步形成。

第二，1990 年至 1996 年的建构渐变时期。在此期间，邓小平同志发表了著名的南方谈话，明确坚持社会主义市场经济体制，结束了计划与市场关系的争论，确立在全国全面实行土地出让的有偿使用制度。至 1994 年全国有偿出让土地面积占新增建设用地的比率增加到两成左右，但紧随而来的遍地开发区和房地产热导致土地浪费闲置现象非常普遍，统计数据显示，1991 年至 1995 年间我国耕地每年平均建设 405 万亩，全国征收的未使用土地高达 175

万亩,开发区占全国土地闲置面积的35%①。伴随经济发展及社会主义市场经济体制改革目标的确定,政策调控的重点也发生了改变:一是继续发挥行政政策的调控作用,相继出台《划拨土地使用权管理暂行办法》(1992)、《城市房地产管理法》(1994),分别对划拨用地使用范畴、国有土地出让方式进行明确规定,并明确农地非农用途的审批权限。二是全面实行经济措施调控农地非农使用。《土地增值税暂行条例》(1993)、《土地增值税暂行条例实施细则》(1995)相继出台标志经济措施步入法制化轨道。三是注重发挥土地规划的指引控制效用。《土地利用总体规划编制审批暂行办法》(1993)、《土地管理法》(1994)及保护耕地的基本国策确立,对限制耕地的非农使用、保护宝贵的耕地资源发挥了重要作用。与此同时,充分发挥激励机制调节中央政府与地方政府之间的关系。1992年,财政部先后出台《关于进一步加强国有土地使用权有偿出让收入管理工作的通知》《关于国有土地使用权有偿使用收入征收管理的暂行办法》,明确将政府转让土地使用权取得的收入归为土地出让金,并降低地方政府上缴中央财政的比例,降低为5%,改变了原来单一的行政命令方式,调控方式得到优化和完善。

第三,1997年至2004年的困顿拓展时期。在此期间,全国非农建设用地增长了8.6%,累计占用296408.4万亩,达到耕地面积总量的15.6%。尽管中央政府一再强调严格控制耕地占用,但2000年至2004年的非农建设用地仍呈稳步增长势头,经济发达地区表现尤为明显。广东、浙江、江苏、山东、河南的非农建设占用耕地面积在全国耕地占用中位居前五位,占比高达四成②。农村耕地占用速度快速增加迫使中央政府加大对非农建设用地的调控,以寻求解决路径:一是逐步强化行政政策和土地利用规划的作用,从严审批建设用地。国务院办公厅先后发布《关于进一步加强土地管理切实保护耕地的通知》(1997)、《关于深入开展土地市场治理整顿严格土地管理的紧急通知》

---

① 李元主编:《中国土地资源》(第一卷),中国大地出版社2000年版。
② 樊志全主编:《全国土地利用变更调查报告(2004)》,中国大地出版社2005年版。

(2004),并在 1997 年和 2004 年两次冻结农地非农建设审批。即便如此,也难以从根本上破解农地保护与经济发展之间的矛盾。并于 2001 年发布《关于加强国有土地资产管理的通知》,实行土地储备制度,严控土地划拨范围。二是充分发挥监督与监察作用,体现民众诉求,尽量消除因土地占用带来的不安定因素。国土资源部先后出台《征用土地公告办法》(2001)、《国土资源听证规定》(2004),分别对土地征收、征地补偿标准、被征地农民的人员安置和征地补偿安置听证、协商制度进行明确规定,并在 2004 年《宪法》修正案中明确规定,"国家为了公共利益的需要,可以依照法律规定对土地实行征收或者征用并给予补偿"。为政府征地划定界限,明确边界,尽量减少政府行为的不确定性。为了强化土地出让收入的管理和确保村集体经济组织、被征地农户的土地征收知情权,在 2004 年先后出台《用于农业土地开发的土地出让金收入管理办法》和《关于完善征地补偿安置制度的指导意见》。中央政府也在探索集体建设用地入市的办法和途径,严格划分经营性建设用地和公益性建设用地,严格土地征收审批权限和征收程序,实行严格的责任追究制度等。与此同时,加强对被征地农户的权益保障,完善行政裁决与补偿安置听证制度,在强化政府自身约束的同时,充分体现被征地农户的利益诉求,缓解征地矛盾冲突,消除影响社会稳定的负面因素。

第四,2005 年至今的思考探索时期。伴随工业化、城镇化进程的加快,经济增长与人口增长对土地资源要素的压力日益增加,土地占用的东、中、西部的地域分布呈现出明显的差异性,农村耕地面积分别净减少 364.5、51、127.5 万亩[①]。通过土地利用调控政策调节土地资源总量和结构,满足经济、社会发展要求,已经成为政策宏观调控的关键:一是严格土地供应,强化土地储备管理体系,打击土地炒作与囤积。2005 年国土资源部的国土工作要点和 2006 年国务院常务会议确定的"国六条"都要求强化土地使用监管,科学合理确定

---

① 樊志全主编:《全国土地利用变更调查报告(2005)》,中国大地出版社 2006 年版。

土地利用规模,打击土地囤积。二是科学分配与管理中央政府与地方政府的土地审批管理权限。按照《国务院关于加强土地调控有关问题的通知》(2007)的要求,国土资源部对城市建设用地审批模式进行重大改变,将此前的国务院分次审批改为省级政府汇总申报、组织实施和城市地方政府具体负责实施,并于2005年首次将耕地保护纳入政绩考核指标,实行行政首长负责制。三是更加注重对被征地农民的权益保护。2013年《土地管理法》修正案删除了土地补偿费和安置补助费的总和不得超过土地被征收前三年平均年产值的30倍的土地管理规定,充分体现被征土地价值和对被征地农民的利益保障。四是更加注重耕地保护和占补平衡,中共中央、国务院《关于加强耕地保护和改进占补平衡的意见》(2017)对耕地质量提升和保护、耕地保护补偿机制、耕地占补平衡管理等做出了具体的指导意见。

综上可知,从新中国成立以来的农村土地非农化政策变迁可知,我国政府一直重视法律、法规、政策的调控作用,在注重发挥行政强制作用的同时,注重土地利用规划的影响,并逐渐成为土地利用指南。

第二节　农村土地数量变动与社会发展的规律分析

严格保护农村土地资源与推动社会发展是社会公众普遍关注的问题。一方面,农村土地的规模和质量影响食物安全和社会稳定,事关国家经济与政治安全。"民以食为天",粮食安全是维系社会稳定的"压舱石",是国家安全的重要基础。土地资源的不可再生和稀缺性特征要求我们在任何时候都必须高度重视土地利用并予以严格保护。另一方面,社会发展的前提和基础是经济发展,发展经济需要一定的土地资源要素提供保障。因此,从耕地保护与社会发展这一经典理论分析议题出发,提出农村耕地资源保护的库兹涅茨假说,为分析农村土地非农化的动力和调控机制与社会发展奠定基础。我国当前农村土地非农化引发的各种损失中,农村耕地资源损失是对社会发展影响最为重要和深远的。

一、农村耕地资源损失与社会发展

严格保护耕地和推动社会发展一直是国家宏观调控政策中面临的两难选择。一方面,在社会发展过程中,要实现经济发展,不可避免要消耗大量的耕地资源,尤其是党的十一届三中全会实行对外开放以来,在经济快速发展的同时往往伴随着农村耕地资源的大量消耗,耕地保护与社会发展面临十分尖锐的矛盾。统计数据显示,2011年至2015年,基础设施及其他用地累计新增耗用156.39万公顷,占新增国有建设用地供应308.24万公顷的50.74%。全国因建设占用、灾毁、生态退耕、农业结构调整等原因减少耕地面积185.32万公顷,通过土地整治、农业结构调整等增加耕地面积158.17万公顷,五年累计净减少耕地面积27.15万公顷。① 另一方面,农村耕地面积变动事关国家粮食安全、经济安全与经济社会可持续发展。所以,科学处理农村耕地保护与社会发展的矛盾,直接关系到国家的经济发展与社会稳定。因此,探寻耕地资源损失与社会发展的演进轨迹,应通过构建耕地资源损失与经济发展的计量分析模型,探究中国工业化与城镇化进程中农村耕地资源损失与经济发展的相关关系,发现农村耕地资源损失变化的逻辑。

二、农村耕地资源损失与产业结构变化

在产业结构理论中,配第—克拉克定理认为,伴随经济发展和社会进步,人均国民收入水平的增加,劳动力和第一产业国民收入的相对所占比率逐渐降低,劳动力和第二产业国民收入的相对比率逐渐提高,经济发展水平得到进一步提升,劳动力和第三产业的相对比率也逐渐增加。配第—克拉克定理分

---

① 资料来源:根据《中国国土资源公报》(2012—2016年)计算得出。

析区域产业结构变化也同样适用,也就是说在经济活跃、条件较好的地区,第一产业所占比重较低,第二产业、第三产业所占比重较多。且已有研究发现,三大产业结构和就业结构变化的一般规律为:在工业化起步阶段,伴随经济水平的提高,劳动力比率和第一产业在国民收入中的比率呈同向下降状态,第二产业、第三产业的劳动力比率和在国民收入中的比率呈同向提高状态;进入工业化中期,劳动力比率和第一产业在国民收入中的比率继续降低,第二产业的国民收入所占比率逐渐上升,但劳动力比率的变化幅度不显著。也就表明第二产业对国民收入增长的贡献作用较大,经济发展到一定程度后,难以快速增加劳动力的雇佣速度和规模,并且在此过程中,第三产业也会迅速得到发展,第三产业的发展会增加对劳动力的需求水平,劳动力比率增加的速度会显著快于国民收入增加的速度。

从经济发展与土地使用的相互关系考察,就业结构变化和产业结构演变会明显影响土地利用方式,收入水平变化会影响社会公众的消费行为和习惯,导致消费结构发生改变,而消费结构改变又会反作用于产业结构。按照产业结构变化规律,在经济发展的不同阶段会表现出一定的规律性变化,进而带来影响农村土地非农化的规律性变化。也就是说在经济发展的不同时期,土地利用的重点和矛盾不同,农村土地非农化需求的数量和质量也就不同。在经济发展水平不高的传统农业社会,农业是国民经济的主体,是所属地区的主导产业,农业经济处于自给自足的封闭状态,农村土地单位面积产业水平提高速度慢,而人口增长速度快,在不断增加的人口压力下,只有依靠不断增加土地耕种面积的方式来满足因为人口增长而产生的产业需求压力,这个时期农村土地利用的主要矛盾是农业生产用地与生态用地之间的矛盾,农村土地非农化的速度很慢,农村土地非农化的压力较低;经济发展到一定水平,步入工业化时期后,产业结构发生变化,以第一产业占主体逐渐转变为第二产业、第三产业占主体,这个时期农村土地非农化需求主要通过土地市场来满足。影响土地使用的突出矛盾是农业生产用地、环境保护的生态用地与非农建设用地之间的比率分布。土地利用的典型表现是农村土地数量降低速度较快,农村土地向生态环境用地和非农建设用地快速转变,农村土地非农化的速度快、规模大。

三、农村耕地资源损失的库兹涅茨曲线假说

西蒙·史密斯·库兹涅茨根据已有研究成果和合理推测提出了收入差距大小与经济发展水平的倒"U"形曲线理论假设。西蒙·史密斯·库兹涅茨阐释经济收入分配不公平与经济发展的关系是通过考察传统农业向现代发达工业产业转型升级的过程中开展的。西蒙·史密斯·库兹涅茨认为工业化进程和城镇化进程的发展过程其实就是经济发展与增长的同步过程,在这个发展演化过程中收入分配关系的改变和分配差距的趋势性变化也会对库兹涅茨曲线的形状发生影响。但是,他在深入研究中发现要展开详细分析在现实中面临有效数据不足和缺乏符合要求的计量分析模型的困境。西蒙·史密斯·库兹涅茨在进行阐释时假设存在两个相区别的部门,即农业部门和非农业部门。这种二分法类似于刘易斯分析发展中国家的二元经济结构理论,也就是农村中以传统落后生产方式为主体的农业部门和在城镇中以工业制造业为主体的部门。西蒙·史密斯·库兹涅茨设计分析农业部门与非农业部门间的产业结构调整对收入分配差距增加带来的影响程度,准确体现和合理推测工业化进程、城镇化进程或者城乡二元结构变化过程中收入分配差距的演化过程与规律是库兹涅茨曲线的核心理念。但是,由于当时客观条件的限制,西蒙·史密斯·库兹涅茨没有办法根据当时的经济发展状况科学提出一个反映工业化进程、城镇化进程中收入差距发生变动的计量分析模型,只能通过科学假设和在研究分析过程中引入部分发达国家在工业化进程、城市化进程中的历史数据进行模拟验证,这就不可避免地对后来研究者带来跟随效应,在剖析发达资本主义国家和地区的变迁规律或表现形式时,简单考虑收入变动或者经济发展水平变动同收入差距变动的联系与影响方面,这种简单判断背离了西蒙·史

密斯·库兹涅茨分析农业部门与非农业部门关系的初衷,也就是根据产业结构调整变动的演变规律展开科学分析的办法。

有关经济发展水平同收入分配差距变化的关系,西蒙·史密斯·库兹涅茨就此提出二者关系的倒"U"形理论假设。他在理论假设中提出如下看法,也就是伴随社会进步、经济发展带来的影响产生的破坏、创新深刻改变着社会发展、经济产业结构,并就此对社会公众的收入分配格局产生影响。西蒙·史密斯·库兹涅茨根据世界主要国家各部门数据资料进行分析对比研究分析发现:在经济发展的起步阶段或者初始阶段,民众收入水平伴随经济发展程度而形成不平等的趋势。随着时间推移,国民收入分配格局经历发展变化不大阶段,国民收入总体水平提高和经济发达程度提高,到了经济比较发达阶段,国民收入分配格局将逐渐趋向于公平平等。

假设用横坐标指代国家或地区经济发展状况的某些因素,譬如人均产值,纵坐标指代国民收入分配不平等状况的评价指标,那么这一理论假设所揭示的相互关系呈现出倒"U"形,因此得名为库兹涅茨倒"U"形理论假说,亦称之为库兹涅茨理论曲线。西蒙·史密斯·库兹涅茨在理论阐释这一倒"U"形理论假说时,假设构建是把国民收入分配部门统一归之为农业部门和非农业部门的理论分析模型。在这种情形下,两个部门的收入分配不公平状况的变化情况可以用以下三类影响因素的变化程度展开分析。具体的三类影响因素分别为:根据产业部门划分的个体数所占比例;各个部门之间国民收入分配的差距;各个部门内部参与各方收入分配不公平的、不平等的状况。西蒙·史密斯·库兹涅茨估计这三类影响因素将会伴随经济发展变化发生下述影响作用:在经济发展的初始起步阶段,因为国民收入分配不公平状况比较严重的非农业部门所占的比重增大,国民总体收入分配不公平;倘若经济发展到一定程度,伴随经济发展,非农业部门在国民经济中所占比重增加,非农部门收入在国民收入比重占主要地位,比重变化产业的影响程度降低,各个部门之间的收入变化将会减少,引发不公平、不平等状况严重的主要原因是国民收入中财产性收入所占的比重将会下降,以及因国民收入再分配体现公平原则的各种调节政策的颁布、执行等等,各个部门内部的收入分配水平总体而言将会逐渐接近公平、平等状态,此时,国民收入分配将会逐渐趋于平等。

作为一种不可取代的稀缺自然资源要素,农村耕地数量变动与经济发展的关系是否也符合库兹涅茨假说,具备库兹涅茨倒"U"形曲线的基本特性呢?我们知道,耕地资源作为一种重要的生产要素,发挥满足人们食物需求和调节生态的重要作用,在农业社会占主导的时期,耕地主要解决人们的温饱问题,土地非农化问题不严重,耕地的非农占用问题不明显;伴随工业化、城镇化进程的加快,第二产业、第三产业在国民经济中逐渐占主体地位,经济发展对农村耕地占用的压力加大,农村耕地流失速度伴随经济发展速度的加快而快速增长;当经济水平、社会发展到一定程度时,人民对生态保护的意识增强,耕地安全和耕地保护的意识也会随之增强。与此同时,经济发展会带动技术进步,推动产业结构优化,经济发展对农村耕地需求的压力逐渐降低,农村耕地流失的势头得到遏制并逐渐改善,并逐步稳定在一定区间范围内。所以,农村耕地资源损失与社会发展的关系应该是符合库兹涅茨曲线变动规律的,已有实证研究也认为农村耕地数量变化与社会发展之间类似存在库兹涅茨曲线关系,但只是基于历年农村耕地流失数据拟合变化态势,并没有很好地同经济发展的水平关系联系起来,而且并没有验证二者之间是否存在显著性。

其实,导致农村耕地资源数量发生变化的影响因素很多,各种因素结合在一起,往往很难简单得出耕地资源变化与社会发展之间的关系,有必要采取可行措施深入探讨农村耕地资源减少与社会发展之间究竟存在何种变化关系。库兹涅茨对区域经济发展的倒"U"形曲线和环境污染的倒"U"形曲线进行了探讨:在分析地区经济发展状况的倒"U"形曲线理论分析过程中,考虑研究地域彼此之间的地区区位分布优劣条件不同,资源禀赋存在很大差别,经济发展程度及所处水平不同,基于比较优势,生产要素的积聚必然会朝经济发达程度较高、企业利润率超出平均利润率的区域集中和转移,这种集中和转移又会进一步扩大地区之间的经济发展程度,导致差距进一步扩大。伴随时间推移,倘若经济发达地区的发展程度、工业化程度达到一定水平后,由于经济扩散效应和经济滴落效应影响,导致经济发达地区的资源要素价格普遍上升,企业的盈利状况及平均利润率水平显著下降,而经济发展比较落后区域的要素资源成本相对较低的比较优势此时会逐渐显露出来,加之政府有意无意的引导和欠发达地区优惠政策的吸引,资源要素会由于追逐利益向经济发展比较落后区域转移,推动社会进步和经济发展,明显促进地区经济发展的明显差距。资源环境污染的倒"U"形曲线理论假说分析中,伴随国民生产总值的人均水平上升,资源环境污染的状况和程度将会出现明显增长的态势;在经济持续发展的过程中,国民生产总值的人均水平会进一步增加,资源紧张、环境恶化的状态会得到改善,并呈现出逐年下降的态势。

四、典型地区农村耕地资源损失特征与机制分析

前述分析充分表明,耕地是农村土地要素中十分珍贵的自然要素资源[1],农村耕地数量和农村耕地质量是粮食生产能力的综合体现[2]。20 世纪 80 年代以来,我国农村耕地流失问题逐渐严重[3],珠江三角洲地区地处中国改革开放的前沿阵地,经济活跃,社会发展速度较快,伴随工业化进程和城镇化进程

---

① 梁育填、樊杰等:《优化开发区域制造业企业迁移的因素及其区域影响——以广东东莞市为例》,《地理研究》2013 年第 3 期;周炳中、赵其国、杨浩:《江苏省耕地变化及其驱动机制的数理探讨》,《土壤学报》2003 年第 5 期。

② 邵晓梅、杨勤业、张洪业:《山东省耕地变化趋势及驱动力研究》,《地理研究》2001 年第 3 期。

③ Li X, Zhou W, Ouyang Z. Forty years of urban expansion in Beijing: What is the relative importance of physical, socioeconomic, and neighborhood factors?, Applied Geography, 2013, 38(1): 1-10.

速度的加快,农村土地非农化带来的耕地资源快速降低①。在经济快速发展的农村土地非农化过程中,广东省东莞市的土地利用变化状况比较典型,具备较强的代表性。统计数据显示,改革开放的初始阶段,广东省东莞市的工业基础十分薄弱,明显属于农业大县。时间到了 20 世纪 80 年代中期,东莞开始承接来自台湾、香港、和澳门地区加工企业的转移产能,地方政府也适时出台政策鼓励发展外向型的加工装配业务,并逐渐形成制造业占主体的经济结构,成为中国十分重要的外贸加工出口、国际制造业加工基地。这段时期,因为农村乡镇集体土地使用成本低,所以区位条件占优的农村耕地不断转变成工业用地。但以过度消耗土地资源换发展的粗放经济增长模式难以持续,很多学者对此展开研究,并提出优化区域土地利用空间结构和生产质量的政策建议,发现东莞处于较差水平的耕地占比为 15.7%,处于警戒水平的耕地占比为 56.1%②。课题组选择 1988—2015 年 28 年的时间跨度数据,阐释 20 世纪 80 年代末以来,广东省东莞市农村耕地损失的发展变化特征。课题组也运用综合评价指标体系,借鉴已有研究成果③,选取有典型性和代表性的社会经济评价指标,运用计量分析方法,建立典型地区的耕地资源要素损失动力分析模型。

(一)研究区域与数据来源

东莞市地处广东省的中南部区域。因地处广州之东,因境内盛产莞草而得名。介于东经 113°31′—114°15′,北纬 22°39′—23°09′。毗邻港澳,处于广州至深圳经济走廊中间。西北距广州 59 公里,东南距深圳 99 公里,距香港

---

① Liao F. H. F., Wei Y. H. D., Modeling determinants of urban growth in Dongguan, China: a spatial logistic approach, Stoch Environ Res Risk Assess, 2014, (28): 801−816.

② 梁育填、樊杰等:《优化开发区域制造业企业迁移的因素及其区域影响——以广东东莞市为例》,《地理研究》2013 年第 3 期。

③ 陈红顺、夏斌:《快速城市化地区土地利用变化及驱动因素分析——以广东省东莞市为例》,《水土保持通报》2012 年第 1 期。

140 公里。东西长 70.45 公里,南北宽 46.8 公里,全市陆地面积 2460 平方公里,海域面积 97 平方公里。地质构造上位于北东东向罗浮山断裂带南部边缘的北东向博罗大断裂南西部、东莞断凹盆地中。自 1978 年中国开始实行改革开放以来,东莞市政府大力鼓励发展外向型经济,地区国民生产总值从 1978 年的 6.11 亿元增加到 2015 年的 5881.18 亿元,平均每年增长速度超过 20%,成为中国经济最活跃、发展最快的地区之一。但伴随工业化进程和城市化进程的加快,农村耕地资源被大量侵占,耕地资源损失速度加快,严重威胁了城市的生态环境①。

（二）研究方法

课题组通过分析导致农村耕地资源流失的经济发展因素、人口总量因素、产业构成因素、交通发展状况因素与社会发展因素等,进行农村耕地变化特征分析和农村耕地资源损失动力分析。

首先,影响因素确定与标准化。农村耕地资源损失主要是城市化、工业化与农村耕地资源存在矛盾的结果,城市非农建设用地迅速增长主要是以消耗占用城郊农村耕地的方式引发的。导致农村耕地资源损失的原因多种多样,主要原因可以归结为经济发展、人口规模增长、地方政府政策调整、社会投入及交通状况等因素影响。梳理已有研究成果发现,分布地域不同的农村耕地资源要素损失都与所在地域的经济发达程度、社会发展状况和人口数量因素存在一定的关系,这些影响因素体现地方政府相应政策的变化。课题组考虑研究地区影响因素的可得性及可测性,选取经济水平、生活水平、人口规模、产业构成和交通水平五大类评价指标,如表 3-1 所示。

---

① 邱孟龙、李芳柏、王琦等:《工业发达城市区域耕地土壤重金属时空变异与来源变化》,《农业工程学报》2015 年第 2 期。

表 3-1 农村耕地资源损失影响因素评价指标

影响因素	变量	影响因子	变量
经济水平	X_1	全部财政收入(亿元)	X_{11}
		地方财政收入(亿元)	X_{12}
		固定资产投资金额(亿元)	X_{13}
		财政支出(亿元)	X_{14}
生活水平	X_2	GDP 人均值(万元)	X_{21}
		职工工资人均值(万元/年)	X_{22}
人口规模	X_3	常住人口(万人)	X_{31}
		人口城镇化率(%)	X_{32}
		非农户籍人口(万人)	X_{33}
		农业人口(万人)	X_{34}
产业结构	X_4	GDP(亿元)	X_{41}
		GDP 中第一产业所占比率(%)	X_{42}
		GDP 中第二产业所占比率(%)	X_{43}
		GDP 中第三产业所占比率(%)	X_{44}
交通状况	X_5	通车道路里程(公里/平方公里)	X_{51}
		居民汽车保有量(辆)	X_{52}

考虑到各影响因子在分析中存在的量纲差别,各个影响因子间在分析数量级普遍存在非常显著差异,通常而言采取标准方差的处理方式对所分析影响因子的值进行转化,转化为无量纲值,以便于对各个影响因子进行评价和分析。方差标准化处理公式如式(3-1)、式(3-2)所示:

$$X_i^{'} = \frac{X_i - \bar{X}}{\sigma} \tag{3-1}$$

$$\sigma = \sqrt{\frac{1}{N} \sum_{i=1}^{N} (X_i - \bar{X})^2} \tag{3-2}$$

式(3-1)、式(3-2)中,$X_i^{'}$指代影响因子标准化值,X_i指代影响分析的因子初始值，$\bar{X}$ 指代分析影响因子通过平均化处理获得的平均值，σ 指代待分析的影响因子的标准差。

其次，科学合理确定研究区域农村耕地资源要素损失变动的强度评价指标。研究区域农村耕地资源要素损失变动的强度评价指标估计通常采取研究区域农村耕地资源要素损失净额、农村耕地资源净损失率、农村耕地资源年均损失率与农村耕地资源损失速率等评价指标，如式（3-3）至式（3-6）所示，根据不同阶段农村耕地指标情形分时期阐释农村耕地资源损失特征。

$$NL = Z_f - Z_e \tag{3-3}$$

$$NLR = \frac{NL}{Z_e} \times 100\% \tag{3-4}$$

$$ANL = \left(\frac{Z_f}{Z_e}\right)^{\frac{1}{T}} \times 100\% - 1 \tag{3-5}$$

$$SNL = \frac{Z_f - Z_e}{T} \tag{3-6}$$

上式（3-3）至式（3-6）中，NL、NLR、ANL、SNL 分别指代农村耕地资源净损失量、农村耕地资源净损失率、农村耕地资源年均损失率和农村耕地资源损失速率，Z_f 和 Z_e 分别指代某个地区某个时期研究期末和研究期初的农村耕地面积，T 指代研究阶段的时间长度。

最后，确定农村耕地资源损失动力机制分析方法。根据研究需要，考虑采用相关分析方法和主成分分析方法。相关分析方法用来检验验证农村耕地资源损失研究变量与影响因素因子之间是否存在一定程度的依存关系？相关关系是否显著及显著性如何？它们之间相关关系为负相关还是正相关？并据此判断与农村耕地资源损失显著相关的影响因素因子。相关分析方法采用皮尔逊设计的统计指标测度相关系数，如式（3-7）所示。相关系数的取值区间为 $(-1,1)$，高度相关性 r 的取值区间为 $(-0.8,0.8)$。

$$r = \frac{\sum_{j=1}^{n}(X_i - \bar{X})(y_i - \bar{Y})}{\sqrt{\sum_{i=1}^{n}(X_i - \bar{X})^{-2}?(y_i - \bar{Y})^{-2}}} =$$

$$\frac{n\sum_{i=1}^{n}X_i y_i - \sum_{i=1}^{n}X_i?\sum_{i=1}^{n}Y_i}{\sqrt{n\sum_{i=1}^{n}X_i^2 - \left(\sum_{i=1}^{n}X_i\right)^2}?\sqrt{n\sum_{i=1}^{n}Y_i^2 - \left(\sum_{i=1}^{n}Y_i\right)^2}} \qquad (3-7)$$

考虑到影响因素因子之间可能存在一定程度的相关性,可以采用共线性检测方法与 KMO 检验方法验证影响因素因子的相关性,接着再用主成分分析方法确定产生关键作用的因子。共线性检测中如果多个维度特征值约等于 0、条件指数值大于 10 就说明多重共线性可能存在。进一步判断分析用基本降维办法把多个动力影响因素因子转化成少数几个综合评价指标来指代多个驱动影响因素因子的绝大部分信息,如式(3-8)、式(3-9)所示。其中综合评价指标就是原影响因素因子的线性组合,这就保留了原始解释变量的关键信息,并且评价指标之间不相关。

$$X = \begin{bmatrix} X_{11} & \cdots & X_{1p} \\ \vdots & \ddots & \vdots \\ X_{n1} & \cdots & X_{np} \end{bmatrix} \qquad (3-8)$$

$$\left. \begin{aligned} F_1 &= \alpha_{11}X_1 + \alpha_{12}X_2 + \cdots + \alpha_{1p}X_p \\ F_2 &= \alpha_{21}X_1 + \alpha_{22}X_2 + \cdots + \alpha_{2p}X_p \\ &\vdots \\ F_m &= \alpha_{m1}X_1 + \alpha_{m2}X_2 + \cdots + \alpha_{mp}X_p \end{aligned} \right\} \qquad (3-9)$$

假如有 n 个观测样本,原始研究变量为 X_1、X_2、$X_3 \cdots X_p$,于是就构成式(3-8)的 $p \times n$ 矩阵。运用主成分分析方法进行数据降维,于是获得 m 个综合评价指标,即为式(3-9)中的 F_1、F_2、$F_3 \cdots F_m$。每个主成分提取的信息量可以运用方差测度, 即 $Var(F_1) = F_1$ 为 X_1、X_2、$X_3 \cdots X_p$ 中方差最大者。$Var(F_1)$ 第一主成分的数值越高涵盖的信息就越多, 倘若不能指代原来 p 个评价指标的信息, 那么继续考虑 $Var(F_2)$, 同理, 以此类推。

然后, 建立多元逐步计量回归模型并对此模型进行评价。课题组按照主成分分析结果构建了两类农村耕地资源损失的逐步回归分析模型。模型 I 为五大类影响因素指标的第一主成分按照拟合关系建立的逐步回归分析模型, 如式(3-10)所示; 模型 II 为主成分中全部高载荷影响因子建立的逐步回归分析模型, 如式(3-11)所示:

$$L = \beta_1 f_1(X_{1n_1}) + \beta_2 f_2(X_{2n_1}) + \beta_3 f_3(X_{3n_1}) + \beta_4 f_4(X_{4n_1}) + \beta_5 f_5(X_{5n_1}) + b_1$$
$$(3-10)$$

$$L = \alpha_1 X_{11} + \cdots + \alpha_m X_{52} + b_2 \qquad (3-11)$$

上式(3-10)、式(3-11)中, L 指代农村耕地量, X_{1n_1}、X_{2n_1}、X_{3n_1}、X_{4n_1}、X_{5n_1} 分别指代五大类影响因素评价指标的第一主成分, $X_{11} \cdots X_{52}$ 分别指代表 3-1 中经过主成分分析方法筛选过后的影响因素因子; β_1、β_2、β_3、β_4、β_5 分别指代计量分析模型 I 的待回归分析系数, $\alpha_1 \cdots \alpha_m$ 分别指代计量分析模型 II 的待回归分析系数; b_1、b_2 分别指代式中的常量; f_1、f_2、f_3、f_4、f_5 分别指代 X_{1n_1}、X_{2n_1}、X_{3n_1}、X_{4n_1}、X_{5n_1} 的分析函数, 函数关系为线性或对数关系等等。

（三）农村耕地资源流失特征分析

首先, 考察农村耕地面积变化情况。表 3-2 是广东省东莞市 1988—2015 年土地利用类别面积及占比变化的绝对值和相对值数量统计。从表中统计数据可以看出, 在土地利用类别中, 只有建设用地一直在增长, 耕地、林地等其他利用类别都有一定程度减少或波动, 其中耕地、果园和林地位居用地减少数的前三位, 而基塘、河流水库由于占比不高, 用地变化幅度不大。

表 3-2　广东省东莞市 1988—2015 年土地利用类别面积及占比

（单位：Km²，%）

阶段类别	快速流失期				平稳流失期		二次飞速流失期		缓慢流失期	
	1988 面积	比重	1993 面积	比重	1997 面积	比重	2008 面积	比重	2015 面积	比重
耕　　地	1119.89	45.24	725.26	29.29	650.22	26.27	222.69	9.00	235.37	9.55
建设用地	99.42	4.02	465.83	18.82	497.39	20.09	1177.36	47.56	1232.95	49.74
林　　地	363.43	14.68	332.84	13.44	365.29	14.76	292.74	11.83	322.56	12.95
果　　园	623.15	25.17	586.34	23.68	540.65	21.84	351.82	14.21	305.82	12.45
基　　塘	70.55	2.85	140.94	5.69	178.28	7.20	167.27	6.76	125.16	4.94
河流水库	199.14	8.04	224.37	9.06	243.75	9.85	230.44	9.31	216.25	8.68
草　　地	0.00	0.00	0.00	0.00	0.00	0.00	11.98	0.48	12.15	0.54
未利用地	0.00	0.00	0.00	0.00	0.00	0.00	21.28	0.86	26.52	1.15

其次，考察农村耕地面积与建设用地面积之间的关系。研究发现，农村耕地面积减少与城市建设用地面积增加关系密切，也得到其他学者研究证实。[1]农村耕地面积与建设用地变化之间存在相关关系，且方向为负。R^2 的值为0.97，在 1% 的水平上显著。拟合斜率约为-0.72，表明城市扩张不仅占用了大量的农村耕地，而且也占用了林地、果园等其他类型用地。农村耕地减少与建设用地增加之间存在的高度相关性表明二者之间具备相似的影响因素驱动，农村耕地减少的驱动因素分析同样也能为分析城市扩张驱动因素提供参考价值。

（四）农村耕地流失的驱动机制

结合上述分析的农村耕地流失特征及其演化规律发现，耕地流失与同期政策导向密切相关。并且，政府政策变化可以在相应的经济社会评价指标中体现，以便更好地量化分析农村耕地流失状况与程度的驱动机制。所以，选择

---

[1]　袁磊、杨昆、赵俊三：《云南省土地利用变化特征及耕地变化驱动因素分析》，《国土资源科技管理》2015 年第 3 期。

与耕地资源要素流失相关的十六个影响分析因子开展相关性分析,并对影响显著的进行检验验证。利用主成分分析方法,建构分析模型,最终得出导致耕地资源要素流失的关键影响因子。

首先,分析耕地资源要素流失的影响显著因子。求出的相关系数如表3-3所示,耕地资源与 X_{43} (GDP中第二产业所占比率)、X_{34} (农业人口)、X_{14} (财政支出)和 X_{12} (地方财政收入)相关系数绝对值低于0.8,这些因素不参与主成分分析及共线性验证。耕地资源要素与其余影响分析因子的相关系数绝对值都高于0.8,X_{44} (GDP中第三产业所占比率)、X_{42} (GDP中第一产业所占比率)、X_{32} (人口城镇化程度)、X_{22} (职工平均工资值)、X_{51} (道路的通车里程)与 X_{31} (城镇常住人口)非常密切相关,影响十分显著。通过相关性显著检验,影响因素变量系数 X_{31}、X_{42}、X_{44}、X_{21}、X_{22}、X_{51} 和 X_{52} 的容差都低于0.1,其VIF对应值都大于10,表明这7个影响因子与其他影响因子间有多重共线性存在,其中 X_{21}、X_{22}、X_{51} 和 X_{51} 的VIF对应值都大于100,说明多重共线性问题十分严重,影响因子之间存在比较严重的信息重复叠加问题。

表3-3　农村耕地与影响因素的相关系数

影响因素	相关系数	影响因素	相关系数
X_{44}	-0.974	X_{41}	-0.876
X_{42}	0.953	X_{13}	-0.864
X_{32}	-0.942	X_{11}	-0.836
X_{22}	-0.923	X_{52}	-0.836
X_{51}	-0.916	X_{12}	-0.794
X_{31}	-0.914	X_{14}	-0.792
X_{21}	-0.892	X_{34}	0.408
X_{33}	-0.884	X_{43}	0.284

表3-4显示的是主成分分析统计值,第一成分特征值估算结果为10.96,解释了原来12个影响分析因子变量总方差的91.32%。第一成分特征值超出

1,贡献率超出八成。所以第一成分能够充分体现耕地资源要素流失与影响因子间的相互关系。

表3-4　农村耕地的显著性影响因子主成分分析　　（单位:%）

成分	特征值	方差	累积贡献率
1	10. 96	91. 32	91. 32
2	0. 78	6. 48	97. 76
3	0. 17	1. 45	99. 22
4	0. 06	0. 46	99. 68
5	0. 03	0. 18	99. 85
6	0. 02	0. 12	99. 98
7	0. 01	0. 03	100. 00
8—12	0. 00	0. 00	100. 00

表3-5 显示的是第一主成分中影响因子的载荷数。X_{22}（职工工资人均值）、X_{33}（非农户籍人口）、X_{21}（GDP 人均值）、X_{41}（GDP）在主成分分析中的载荷位居前四名,都超出 0.98。从影响因素考察,经济水平、生活水平和交通状况在主成分分析的载荷都大于 0.966。这就说明广东东莞市的农村耕地资源损失是各种因素综合影响的结果,相关的影响因素包括产业类型与构成、经济发展水平、居民生活状况、城镇人口总量和交通设施状况等,其中居民生活状况和交通设施状况对耕地资源要素损失的影响特别明显,居民生活状况中的城镇职工工资平均值与 GDP 人均值,城镇人口总量因素里面的城镇非农户籍人口规模、经济发展水平中的国民生产总值等是影响耕地资源要素损失比较关键的影响因子。

表3-5　农村耕地的显著性影响因子主成分分析

影响因素	经济水平		生活水平		人口规模			产业结构			交通状况	
影响因子	X_{11}	X_{14}	X_{21}	X_{22}	X_{31}	X_{32}	X_{33}	X_{41}	X_{42}	X_{44}	X_{51}	X_{52}
载荷	0.966	0.972	0.984	0.988	0.946	0.922	0.986	0.985	-0.82	0.948	0.978	0.966

梳理已有文献可以知道,城镇人口总量的飞速增长通常是导致耕地资源要素快速降低的根本原因。课题组研究发现,城镇非农户籍人口规模是导致广东东莞市耕地资源快速降低的城镇人口总量因素。广东东莞市非农户籍人口往往由原住民、农业人口转为非农人口及精英外部迁入本土化构成,这部分城镇居民人口相对而言属于高收入群体,存在强烈的商品房购买意愿,是主要的购房主体,进一步加剧了耕地资源要素损失的严重程度。

其次,分析耕地资源要素流失核心影响机制。根据周翔等(2014)的研究[①],从主成分载荷中选出每类影响因子中载荷最高的因子成为该类指标的第一主成分,包含 X_{13}(固定资产投资金额)、X_{22}(职工工资人均值)、X_{33}(非农户籍人口)、X_{41}(GDP)和 X_{51}(通车道路里程)分别代表经济发展程度、居民生活状况、城镇人口总量、产业构成水平与交通设施状况五类影响因素,参与纳入逐步计量回归分析模型 I。那些载荷量绝对值都大于0.8的影响因子,都纳入线性逐步计量回归分析模型 II。考虑农村耕地和个影响因子的拟合程度,确定计量分析模型 I 和 II 的表达式如式(3-12)、式(3-13)所示:

$$Y = a_0 X_{13}^{-1.21} + b_0 \ln(X_{22}) + c_0 \ln(X_{33}) + d_0 \ln(X_{41}) + e_0 \ln(X_{51}) + \mu_0$$

$$(3-12)$$

$$Y = a_1 X_{11} + a_2 X_{14} + b_1 \ln(X_{21}) + b_2 \ln(X_{22}) + b_3 \ln(X_{24}) + c_1 \ln(X_{31})$$

$$+ c_2 \ln(X_{34}) + d_1 \ln(X_{42}) + d_2 \ln(X_{44}) + e_2 \ln(X_{52}) + \mu_1 \qquad (3-13)$$

采用逐步回归分析方法,最终计量模型 I 只剩 X_{22}(职工工资人均值)自变量,如式(3-14)和表3-5所示,计量模型 II 只剩 X_{44}(GDP 中第三产业所占比率)自变量看,如式(3-15)和表3-6所示。R^2 值分别为0.976和0.953,在1%水平上显著。表明城镇职工平均工资水平对耕地资源面积变动的影响非常显著,也可以阐释耕地资源损失的原因;第三产业发展状况对耕地资源要素

[①] 周翔、韩骥、孟醒等:《快速城市化地区耕地流失的时空特征及其驱动机制综合分析——以江苏省苏锡常地区为例》,《资源科学》2014年第6期。

损失非常显著,存在负相关关系,城镇职工工资平均值同第三产业比重存在十分显著的指数关系,系数为 0.973,这种潜在的联系机制是导致耕地资源要素损失的核心要素。

职工工资人均值对农村耕地数量变化的影响十分显著,能够充分解释农村耕地流失的原因;第三产业发展与农村耕地流失相关关系显著,且方向为负,同时发现职工工资人均水平与第三产业比率间存在显著的指数关系。二者的关联机制是耕地流失的最重要动力。

$$Y = -229.282\ln(X_{22}) + 3432.992 \tag{3-14}$$
$$Y = -0.978 X_{44} - 0.001 \tag{3-15}$$

表3-6　逐步回归分析模型估计值

	变量	回归系数	R^2	F	Sig
模型 I	X_{22}	−229.282	0.976	233.648	0.000
	μ_0	3432.992			
模型 II	X_{44}	−0.978	0.953	118.036	0.000
	μ_1	−0.001			

注:两个模型在1%的水平通过了显著性检验,其中模型II的数据经过了标准化处理。

东莞 GDP 构成比重由高到低依次为第二、第三和第一产业,与上海、广州、北京的 GDP 构成存在根本差别,但第三产业发展通过改善城镇居民生活状况导致耕地资源要素损失的内在机理相似[1]。第三产业发展会增加就业机会,提高居民的收入水平,增加住房消费需求,进而推动房地产的飞速发展,促进城市扩张,不可避免地会占用大量的农村耕地以满足城市发展的客观要求。

(五)结论

通过分析东莞1988年至2015年耕地变化状况及耕地流失水平,结合当

---

[1]　ZHANG Tingwei.Community features and urban sprawl:The case of the Chicago metropolitan region[J].Land use policy,2001,18:221-232.

地经济发展数据统计分析耕地流失的驱动机制发现:耕地流失经历了快速流失期、平稳流失期、二次飞速流失期、缓慢流失期四个阶段,所处阶段特征与国家战略规划调整及地区发展战略制定密切相关。人口规模、产业结构、经济水平、生活水平和交通状况五类指标对耕地流失有着不同程度的影响,固定资产投资金额、职工工资人均值、非农户籍人口、GDP 和通车道路里程是显著代表该五类制度的影响因子,对耕地流失的解释力较强。职工人均工资水平提高或者第三产业的快速发展是导致耕地流失的核心驱动力,发现职工工资人均水平与第三产业比率间存在显著的指数关系。结果显示,尽管东莞的产业结构大体为二三一形式,但从近几年的变化情况来看,工业所占比重有所降低,第三产业仍旧保持快速增长趋势,而工资水平又同第三产业存在密切的指数增长关系,说明耕地变动已经进入第四阶段缓慢流失期,但反观第三产业发展状况对工资水平的影响程度,仍需采取可行措施遏制耕地资源流失形势更加恶化,可以考虑采用先进技术手段加强监管,提升区域科学配置土地资源的能力。

第三节　农村土地非农化与城镇化用地需求增长的机制分析

工业化、城镇化进程加快是我国农村土地非农化的主要原因,也是农村土地问题产生的深刻根源,研究城镇化用地需求增长的机制对分析农村土地非农化,揭示农村土地非农化规律有着十分重要的意义。已有研究证实,城镇化用地需求增长是多种因素综合作用的结果。但具体而言,不同时期、不同地域的城镇化用地需求增长的主要原因不尽一致。在某一地区可能是加速城镇用地需求增长的影响因子,但在另一区域可能是降低城镇用地需求的影响因子。即使在同一地区,时期不同,同一影响因子产生的作用可能截然不同。如王海军等(2018)对武汉城市圈 1990 年至 2015 年土地利用现状数据进行分析发现,武汉城市圈城镇用地需求满足的主要来源是农村耕地,其次是水域、林地、其他建设用地和农村居民点,城镇用地需求增长具有阶段性和波动性特征,扩张具有空间集聚性和空间分异性。① 刘永健等(2017)运用基尼系数和基于半对数回归方程的 Shapley 值分解方法考察中国大陆 31 个省(市、自治区)城镇建设用地扩张的地域差异及驱动因素的贡献大小发现,经济增长、财政赤字率和经济政策执行力对城镇用地需求增长的地域差异贡献规定,影响我国东部、中部和西部三个地区城镇建设用地需求增长的主要因素不尽一致。② 张耀宇等(2016)认为抑制当前城镇用地无序扩张现象是一个非常重要且十分紧迫的问题,通过分析不同行政级别和不同规模城市用地需求增长的差异发现城镇用地需求增长伴随城市规模的扩大而递减,城市用地需求增长主要是第三产业发展需求,而中等城市和特大城市用地需求增长主要是满足第二产业发展需求,且特大城市表现尤为明显。③

　　总体而言,学术界分析城镇化用地需求增长大体可以概括为两个视角:一是基于城镇内部结构改变对城镇用地需求增长的影响;二是基于农村土地非农化对城镇用地需求增长的影响。聚焦分析经济社会因素对城镇用地需求增长的影响是目前研究城镇用地需求增长的主要方向。已有研究大多从宏观视角展开分析,较少分析城镇用地需求增长的微观机理。在研究方法上,已有研究较多采用统计数据进行定性分析,近年来定量分析逐渐增加,但一般采取回归分析与相关分析。定量分析比较准确地反映了各个影响因素与城镇用地需求增加的关系,但偏重于数理阐释,由于城镇用地需求增长的经济社会影响因素存在十分复杂的关系,难以非常准确地解释城镇用地需求增长的内在机理。

---

　　①　王海军、王惠霞、邓羽等:《武汉城市圈城镇用地扩展的时空格局与规模等级模式分异研究》,《长江流域资源与环境》2018 年第 2 期。

　　②　刘永健、耿弘、孙文华等:《城市建设用地扩张的区域差异及其驱动因素》,《中国人口·资源与环境》2017 年第 8 期。

　　③　张耀宇、陈利根、宋璐怡:《中国城市用地扩张驱动机制的差异性研究》,《资源科学》2016 年第 1 期。

同时,由于资料获取限制,一般局限于单个城市针对时间序列展开分析,利用截面数据分析不同城市的城镇用地需求增长较少。基于此,课题组将以全国35个省(市、自治区)省会城市与计划单列市,采用平行数据,对我国不同时期、阶段、区域的城镇用地需求增长机理展开全面、系统的分析,以探求我国农村土地非农化与城镇用地需求增长规律及其增长机制。

一、研究假说

(一)城镇用地需求增长与经济发展

城镇扩张、经济发展离不开土地,土地是城镇的依托和载体,经济发展是城镇用地需求增长的动力。通常而言,伴随城市经济社会发展,城镇用地需求相应增长,二者在速度上基本保持一致。但在经济发展的不同阶段,影响城镇用地需求增长的因素并不相同,可能是多个因素共同作用的结果。因此,由经济发展带动城镇用地需求增长的幅度在不同时期、阶段具有较大的不确定性。故可就此提出第一个假说:城镇用地需求增长与城市经济发展存在一定规律性,但并不是一成不变。在不同时期、阶段,因经济发展导致城镇用地需求增长的幅度并不相同。

不同时期、不同阶段,经济发展对城镇基础配套设施的要求也不尽一致,表现为伴随经济社会发展,人民生活水平提高和城镇产业结构转型升级,城镇居民对城镇市政基础设施建设的需求增加,城镇建设用地需求相应增长以满足基础设施建设的用地需求。由此可以得到推论一:伴随经济社会发展,城镇基础配套设施条件改善,城镇人均建设用地面积增加、城镇用地弹性增大。

(二)城镇用地需求增长与城镇化水平提升

19 世纪,德国经济学家和统计学家 Ernst Engel 在对比利时、英、法、德等国工人家庭的收入和各类开支进行家计调查后得出著名的恩格尔定律:伴随家庭和个人收入的增加,收入中用于食品方面的支出比例将逐渐减少。美国经济史学家 Walt Whitman Rostow(1960)提出的经济成长阶段理论认为,社会发展必须依次经历六大阶段,分别是传统社会阶段、起飞准备阶段、起飞进入自我持续增长的阶段、成熟阶段、高额群众消费阶段和追求生活质量阶段,以此对国家在经济发展过程中面临的战略决策提出政策建议。当前,伴随收入增加,居民生活条件改善,中国居民尤其是城镇居民的消费已从温饱向小康转变,消费重心转向汽车、住房、旅游等方面,实现消费方式的多样化。因此,伴随城镇化水平的提高和城镇居民收入增加,城镇用地需求增长并非保持一成不变的线性关系。在城镇化初期,城镇居民消费能力低下,城镇用地需求较弱,伴随收入增加,城镇居民消费结构发生变化,城镇用地需求快速增加。另外,城镇化水平对城镇用地需求增长存在乘数效应,不仅带来住宅用地增加,而且增加了与此相关的生产、生活用地需求。就此可以提出第二个假说:城镇化发展初期,城镇用地需求较弱,当城镇化发展到一定水平后,城镇用地需求快速增加。

(三)城镇用地需求增长与产业结构转型升级

城镇化发展不同阶段,产业结构也呈不同形式形成规律性变化,带动城镇用地需求的变动。在城镇化初期,产业发展不发达,城镇用地需求较弱;步入城镇化中期,由于城镇第二产业的飞速发展,带动城镇用地需求快速增加;当城镇化进入成熟阶段时,城镇用地需求增长日趋缓慢。城镇产业结构实现由劳动密集型转向资金密集型,单位经济增长的用地需求逐渐降低,由此得到第三个假说:第二产业发展为主导的城镇化时期,城镇用地需求快速增长;第三产业发展为主导的城镇化时期,城镇用地需求增长速度放缓。在城镇化发展的不同时期,伴随产业结构转型升级,城镇用地结构也会发生相应变化,由此得出第二个推论:伴随产业结构转型升级,产业内部用地结构也会发生变化,表现为城镇基础设施用地比率大幅增加,工业用地比率逐渐降低。

二、研究方法

（一）研究变量

借鉴已有研究成果,考虑数据可得性,课题组在选择分析城镇用地需求增加的评价指标时,主要考虑经济社会发展、人口规模增长和城镇基础设施等三大类因素影响。分析经济社会发展影响因素时,选取 GDP、固定资产投资作为评价城镇经济社会发展的总体评价指标,选取第三与第二产业产值比率评价城镇产业结构的变动,选取外商投资额度评价城镇用地需求增加的外部影响因素,选取可支配人均收入水平评价城镇居民的生活水平,选取城镇化率评价城镇人口规模因素,选取城镇城建人均投资额度评价城镇基础设施建设水平。

（二）计量分析模型

根据实际需要及尽可能克服已有研究分析城镇用地需求增加的弊端,采用多元线性回归分析模型分析城镇用地需求:

$$f(x_i) = \theta + \vartheta_1 X_1 + \vartheta_2 X_2 + \vartheta_3 X_3 + \vartheta_4 X_4 + \vartheta_5 X_5 + \vartheta_6 X_6 + \vartheta_7 X_7 + \mu_i$$

$$(3-16)$$

上式(3-16)中,$f(x_i)$ 指代城镇建设、工业和住宅用地需求,X_1 至 X_7 分别指代 GDP、固定资产投资、第三与第二产值比率、外商投资额度、可支配人均收入水平、城镇化率和城建人均投资额。

（三）数据来源

考虑数据可得性,研究数据选取仅限于我国 35 个省(市、自治区)省会城市与计划单列市 2010—2016 年数据,进行平行数据构造,尽可能消除年份不足弊端的影响。数据来源于《中国统计年鉴》(2011—2017)、中国城市统计年鉴(2011—2017)和《城市建设统计年报》(2011—2017)。

三、检验回归结果与分析

(一)不同时期城镇用地需求增长分析

伴随经济发展的不同时期,影响城镇用地需求增长的影响因素存在很大的差异。所以,分析不同时期的城镇用地需求增长规律很有必要,以此发现不同时段城镇用地需求增长变化的动态规律。表(3-6)、表(3-7)分别为2010年和2016年数据的横截面分析值。

表3-6　城镇各类用地需求增长回归分析模型(2010)

变量	建设用地		工业用地		住宅用地	
	Exp(B)	Std.Beta	Exp(B)	Std.Beta	Exp(B)	Std.Beta
GDP	0.052 (1.162)	0.196	0.033* (2.008)	0.462	0.045 (1.472)	0.382
固定资产投资	0.372*** (4.018)	0.687	0.045 (1.448)	0.336	0.147** (2.235)	0.614
第二与第三产值比	0.085 (0.206)	0.178	-0.056 (-0.412)	-0.025	-0.146 (-0.492)	-0.036
外商投资额度	2.805 (1.202)	0.178	0.682 (0.936)	0.174	—	—
可支配人均收入	-0.008 (-0.626)	-0.062	—	—	0.002 (0.078)	0.012
城镇化率	1.144 (1.262)	0.078	0.404 (1.338)	0.114	0.283 (0.536)	0.044
城建人均投资额	-0.048** (-2.412)	-0.218	-0.014** (-2.456)	-0.215	-0.022 (-1.598)	-0.220
常数	49.925 (0.592)	—	0.158 (0.008)	—	2.042 (0.042)	—
Adjusted R²	0.946		0.902		0.858	
F	78.754		46.578		30.982	
D-W	2.244		1.782		1.537	

注:*、**、***分别表示在0.1、0.05、0.01水平显著,()为T值。

表 3-7 城镇各类用地需求增长回归分析模型（2016）

变 量	建设用地		工业用地		住宅用地	
	Exp(B)	Std.Beta	Exp(B)	Std.Beta	Exp(B)	Std.Beta
GDP	0.097 (1.336)	0.327	0.048** (2.372)	0.702	0.062** (2.128)	0.568
固定资产投资	0.428*** (3.152)	0.598	0.028 (0.716)	0.174	0.102 (1.498)	0.367
第二与第三产值比	0.584 (0.702)	0.042	−0.148 (−0.567)	−0.044	0.076 (0.184)	0.184
外商投资额度	−1.609 (−0.518)	−0.059	−0.292 (−0.302)	−0.045	—	—
可支配人均收入	−0.002 (−0.009)	−0.011	—	—	−0.005 (−0.642)	−0.104
城镇化率	5.424** (2.776)	0.202	1.438** (2.492)	0.228	1.538 (1.638)	0.154
城建人均投资额	−0.015 (−0.648)	−0.058	−0.005 (−0.738)	−0.59	−0.005 (−0.337)	−0.042
常数	−339.726 (−2.508)	—	−70.277** (−2.094)	—	−76.068 (−1.076)	—
Adjusted R^2	0.914		0.847		0.832	
F	45.457		29.106		25.854	
D-W	2.342		1.728		2.092	

注：*、**、*** 分别表示在 0.1、0.05、0.01 水平显著，( )为 T 值。

由表 3-6、表 3-7 分析值可知,不管是 2010 年还是 2016 年,GDP、固定资产投资额和城镇化率是影响城镇用地需求增加的最核心因素。伴随时间推移,城镇化水平提高和社会经济发展,城镇基础设施改善等在一定程度上增大了城镇用地需求。城建人均投资对城镇用地需求增长的影响为负,但不显著。这也说明我国省会城市存在城镇基础设施投入滞后,城镇建设环境的改善并没有有效推动城镇用地需求的增长。第二与第三产业比率体现了产业结构转型升级的程度,转型升级伴随时间推进增大了城镇用地需求,同理论假设相反。主要原因可能是产业的用地需求存在差异、现行用地政策与产业结构成熟度低综合作用的结果。外商投资额度对城镇用地需求增加的影响由 2010 年的正相关转变为 2016 年的负相关,主要是不同城市利用外资存在很大差异。另外,外商投资区域的进一步聚焦也对回归分析值产生直接影响。可支配人均收入对城镇用地需求增长的影响为负,但影响明显增强。一是对住宅用地需求影响的相关关系由 2010 年的正向转为 2016 年的负向,主要是近几年房价的快速上涨,导致平均收入水平远远低于房价增长水平,引发房价收入比进一步扩大,城镇居民住宅消费能力下降。二是房地产市场对城镇用地需求增长是一个长期累积的过程,短期的收入水平变化对城镇用地需求增长的影响不明显。三是研究数据选取来源于住房和城乡建设部,统计数据仅仅涵盖城市中心区。而目前城镇用地增长、住宅与工业用地满足逐渐呈现郊区化的态势,城镇逐渐向郊区、城市外围扩张,很大一部分用地数据由于统计差异没有体现在城市用地中,可能会对分析结果直接产生影响。

(二)不同阶段城镇用地需求增长分析

上述计量回归表明,城镇用地需求增长伴随社会经济发展和城镇化推进而出现规律性变化,但并非一模一样,第一个假说由此得到证明。在城镇化发展的不同阶段,城镇用地需求增长是否也会出现规律性变化呢？已有分析发现城镇化水平同城镇用地需求增长的相关性并不显著。有必要进一步展开对不同阶段城镇化用地需求增长规律的分析。

通过分析建设、工业和住宅用地需求增长在不同城镇化率下的相关关系可以发现,三类用地需求增长并不同城镇化率的提高呈直线增加,三类用地表现出相似的规律性。在城镇化率增加到 60% 时,城镇用地需求增长与城镇化率的相关性发生突变,在此之前并无明显变化,超过这一节点后城镇用地需求快速上升,城镇化率达到 70% 时,城镇用地需求急剧增加。表明城镇用地需求增长在城镇化率 60% 前后的增长规律存在显著差异,对此进行分析有其必要性。通过分析统计数据,选取城镇化率 59% 作为观测点,分析结果如

表3-8、表3-9所示。

表3-8　城镇化率59%前城镇用地需求增长回归分析模型

变　量	建设用地		工业用地		住宅用地	
	Exp(B)	Std.Beta	Exp(B)	Std.Beta	Exp(B)	Std.Beta
GDP	0.092*** (9.179)	0.792	0.022*** (7.385)	0.744	0.022*** (5.282)	0.516
固定资产投资	0.109*** (4.806)	0.366	0.021*** (3.158)	0.287	0.052*** (5.278)	0.487
第二与第三产值比	0.228* (1.776)	0.092	0.038 (1.088)	0.066	0.092* (1.756)	0.066
外商投资额度	−2.242*** (−3.412)	−0.224	−0.657*** (−3.672)	−0.279	—	—
可支配人均收入	−0.012*** (−4.602)	−0.335	—	—	−0.004*** (−4.598)	−0.404
城镇化率	1.947*** (5.097)	0.276	0.549*** (5.186)	0.332	0.282* (1.827)	0.114
城建人均投资额	0.004 (1.198)	0.076	−0.002 (−1.008)	−0.062	−0.022 (−1.598)	−0.220
常数	24.255 (1.007)	—	−14.197** (−2.477)	—	25.846** (2.567)	—
Adjusted R^2	0.732		0.623		0.604	
F	46.197		32.995		29.958	
D−W	1.967		2.042		2.149	

注:*、**、***分别表示在0.1、0.05、0.01水平显著,( )为T值。

从表3-8、表3-9可以看出,城镇化率不论在临界点前还是后,GDP和固定资产投资额一直是影响城镇用地需求增长的关键因素。而城镇化率紧随其后,同前述分析结论一致,也同已有研究结论相吻合。通过进一步分析数据发现,大部分特大城市如广州市、上海市、南京市和上海市城镇建设用地需求快速增长是行政区划调整所致。城镇建设用地需求增长主要体现为工业、住宅用地需求的增长,表3-9城镇化率达到59%后工业和住宅用地伴随经济社会发展而迅速增加也验证了这一观点。原因可能在于我国的土地管理制度实施的基础是行政区划,不同区划单元间相互利益因区划割裂,难以实现区划资源要素配置的最优。而伴随特大城市、大城市城镇用地需求的急剧增加,这种用地矛盾尤为凸显,因此,大部分城市往往采用行政区划调整来破解用地矛盾。

表 3-9　城镇化率达到 59% 后城镇用地需求增长回归分析模型

变　量	建设用地		工业用地		住宅用地	
	Exp(B)	Std.Beta	Exp(B)	Std.Beta	Exp(B)	Std.Beta
GDP	0.192*** (4.472)	0.567	0.042*** (3.398)	0.497	0.082*** (4.865)	0.585
固定资产投资	0.454*** (5.142)	0.597	0.064*** (2.214)	0.328	0.134*** (3.527)	0.426
第二与第三产值比	-2.894*** (-3.802)	-0.142	-1.632*** (-6.914)	-0.326	-1.772*** (-5.262)	-0.206
外商投资额度	-3.927 (-2.084)	-0.132	0.217 (0.357)	0.028	—	—
可支配人均收入	-0.036*** (-3.326)	-0.226	—	—	-0.018*** (-3.897)	-0.275
城镇化率	11.702*** (2.702)	0.136	5.596*** (4.235)	0.265	7.494*** (4.132)	0.207
城建人均投资额	0.034 (1.404)	0.077	-0.002 (-0.592)	-0.028	0.022** (2.048)	0.114
常数	-269.668 (-0.974)	—	-193.568** (-2.315)		-244.925** (-2.085)	
Adjusted R^2	0.962		0.936		0.957	
F	142.404		97.319		149.877	
D-W	1.607		1.667		1.574	

注:*、**、*** 分别表示在 0.1、0.05、0.01 水平显著,( ) 为 T 值。

分析结果发现,在城镇化不同阶段,城镇化率不同对城镇用地需求增长的作用机制存在很大区别,在城镇化率 59% 前后,城镇化率每增加一个百分点,城镇建设用地需求就分别增加 1.947 与 11.702 平方公里,工业用地、住宅用地需求就分别增加 0.549、0.282 与 5.596、7.494 平方公里。伴随城镇化进程的加快,城镇用地需求快速扩张。城建人均投资额度伴随城镇化水平提高对城镇建设用地需求增长的影响作用有小幅的增加,但仍然不显著;对工业用地需求增长并没有伴随城镇化率的增加而增加,甚至有所降低,其原因可能伴随工业生产的全球化资源要素配置,企业对区位的要求有所减弱,二者的相关性并不十分密切;对住宅用地需求增长的作用由负为正,影响显著,表明伴随城镇化进程的加快,城镇居民对城镇基础设施、居住环境的改善需求超过对住宅用地的需求。

对比分析发现,城市产业结构转型升级在城镇化进程的不同阶段对城镇用地需求增长的影响十分显著,且体现出明显的变化。在城镇化率 59% 附近,城市产业结构转型升级对城镇用地需求增长影响由正变负。第三产业与第二产业产值比率每增加一个百分点,城镇建设用地需求增长由增加 0.228 平方公里到减少 2.894 平方公里,工业用地、住宅用地需求增长由增加 0.038、0.092 平方公里到减少 1.632、1.772 平方公里。这就表明,产业结构转型升级对于城镇建设用地需求的抑制作用发挥仅仅在城镇化进程推进到一定程度才会逐步体现出来。外商投资额度对城镇用地需求增长的影响均为负相关,原因在于外商投资高度集中于北京市、上海市、广州市等特大城市与单列市,在其他城市投资相对不多,在西部地区或经济不发达城市较少。但分析工业用地需求发现,外商投资额度对工业用地需求增长影响伴随城镇化率的增长由负变正,主要源于外商投资主要聚焦于工业,结果吻合预期。可支配人均收入对城镇用地需求增长的影响始终为负,同预期相反。城镇居民生活条件改善,既没有推动城镇化建设用地增加,也没有成为住宅用地需求增长的主要因素,原因同前述分析结果相同。

(三)不同区域城镇用地需求增长分析

我国地域辽阔,不同地区之间资源禀赋存在很大差异,国家对区域经济发展也执行不同的政策,不同地区之间经济发展水平也存在很大的不同,影响这些地区经济发展的因素也不尽一致。课题组考虑经济发展水平差异将研究城市分成东、中、西部三大地区。东部地区包括辽宁、天津、北京、河北、江苏、上海、浙江、福建、广东、山东、海南;中部地区包括黑龙江、吉林、安徽、山西、河南、湖南、湖北;西部地区包括云南、贵州、四川、重庆、新疆、青海、甘肃、宁夏、广西和内蒙古。不同区域城镇用地需求增长分析结果表 3-10、表 3-11、表 3-12 所示。

表 3-10　东部地区城镇用地需求增长回归分析模型

变　量	建设用地		工业用地		住宅用地	
	Exp(B)	Std.Beta	Exp(B)	Std.Beta	Exp(B)	Std.Beta
GDP	0.159 *** (4.894)	0.437	0.042 * ** (3.948)	0.502	0.068 * ** (4.067)	0.472
固定资产投资	0.516 *** (7.116)	0.664	0.088 * ** (3.357)	0.462	0.192 *** (5.024)	0.627
第二与第三产值比	-2.027 *** (-3.015)	-0.118	-0.976 *** (-4.039)	-0.232	-1.272 *** (-3.722)	-0.182
外商投资额度	-3.412 *** (-2.198)	-0.117	-0.082 (-0.147)	-0.012	—	—
可支配人均收入	-0.024 *** (-3.502)	-0.145	—	—	-0.011 *** (-3.128)	-0.172
城镇化率	5.548 *** (3.667)	0.172	1.262 * ** (2.847)	0.194	1.098 * (1.896)	0.104
城建人均投资额	-0.005 (-0.476)	-0.016	-0.005 (-1.658)	-0.072	-0.002 (-0.348)	-0.016
常数	61.487 (0.788)	—	-1.086 (-0.045)	—	76.298 * (1.845)	—
Adjusted R²	0.952		0.896		0.915	
F	189.76		98.429		123.576	
D-W	1.868		1.348		1.567	

注:*、**、*** 分别表示在 0.1、0.05、0.01 水平显著,( )为 T 值。

表 3-11　中部地区城镇用地需求增长回归分析模型

变　　量	建设用地		工业用地		住宅用地	
	Exp(B)	Std.Beta	Exp(B)	Std.Beta	Exp(B)	Std.Beta
GDP	0.009 (0.524)	0.082	−0.000 (−0.045)	−0.006	−0.003 (−0.518)	−0.112
固定资产投资	0.214*** (3.038)	0.655	0.028 (1.545)	0.298	0.084*** (3.725)	0.892
第二与第三产值比	0.132 (0.598)	0.054	0.138** (2.374)	0.188	0.098 (1.339)	0.142
外商投资额度	0.102 (0.074)	0.011	−0.048 (−0.129)	−0.014	—	—
可支配人均收入	−0.004 (−1.024)	−0.112	—	—	−0.002 (−0.428)	−0.058
城镇化率	1.732*** (6.178)	0.438	0.872*** (10.338)	0.742	0.191* (1.878)	0.176
城建人均投资额	−0.008 (−0.948)	−0.092	−0.004 (−1.368)	−0.112	−0.006 (−1.346)	−0.176
常数	45.012 (1.204)	—	−21.212 (−3.426)	—	13.068 (0.976)	—
Adjusted R²	0.857		0.858		0.721	
F	33.814		39.657		17.592	
D-W	1.877		2.112		1.862	

注:*、**、*** 分别表示在 0.1、0.05、0.01 水平显著,( )为 T 值。

表 3-12　西部地区城镇用地需求增长回归分析模型

变　　量	建设用地		工业用地		住宅用地	
	Exp(B)	Std.Beta	Exp(B)	Std.Beta	Exp(B)	Std.Beta
GDP	0.082*** (4.605)	0.633	0.018*** (5.658)	0.574	0.046*** (5.935)	0.904
固定资产投资	−0.004 (−0.182)	−0.012	0.002 (0.342)	0.022	0.004 (0.384)	0.042
第二与第三产值比	−0.078 (−0.578)	−0.034	−0.064*** (−2.792)	−0.116	0.036 (0.477)	0.042

续表

变　量	建设用地		工业用地		住宅用地	
	Exp(B)	Std.Beta	Exp(B)	Std.Beta	Exp(B)	Std.Beta
外商投资额度	18.244*** (3.328)	0.352	5.838*** (5.517)	0.486	—	—
可支配人均收入	0.002 (0.686)	0.046	—	—	−0.226 (−0.718)	−0.126
城镇化率	−0.064 (−0.108)	−0.006	0.362*** (3.664)	0.186	−0.004 (−0.182)	−0.074
城建人均投资额	−0.002 (−0.134)	−0.007	−0.000 (0.356)	0.012	−0.001 (−0.121)	−0.006
常数	63.725 (2.114)	—	3.356 (0.552)	—	47.768 (2.772)	—
Adjusted R²	0.932		0.948		0.842	
F	87.874		129.573		39.524	
D-W	1.915		1.896		1.658	

注：*、**、*** 分别表示在 0.1、0.05、0.01 水平显著,( ) 为 T 值。

　　从表3-10、表3-11、表3-12 可以看出,2010 年至 2016 年推动城镇用地需求增长的机制存在很大差别。推动东部地区、中部地区和西部地区城镇用地需求增长的主要因素分别是 GDP 与固定投资额增加、固定投资额和城镇化率、GDP 与外商投资额增加。由此可以看出,地区经济发展始终是推动城镇用地需求增长的主要因素。但社会经济发展对不同地区城镇用地需求增长的影响程度是不一致的。GDP 每增加 1 亿元,城镇建设用地需求在东部地区、中部地区、西部地区分别增加 0.159、0.009、0.082 平方公里,即社会经济发展对城镇用地需求增长的地区排序分别是东部地区、西部地区、中部地区的城市。

　　产业结构转型升级对城镇用地需求增长的影响在东部地区显著,但在中部地区和西部地区不明显。说明产业结构转型升级对城镇用地需求增长抑制效果不明显。外商投资额度对城镇用地需求增长影响程度的地区排序分别为西部地区、中部地区和东部地区城市,主要原因可能是东、中部地区城市的外商投资总额高于西部地区城市,外商投资增长率在西部地区城市远高于东、中部地区城市,外商投资成为西部地区城镇用地需求增长的重要力量,尤其是工业用地需求的增长。可支配人均收入对城镇用地需求的增长在东部地区影响显著,对中部地区、西部地区城市影响均不显著。城镇化率对不同区域城镇用地需求增加的影响也不尽相同,对东部和中部地区城镇用地需求增长影响比较显著。城建人均投资额对城镇用地需求增加在三大地区影响都不显著,且方向为负,这在一定程度表明,我国城镇基础设施建设在不同地区都滞后于城镇建设用地需求增长的速度。

第四节 农村土地非农化的适度规模与调控机制分析

中国人口多,土地人均占有面积低,且地区分布不均衡,用地矛盾突出,面临十分严峻的生态环境压力,如何科学处理耕地资源保护、生态环境维护和经济发展之间的关系,是摆在中央政府和地方各级政府之间一项十分艰巨的任务。在中国现行土地管理体系中,农村土地非农化主要存在三种转化路径,分别是国家建设、乡村集体建设和农户个人建房占用农村土地。国家建设占用土地主要用于满足城市建设,建制镇建设,公路、铁路、水利工程等基础设施建设,独立工矿建设和其他需求。乡村集体建设占用土地主要用于满足村集体经济组织的集体企业建设,农村水利、道路等集体基础设施建设和公益事业建设用地需求。农户个人建房占用土地主要是农户个人,包括回乡的转业军人、干部职工等在农村集体土地上建造生活居住住宅及用于满足生活需要的附属设施等的用地需求。农村土地非农化路径如图3-2所示。

无论是何种路径,农村土地非农化一般都是不可逆的,单向的。主要是因为农村土地非农化完成后会对地表结构产生破坏,影响土壤结构、水结构和生物结构等,土壤层的恢复成本巨大,极难恢复。

一、农村土地非农化的调控机制分析

农村土地非农化是农村土地在农业和建设利用两种利用之间竞争的结果,农村土地非农化的调控主要通过市场调控和政府调控两种方式实现。

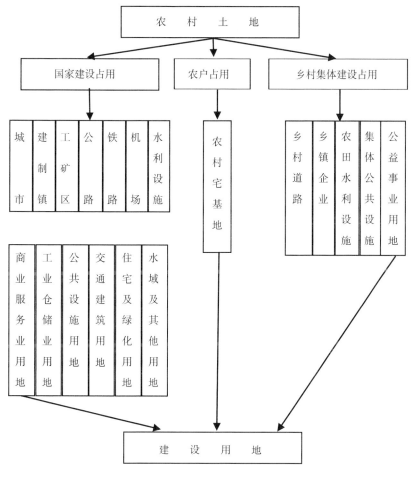

图3-2　农村土地非农化路径

（一）纯粹的市场调控机制

倘若某地区农村土地面积固定为 L，农村土地可在农业用途和建设用途之间自由转换，并假定农村土地所有者用途选择为了满足经济利益最大化目标。那么，在纯粹的市场调控机制发生作用的条件下，农村土地非农化过程可以用图 3-3 来描述。初始的农村土地农业用途边际收益曲线 MR_{AL} 与建设用地边际收益曲线 MR_{CL} 相交与点 E，并在此种状态获得土地两种用途的最佳配置：CL 为满足建设用地用途的土地面积，$L-CL$ 为满足农业生产需求的农业用途土地面积。由于经济发展，人口数量增加，建设用地需求快速增长，建设用地的集约利用程度增加，带来建设用地的边际收益提升，建设用地边际收益曲线由 MR_{CL} 向右移动至 MR_{CL}^*，土地两种用途的最佳配置由 E 向右平移至 E^*。在形成土地资源最佳配置的过程中，农业用途的边际收益也在增加，但较建设用地边际收益增长的幅度而言非常低。倘若假定农村土地的边际收益没有发生变化，亦即 MR_{AL} 没有移动，要达到新的最佳配置点 E^*，就得有 CL^*-CL 的农村土地非农化。

图 3-3 所示的农村土地非农化调控过程中，并没有涉及农村土地的外部性。其实，农村土地具备较强的经济外部性。农村土地的外部性是指难以用价格来体现的农用地效用。农村土地外部性体现在如下四个方面：一是能够维持生态平衡。森林、湿地与海洋共同构成地球的三大生态系统，生态系统具有水土保持、缓解洪涝灾害等作用。而农用地可以满足物种多样化的需求，是各类动植物的载体。二是显著提升城镇居民的生活品质。城郊农用地绿色植物产生的光合作用为城市的"绿心"或"绿肺"，为城镇居民提供新鲜空气，城郊绿植还可清洁水源，满足城镇居民饮用水安全的需求。三是为民众提供休闲旅游场所。城郊农用地、草原、森林均可满足民众的休闲、旅游需求。四是有利于社会的可持续发展。农用地不仅能满足当代人的需求，还能满足子孙后代的多方面需求。

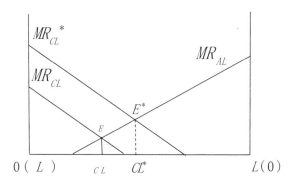

图 3-3 农村土地非农化的市场调控过程

当建设用地规模处于较小状态时,农业用地的经济外部性表现并不显著,伴随建设用地规模的增加,农业用地的经济外部性表现愈来愈明显,外部效用越来越大。此时,考虑了农业用地经济外部性影响土地资源配置如图 3-4 所示。这样,农业用地的实际边际收益曲线不再是 MR_{AL} ,而是向右移动至 MR_{AL}^{*} 。建设用地不能产生经济外部性,土地用途最优配置均衡点应该是 G 点,而不是 E^{*} 点。倘若单一凭借市场机制来调节农村土地非农化,市场调节没有考虑农业用地的经济外部性,土地用途实际均衡点依旧是 E^{*} 点,资源最优均衡配置 G 点不能实现。此时有 $CL^{*} - CL$ 的农业用地非农化,农用地的面积为 $L - CL^{*}$ 。由此可见,在考虑农业用地存在经济外部性的情形下,市场机制失效,难以发挥调节作用,纯粹的市场调节难以实现土地资源要素的最优配置。

（二）政府调控机制

土地资源最优配置 G 点难以通过市场调节来实现,而要通过政府对土地非农化产生影响,政府对农村土地非农化进行调控后,土地资源均衡配置就可以在 G 点实现。此时有 $CL' - CL$,而非 $CL^{*} - CL$ 的农业用地非农化,建设用地面积为 CL' ,农业用地面积为 $L - CL'$ 。政府宏观调控土地资源配置的方法

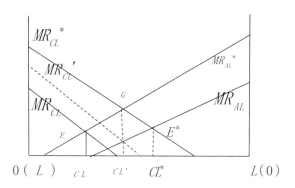

图 3-4　考虑农村土地外部性的用途竞争配置

主要有三类：一是补贴政策，政府通过种植补贴，使农业用地的边际收益达到 MR_{AL}^{*}（见图 3-4），G 为土地资源配置均衡点；二是建设用地收益征收政策，取消种植业补贴，使建设用地的边际收益曲线降低至 $MR_{CL}^{'}$（见图 3-4 中虚线），此时，农村土地非农化规模为 $CL^{'}$，实现了土地资源要素的最优配置；三是补贴与征收用地收益政策并存的方式，如图 3-5 所示。此时，农业用地边际收益曲线由 MR_{AL} 向右移动至 MR_{AL}^{*}，使建设用地的边际收益曲线由 MR_{CL}^{*} 向左移动至 $MR_{CL}^{'}$。农村土地非农化规模为 $CL^{'}$，实现了土地资源要素的最优配置。

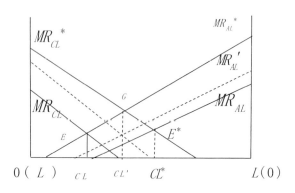

图 3-5　政府调控土地资源采取补贴与征收用地收益并存的方法

伴随农村土地非农化规模的进一步增加,建设用地的边际收益增长幅度逐渐递减,而农业用地经济外部性逐渐递增。在极端的情形下,农业用地的经济外部性会超出建设用地边际效益增长幅度。此时,土地资源要素最优配置均衡点比初始的农地非农化规模要低,也就是说只有把一部分建设用地转化为农业用地后,才能实现土地资源要素的最优配置。但是,农村土地非农化过程一般是不可逆的,破坏土地的地表结构后,难以恢复土地的自然面貌,土地资源要素的最优配置均衡点始终无法实现,如图3-6所示。

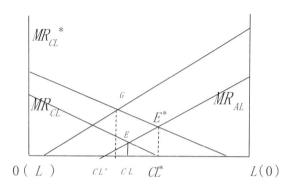

图3-6　农业用地经济外部性超出建设用地边际收益的增加值情形

二、影响农村土地非农化的因素分析

影响农村土地非农化的因素可以从供给方面和需求方面展开分析,可以统一归纳成经济、社会和制度因素。这些因素相互联系、相互影响,共同作用于农村土地非农化。具体影响因素如图3-7所示。

(一)农村土地非农化影响因素的理论分析

首先,分析经济因素对农村土地非农化的影响。经济利益考量是农村土地用于非农化的一个核心驱动要素。其影响主要体现在两个方面:一是由于经济比较效益,推动农业用地向建设用地转化;二是非农产业的发展增大了建

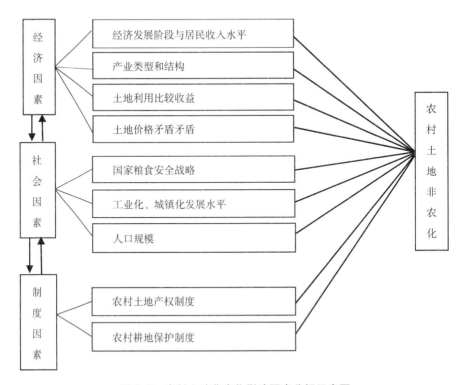

图 3-7　农村土地非农化影响因素分解示意图

设用地需求,导致农村耕地被占,出现农村土地非农化。伴随经济发展和人民生活水平提高,也增加了人民对土地的多样化需求,典型表现就是城镇住宅用地需求和交通设施用地需求增长迅速。

其次,分析社会因素对农村土地非农化的影响。人口规模扩张是建设用地增加的原动力。人口规模扩大,不仅导致人均耕地面积降低,而且由于需求结构变化,增加对其他产业的用地需求。因为乘数效应关系,也会带来教育用地、交通设施和市政建设用地的需求增加。已有研究认为,城镇化扩张 般分为内涵式和外延式扩张两类,城镇化初始阶段通常表现为外延式扩张,典型表现为城镇面积和规模的扩大,而城镇化发展到一定程度后通常表现为内涵式扩张,逐渐重视城镇发展的规划、城镇土地的整理与利用,可以充分提高土地利用的集约程度,在某种程度还可以节约耕地使用。

最后,分析制度因素对农村土地非农化的影响。国家颁布的相关政策、制度是影响经济与社会发展的重要因素。如计划生育政策、税收制度、环境保护制度、土地制度等。总体而言,影响农村土地非农化的诸多政策和制度中,最直接、最关键的就是现行土地政策和制度。我国人多地少的基本国情及由此引发的国家粮食安全问题和耕地红线保护问题,决定耕地安全在较长时期内是我国土地管理制度的重点,耕地红线保护的力度越大,越会加大农村土地非农化的成本,也会有效抑制农村耕地面积的降低。

(二)农村土地非农化影响因素的实证分析

第一,数据来源与研究方法。一是数据说明与空间权重矩阵。考虑数据可获性,研究数据为中国大陆 31 个省、直辖市、自治区的面板数据(没有包括中国台湾、香港和澳门地区),数据来源与《中国统计年鉴》(2000—2017)、《中国国土资源统计年鉴》(2000—2017)和《中国人口统计年鉴》(2000—2017)。为了数据比较方便和减少异方差,除农村土地保护政策为虚拟变量外,其他数据都取对数,各变量定义如下:Y 指代耕地占用率,研究区域年建设用地占用耕地面积/年初耕地总面积;X_1 指代研究区域人口规模,单位:万人;X_2、X_3 分别指代研究区域城镇、农村居民人均可支配收入和纯收入,单位为元,利用 CPI 指数进行处理以便比较;X_4 指代地方政府土地出让收入水平,研究区域土地出让金与耕地占用税之和/年度财政收入;X_5 指代城镇化率,为研究区域分农人口总数/人口总量;X_6 指代耕地资源面积,单位为亩;De 指代农村土地保护政策的虚拟变量。

二是空间计量模型的确定。首先,确定空间效应及其检验。中国大陆各省、自治区、直辖市的农村土地非农化影响因素客观存在空间效应,存在的这种效应在空间计量经济学中体现为空间自相关和空间异质性,空间效应体现了空间数据的主要性质。空间相关性可以通过空间相关指数 MoranI、Lmsar、Lmerr、Walds 等统计计量检验验证。其次,设定空间计量分析模型。根据研

究需要,参考已有研究(万胜超等,2012)[①],设立的农村土地非农化影响因素计量回归模型如式(3-17)所示:

$$\mathrm{Ln}Y_i = \alpha_0 + \alpha_1\ln X_1 + \alpha_2\ln X_2 + \alpha_3\ln X_3 + \alpha_4\ln X_4 + \alpha_5\ln X_5 + \alpha_6\ln X_6 +$$
$$\alpha_7 De + \mu_i \tag{3-17}$$

上式(3-17)中,Y_i 指代某省建设用地占用耕地数量;α_0 指代截距项;μ_i 为随机扰动项;X_1、X_2、X_3、X_4、X_5、X_6 分别指代某省人口规模、城镇人均可支配收入、农村居民人均纯收入、地方政府土地出让收入水平、城镇化率和耕地资源禀赋,De 指代农村土地保护政策、制度的地区虚拟变量。

空间计量经济学的两种计量基本模型分别为空间滞后模型(SLM)和空间误差模型(SEM),SLM 把空间上的"滞后"变量用于一般解释变量,"滞后"不是因为时间的前后导致的,而是因为空间不同引发的。SEM 常用于某个地区活动与邻近区域的相互影响,适用于存在空间自相关性的误差回归项分析模型。SLM 亦称之为空间自回归模型:

$$Y = o(I_T \otimes W_N)Y + X'\lambda + \varepsilon \tag{3-18}$$

SEM 为:

$$Y = X'\lambda + \mu \tag{3-19}$$

$$\mu = \gamma(I_T \otimes W_N)\mu + \varepsilon \tag{3-20}$$

式(3-18)、式(3-19)、式(3-20)中,Y 指代 $n \times 1$ 列变量的观测值向量;X 指代 k 个外生变量的 $n \times k$ 阶矩阵观测值;λ 指代 k 阶回归系数向量;o、γ 分别指代空间自回归、自相关系数,取值范围为$(-1,1)$,o 体现邻近地区观测值对研究区域观测值的影响程度,γ 体现研究区域变量变动对邻近区域的影响程度,指代 ε 随机误差项;I 指代 T 维单位时间矩阵;W_N 指代 $n \times n$ 阶空间权重矩阵。

SLM 和 SEM 体现的空间相关性都是全局性的,可以利用最小二乘法估

---

① 万胜超、王良健、刘敏:《基于空间的省际农地非农化驱动因素研究》,《经济地理》2012年第 7 期。

计,得到估计值有偏或者无效,因此采用最大似然法来估计。研究基于时间和空间固定效应,时间固定效应体现地区变化,不随时间变化的背景变量对稳态水平的影响;空间固定效应体现时间变化,不随地区变化的背景变量对稳态水平的影响。按照两种效应对非观测效应的不同控制可以分为无固定(nonF)、空间固定(sF)、时间固定(tF)、空间时间(stF)效应四种。

第二,空间计量实证分析。一是空间相关性检验。课题组采用 Moran's 指标,对中国大陆地区 31 省、自治区(市)农村土地非农化的空间自相关性进行检验,检验值 Moran's I 为 0.2648,Moran's I-statistic 为 7.0304。从 P 值可以发现,农村土地非农化与其影响因素存在十分显著的空间依赖关系。检验值 Moran's I 大于零为正,表明中国大陆 31 省、自治区、直辖市的农村土地非农化存在正的空间自相关性。

二是实证结果分析。通过 Moran's I 空间相关性验证检验,发现中国大陆 31 省、自治区、直辖市的农村土地非农化与其影响因素存在十分显著的空间联动特性,因此运用空间计量分析模型予以估计。运用软件 Matlab 和 Spatial econometric 模块对空间滞后与误差估计模型的四种情形分别予以估计,估计值如表 3-13 所示。

从表 3-13 可以看出,SLM、SEM 的空间参数统计值均大于零为正,说明中国大陆地区各省、自治区、直辖市的农村土地非农化存在空间溢出效应,邻近区域农村土地非农化状况对研究区域农村土地非农化水平存在显著影响,且方向为正。SLM、SEM 中拟合优度(R^2)与极大似然值(LogL)。比较而言,SEM 较 SLM 更优,SEM 相对来说更符合客观实际需要。根据计量方差的拟合优度和极大似然值以及参数估计值可以知道,既有空间固定效应又有时间固定效应(stF)是比较理想的选择,更加切合实际。所以,使用此分析模型展开结果分析,可以得出以下结论:

第一,人口规模对农村土地非农化存在十分显著影响,且方向为正。人口规模是影响土地利用的关键因素,承载功能是土地的一个重要功能,人口规模增长、数量增加会增加人民的住宅、休闲、交通基础设施等建设用地面积的增加,而增加的建设用地构成来源中很大一部分来源于农村耕地的占用。

表 3-13　农村土地非农化影响因素估计值

变量	SLM				SEM			
	nonF	sF	tF	stF	nonF	sF	tF	stF
X_1	0.714 *** (6.486)	0.725 *** (6.471)	0.424 *** (4.262)	0.421 *** (4.195)	0.924 *** (7.472)	0.957 *** (7.4728)	0.488 *** (4.529)	0.476 *** (4.376)
X_2	1.128 *** (3.696)	1.165 *** (3.812)	1.244 *** (3.927)	1.256 *** (3.943)	1.175 *** (3.555)	1.206 *** (3.647)	1.785 *** (4.981)	1.831 *** (5.141)
X_3	−0.017 (−0.056)	−0.053 (−0.178)	−0.180 (−0.569)	−0.184 (−0.578)	−0.404 (−1.193)	−0.456 (−1.343)	−0.965 *** (−2.597)	−0.999 *** (−2.681)
X_4	0.189 *** (3.451)	0.191 *** (3.426)	0.142 ** (2.490)	0.143 ** (2.479)	0.183 *** (3.204)	0.188 *** (3.241)	0.115 ** (1.981)	0.116 ** (1.967)
X_5	0.399 ** (1.971)	0.411 ** (2.031)	0.629 *** (3.052)	0.643 *** (3.102)	0.629 *** (2.927)	0.644 *** (3.005)	0.966 *** (4.762)	0.992 *** (4.915)
X_6	0.262 *** (2.938)	0.261 *** (2.906)	0.499 *** (5.906)	0.512 *** (6.021)	0.176 (1.609)	0.165 (1.466)	0.601 *** (6.424)	0.627 *** (6.683)
o	0.071 (1.159)	0.073 (1.204)	0.124 ** (2.373)	0.122 ** (2.338)	—	—	—	—
γ	—	—	—	—	0.416 *** (6.896)	0.431 *** (7.245)	0.548 *** (10.495)	0.567 *** (11.141)
LogL	−333.437	−328.167	−346.816	−342.052	−321.236	−314.626	−326.068	−318.972
R^2	0.659	0.679	0.650	0.661	0.706	0.719	0.708	0.723

注:*、**、*** 分别指代中 10%,5%,1%水平上显著。

第二,城镇人均可支配收入水平对农村土地非农化影响十分显著。城镇居民的人均可支配收入水平增加,生活水平提高,对生活条件的要求也就增加,从而引发城镇居民消费结构的改变。城镇居民对居住住宅面积、交通设施、公共绿地等有更多更高的要求。

第三,农村居民人均纯收入对农村非农化影响非常显著,但方向为负。根据统计数据及全国的整体情形而言,在城镇化起步阶段,城镇化进程中的被征地农民并没有获得多少实际利益,不管是地方政府还是用地需求方,对被征地农民的利益维护重视不够。与此同时,由于城镇商品住宅价格过快上涨,农民收入增长速度远远滞后于城镇商品房的价格上涨幅度,农民收入增加并没有带来城镇住宅等建设用地需求的上升。

第四,地方政府土地出让相关收益对农村土地非农化影响十分显著,且方向为正。表明农村土地非农化收入比重占地方政府财政收入比例越高的地区,地方政府推动农村土地非农化的动机越强。较高的土地出让收入和较低的土地征收成本,使地方政府可以从农村土地非农化进程中获取巨大的直接和间接收益,在巨额利差驱动下,地方政府成为农村土地非农化的主要推动者。

第五,城镇化水平对农村土地非农化的影响十分显著,且方向为正。城镇化水平是农村土地非农化的最直接动力,城镇化水平的提升明显会导致城市的扩张及城镇规模的增大,明显增大建设用地需求。

第六,研究区域耕地资源禀赋状况对农村土地非农化的影响十分显著,且方向为正。说明某个区域的耕地资源越多,资源禀赋越好,人地关系矛盾相对缓和,农村土地非农化所占比重相对较低,因此对粮食生产、粮食安全影响程度相对较轻。由此可见,研究区域的农村耕地资源禀赋状况对农村土地非农化进程产生积极的、正向促进作用。

第七,我国陆续制定、颁布的农村土地政策对农村土地非农化的影响并不明显。表明地方政府基于收入、政绩考量和对 GDP 增长的追求,导致中央政府严格土地管制意图的执行效果大打折扣,耕地红线政策的实际效果并不明显。

三、农村土地非农化的适度规模分析

农村土地非农化的适度规模需要把握好"度",既要满足社会经济发展需要,又要确保国家粮食安全战略,坚守 18 亿亩耕地红线,实现农地非农化的最优面积配置,实现土地资源要素的效益最大化。农村土地非农化"适度"与"失衡"会出现截然不同的效果,"失衡"会导致土地资源损失,威胁国家粮食安全和农产品供应,影响社会结构转换(袁方成、康红军,2016)①。而"适度"能够维持社会和谐、稳定发展,保障农业生产、经济建设的顺利进行,实现社会发展的绿色、可持续。

中国耕地总面积仅次于美国、俄罗斯和印度,在世界上排第四,但人均耕地仅1.4亩,还不到世界人均耕地面积的一半,在世界上排在第126位之后,印度、加拿大人均耕地面积分别是中国的20、18倍。2016年,国土资源部会同有关部门组织编制的《全国土地利用总体规划纲要(2006—2020年)调整方案》印发实施,对全国及各省(区、市)耕地保有量、基本农田保护面积、建设用地总规模等指标进行调整,并对土地利用结构和布局进行优化。主要目的是贯彻落实创新、协调、绿色、开放、共享新发展理念,适应、把握、引领经济发展新常态,积极推进供给侧结构性改革,严守18亿亩耕地红线,维护国家粮食安全;提高土地资源节约集约利用水平,保障"十三五"时期经济社会发展用地需求;优化国土空间开发格局,积极推进生态文明建设,为全面建成小康社会提供坚实的资源保障。调整后,到2020年,全国耕地保有量为18.65亿亩以上,基本农田保护面积为15.46亿亩以上,建设用地总规模控制在61079万亩之内,坚持最严格的耕地保护制度和最严格的节约用地制度。因此,能否通过农村土地非农化的适度水平严守耕地"红线",具有十分重要的理论价值和现实意义。

(一)理论剖析

借鉴已有研究,考虑土地利用实际情况,因土地用途变更造成的损失分为必要损失和可避免损失。必要损失是为了满足社会、经济发展需要所不得不

---

① 袁方成、康红军:《城镇化进程中"人—地"失衡及其突破》,《国家行政学院学报》2016年第4期。

支出的土地用途变更成本,也就是为满足区域发展所需要的农村土地非农化最优配置不得不付出的代价。可避免损失是指在满足社会经济发展正常需要之外因为市场失效、政府失灵所发生的土地用途变更损失,又可细分为可避免损失Ⅰ和可避免损失Ⅱ。可避免损失Ⅰ指的是因为市场失效,没有充分考虑土地的生态、食品安全功能导致农地价值低估,造成农村土地非农化过度造成的损失;可避免损失Ⅱ指的是因为政府失灵,导致土地价格扭曲,忽视市场机制发生作用和土地资源最优配置产生农村土地非农化的过度需求造成的损失。我国人均土地资源低下,用地矛盾十分突出,应尽量减少可避免损失的产生,从这一意图考虑,确定我国未来发展的农村土地非农化适度规模。

(二)计量分析模型选取

根据《全国土地利用总体规划纲要(2006—2020年)调整方案》中关于耕地红线的具体要求,设定如下计量分析模型:

$$Y_a = \alpha \cdot K_a^{\varphi} \cdot LB_a^{\varphi} \cdot LA_a^{\lambda} \tag{3-21}$$

$$Y_n = \beta \cdot K_n^{\zeta} \cdot LB_n^{\xi} \cdot LA_n^{\delta} \tag{3-22}$$

式(3-21)、式(3-22)中,Y_a、Y_n分别指代农业与非农业部门的总收益,K_a、K_n分别指代农业与非农业部门的资本投入,LB_a、LB_n分别指代农业与非农业部门的劳动力要素投入,LA_a、LA_n分别指代农业与非农业部门的土地资源要素投入。因此,土地资源要素在农业与非农业两部门的边际收益为:

$$MR_a = \alpha \cdot \lambda \cdot K_a^{\varphi} \cdot LB_a^{\varphi} \cdot LA_a^{\lambda-1} \tag{3-23}$$

$$MR_n = \beta \cdot \delta \cdot K_n^{\zeta} \cdot LB_n^{\xi} \cdot LA_n^{\delta-1} \tag{3-24}$$

如果把农村土地视为农业部门提供的一类产品,非农业部门提供的一类原材料,那么,非农业部门的收益可以视为农村土地非农化的收益,农业部门的收益可视同农村土地非农化的成本,借用经济学中厂商定价定理,可得公式:

$$P = \frac{MC}{1 + \frac{1}{\omega_d}} \tag{3-25}$$

$$P = \frac{MR}{1 + \frac{1}{\omega_s}} \tag{3-26}$$

式(3-25)阐释了产品价格同厂商边际成本间的联系，P 指代产品价格，MC 指代边际成本，ω_d 指代产品的需求弹性。由式(3-25)衍生的式(3-26)体现了产品价格与消费者受益间的联系，P 指代产品价格，MR 指代边际受益，ω_s 指代产品的供给弹性。因此，可由式(3-25)、式(3-26)体现农村土地非农化的土地价格与土地资源要素在农业与非农业部门的关系，从而通过式(3-23)、式(3-24)得出的边际收益来近似模拟农地非农化的边际成本和收益曲线。由于我国现行土地制度的特性，地方政府在农村土地非农化过程中兼具供给与需求两个主体。

如果农村土地非农化的需求曲线和供给曲线形式分别为：

$$Q_D = \frac{a}{p^b}, b > 0 \tag{3-27}$$

$$Q_S = \frac{c}{p^d}, d > 0 \tag{3-28}$$

由式(3-26)、式(3-27)可导出式(3-29)，由式(3-28)、式(3-27)可导出式(3-30)：

$$\log Q_D = \log a + b \cdot \log\left(1 + \frac{1}{d}\right) - b \cdot \log MR \tag{3-29}$$

$$\log Q_s = \log c - d \cdot \log\left(1 - \frac{1}{b}\right) - d \cdot \log MC \tag{3-30}$$

于是，根据式(3-29)、式(3-30)，可由式(3-31)、式(3-32)估计边际成本和收益曲线：

$$\log Q_D = \pi_1 + \pi_2 \cdot \log MR \tag{3-31}$$

$$\log Q_S = \pi_3 + \pi_4 \cdot \log MC \tag{3-32}$$

在完成 π_1 至 π_4 的估计后，代入式(3-31)、式(3-32)，可令边际收益等于边际成本，即可求出供需均衡时的农村土地非农化最优面积为：

$$Q = \exp\left[\frac{\pi_1 \cdot \pi_4 - \pi_2 \cdot \pi_3}{\pi_4 - \pi_2}\right] \tag{3-33}$$

四、适度农村土地非农化的政策建议

（一）充分考虑农村土地的显性价值和隐性价值，提高土地非农化成本

农村土地资源不仅能够满足非农化建设需要，而且具有生态、观光等价值，具备公共物品的典型特征，具有正的外部性，存在较大的外部效益，经济价值与社会价值、生态价值等非市场价值并存。忽视农村土地的社会价值和生态价值等非市场的隐性价值，降低了农村土地非农化的成本，客观上起到加速农村土地非农化损失的作用，直接引发我国农村土地在工业化、城镇化进程中出现的一些无谓损失和浪费。因此，我国可以考虑吸收借鉴美国、英国等发达资本主义国家在转变土地利用状态时评价土地资源要素价格的办法，不仅考虑土地显性价值，而且考虑土地的隐性价值，综合考虑土地的市场价值和非市场价值，有效弥补农村土地用途转变时市场价值发现机制给农村土地非农化带来的不利影响，通过显著提升农村土地使用的效益降低无谓损失的额度，实现农村土地资源要素配置优化。

（二）严格耕地占补平衡措施，降低农村土地非农化的速度

考虑我国工业化、城镇化进程所处的阶段和特点，农村土地非农化及由此造成的损失在未来较长时期内还将继续存在，土地要素资源优化配置只是一种理想追求。所以，为了满足经济建设、社会发展所必需的保障国家粮食安全

的耕地等农业用地,必须在尽力减少无谓浪费和损失的同时,严格耕地占补平衡措施,按照占多少、补多少的基本原则,补充数量与质量相当的耕地,弥补农村土地非农化导致的农村耕地损失。严格监督耕地占补过程,通过实施土地整治工程,因地制宜,采取耕作层剥离和移土培肥技术,对田、水、路、林、村进行综合治理等多种方式,使新补充与被占用的耕地数量质量相匹配。耕地占补平衡在数量质量要求上严格立足"占一补一、占优补优",对于因自然、地形条件因素无法达到被占用耕地质量的补充耕地,可以采取补充土地数量、质量折算等级,增加一定的土地面积,达到耕地占补产能的综合动态平衡,严守18亿亩耕地红线。

(三)提高土地市场的市场化程度,严格政府行政干预行为

如果存在政府行政干预,市场机制就不能正常发挥调节作用,农村土地非农化难以实现土地资源要素的优化配置,因为政府干预引发的政府调控机制失效在我国现行土地管理体系中客观存在,也是造成农村土地非农化浪费和损失的主要来源。因此,要达成农村土地非农化的适度水平,就必须提高农村土地非农化的市场化水平,尽量减少因为政府行政干预扭曲农村土地市场价格,消除因为干预导致低成本供地产生的不合理用地需求。因此,需要科学、合理界定政府在土地非农化过程中的干预行为和力度,显著提升土地资源要素配置的市场化程度,大幅度降低基层地方政府压价竞争的空间,明显遏制土地市场对农村土地的不合理需求。一方面,需要考虑经济发展水平,适时调整农村土地征收补偿价格,提高用地需求方的土地使用成本;另一方面,地方政府在一级土地市场转让土地使用权时,应限制协议转让方式的使用,采取市场化手段通过拍卖、挂牌交易的方式,充分体现转让土地的价值,实现土地资源要素的优化配置。

第四章　农村土地价格与耕地保护

中国的工业化进程、城镇化进程发展到一定阶段后，为了满足城市建设、经济发展需求，农村土地非农化是一个难以阻挡的趋势。但是，土地资源作为生产要素的重要组成部分，在市场机制和市场体系不完备的情形下，会引发土地资源的滥用，难以达成资源优化配置的目标，并有可能造成土地利用的各相关主体矛盾激化；同时，土地资源要素又具备独特的生态功能和社会保障功能，市场失效和农村土地社会价值的低估又成为快速农村土地非农化的一个重要原因。目前，我国农村土地非农化和由此引发的涉地冲突、矛盾与市场缺失及政府的不合理干预存在密切的联系。

第一节　农村土地价格构成的理论分析

一、土地价值与农村土地价格形成的理论基础

（一）土地价值与土地价格形成的相关理论

第一，劳动价值论及地租理论、地价理论。马克思关于土地租金和土地价格的观点主要有[①]：一是土地价格是土地租金的资本化表现；二是关于土地租

---

① 马克思：《资本论》，人民出版社 2009 年版。

金和土地价格的本质。土地租金存在的前提是土地所有权。土地价格是土地租金的资本化,土地租金和土地价格都是土地所有权得以体现的经济形式。三是没有利用的土地不具备土地价值,但是可以有土地价格。马克思将土地的自然存在与自然力统称之为土地物质。其价格是因为土地所有权的垄断而形成的不包括劳动的价格,属于"虚幻价格"。马克思把已经利用的土地投入的物化和活劳动称之为土地资本。其价格是由内含在土地中的社会必要劳动价值量决定的。

第二,土地价格的二元构成理论。研究地租理论、地价理论、劳动价值论的学者在马克思已有研究基础上,对土地价格的形成展开深入分析,提出了土地价格的二元构成理论。比较有代表性的是土地经济学家周诚(1996)[1]的观点,他分别提出土地租金、土地价格的二元构成论:一是土地租金的二元构成论。他认为土地地租的二元构成是由于土地的二元构成导致的,真正的土地地租与土地的投资多少无关,土地所有权的垄断决定了土地地租,土地地租包括两个部分,分为级差地租Ⅰ和绝对地租。土地的资本地租包括自身和地租的外部辐射,都来源于土地投资,因此属于级差地租。二是土地价格的二元构成论。土地租金的二元构成必然产生土地价格的二元构成,也就是说土地价格是由土地的物质价格、资本价格组成。土地资本价格也包含自身和价格的外部辐射。

(二)土地资源价值的相关理论分析

资源经济学把土地价值的概念内涵延伸到土地对于人类的效用价值和功能价值,土地价值主要由实际使用、选择和存在三个价值构成[2],可以很好地阐释农村土地所具备的潜在特殊价值。农村土地属于自然资源,又是生产资

---

[1] 周诚:《土地价值简论》,《中国土地科学》1996 年第 S1 期。
[2] 霍雅勤、蔡运龙:《可持续理念下的土地价值决定与量化》,《中国土地科学》2003 年第 2 期。

本的重要组成部分,是人类赖以生存、生产、生活环境的一部分。根据资源经济学理论的划分,农村土地价值体现在如下四个方面:一是保障国家粮食安全。我国人口多,人均土地资源分布不均匀,粮食供给压力大,维护国家粮食安全,提供满足国人需求的粮食是农村土地满足社会价值功能的基本要求。人类消费需求75%的蛋白质、80%的热量及部分服装纤维都来源于农村土地的产出。农村土地产出的农副产品和粮食为工业发展提供了稳定的原材料来源,为城市的生产、发展提供了充足的食品保障。因此,农村土地具备维持社会稳定的粮食安全价值。二是提供农业生产经营者收益。农村土地是农业生产的基本要素,也是重要的生产资料,具备生产效用,能够产出各种农作物产品,满足人类的食物需求,为农业生产经营带来收益,具有生产收益价值。三是为土地承包农户提供社会保障。农村土地自身具备的承载、养育、积蓄和资产增值功能可以转化成为承包农户的养老、就业和医疗保障及生活福利。农村土地的社会保障功能来源于农村土地的社会经济特性和自然特性,是农村土地基础功能衍生而来的功能①。在中国目前农村社会保障程度不高、体现不健全的条件下,农村土地的社会保障功能凸显其价值。四是具有净化环境的生态功能。农村土地作为土地中的一类,是以自然物质形态体现的,在人类产生之前就已经存在。就其本质而言,农村土地是自然生态环境的最基本要素。农村土地的生态价值具体体现在涵养水源、防止土壤侵蚀、调节气候、净化空气与水质等。所以,农村土地具有较强的环境生态价值功能。

二、传统价值理论对土地价格认知的局限性分析

(一)过分强调经济价值的重要性

传统价值理论主要是阐释商品交换价值的决定因素和运行规律②。主要

---

① 郭贯成、温修春、吴群:《略论农地价值功能及其价格构成》,《农地分等定级估价(理论、方法、实践)》,地质出版社2004年版。
② 晏智杰:《略论经济学价值论的研究对象和层次》,《经济科学》2001年第1期。

关注劳动产品本身,土地只是被其视作商品价值的一个来源。忽视土地价值的根源在于经济学本身的局限性,传统经济学理论很长时间都认为经济过程处于生产分配消费的封闭循环过程中,因此把价值研究的对象聚焦在经济产品中,对待土地价值只看到或者局限于经济价值,而忽视了土地的生态价值与社会价值,过分强调经济价值的重要性,而忽略了社会价值发挥的重要作用和功能。

(二)忽视了土地资源要素的可持续发展保障能力

传统经济学主要注重物质财富的增加,以推动经济发展为核心目标。传统经济学承认资源要素的稀缺性和有限性,但没有意识到自然资源要素对实现经济可持续发展的基础保障功能,忽略过度利用和滥用土地资源会导致土地退化和丧失的危害,而这种危害会影响人类的生存与可持续发展目标的实现。

(三)劳动价值论缺乏对地价的整体认识

土地价格的二元论指出,地价是由土地的物质价格和资本价格两部分组成的。土地的物质价格是地租的资本化,是垄断土地所有权带来的,土地的资本价格是土地的劳动价值。这种观点没有考虑土地所具备的生态、食物安全功能。因此,土地价格的二元论存在一定的片面性。并且,土地资源价值在劳动价值论和资源价值论中的内涵存在明显的差别。通过资源价值论的分析我们可以发现,中国的农村土地具有的粮食安全、社会保障和生态环境功能源于土地资源的垄断性和稀缺性[①]。土地价格的构成不仅应该考虑地租,而且应该考虑土地的资源价值。正是对地价缺乏整体性认识,导致土地的社会价值一直被忽视,价值长期外化。

---

① 黄贤金:《价值论与土地价值原理》,《江苏社会科学》1993 年第 6 期。

三、农村土地价格的构成分析

资源价值理论丰富了农村土地资源价值的内涵,将农村土地的社会价值体现在农村土地价格中。因此,课题组在借鉴马克思经典理论的基础上,考虑农村土地的社会价值,认为农村土地价格需要包括农村土地的物质、资本和社会价格。

(一)农村土地的物质价格

农村土地的物质价格是垄断土地所有权带来的,是土地租金资本化的表现形式,因此,农村土地的物质价格可以用如下表达式表示:

$$P_M = \frac{R}{r} \tag{4-1}$$

式(4-1)中 P_M 指代农村土地的物质价格, R 指代每年的土地租金, r 指代贴现利率。

(二)农村土地的资本价格

农村土地的资本价格用 P_C 表示,是同土地物质融于一体,为社会认可的劳动价值的货币表现形式。农村土地的资本价格是农村土地资本价值的表现形式。这个价格涵盖土壤改良支出、土地改造支出、附着在土地的设施投入支出分摊等。可以发现, P_C 包括土地资本投入和预期收益两大块。所以,农村土地的资本价格由以下三个方面组成:一是农村土地的管理费用和投资费用,包括土地勘测设计、土地整理、地力恢复、附属配套设施等农村土地的生产费用支出;二是土地上的农产品产出及其他付着物产出的价值;三是流出主体在农村土地上投入的土壤改良和其他改造支出。

(三)农村土地的社会价格

农村土地的社会价格是农村土地社会价值的体现,主要包括:一是农村土地对承包农户发挥的社会保障价值;二是农村土地为社会产出粮食等农产品发挥的粮食安全价值;三是农村土地涵养水源、调节气候等为社会发挥的生态安全价值。与之相对应,农村土地社会价格也包含社会保障、粮食安全和生态安全价格。

第一,农村土地的社会保障价格。农村土地的社会保障价格(C_S)是指农村土地为承包农户承担的就业、养老和养老保障及生活福利等相关价值的货币形态。就其实质而言,农村土地为承包农户提供的一种基础的、维持最低生存要求的保障,而现行的农村合作医疗制度为广大农户的基本医疗需求提供了保障。因此,农村土地社会保障价格可以参考其维持基本生存保障价值测算。现实中可以用所处地域最低生活保障标准的资本化金额代替。假若C_S为所处地域最低生活保障标准,L_A指代承包农户的人均农村土地面积,那么,平均每亩的年度社会保障成本S_C可以用如下表达式表示:

$$S_C = \frac{C_S}{L_A} \tag{4-2}$$

倘若农户永久拥有其土地承包经营权,那么农村土地的亩平均社会保障价格可以用如下表达式表示:

$$P_{S1} = \frac{S_C}{r} \tag{4-3}$$

第二,农村土地提供的粮食安全价格P_{S2}。这个价格是农村土地为满足社会需求的粮食产量及相关农副产品数量,提供粮食安全价值的货币形式。量化评价农村土地的粮食安全价格,可以采取替代方式,把农村耕地的开垦费用支出作为社会稳定价值的量化,也就是粮食安全的价格。农村耕地开垦费用是耕地占用的价值补偿,确定补偿标准,要考虑耕地的资本平均投入水平,不仅包括农田水利等有形的基础设施建设投入,还应包括提升土壤肥力的无形投入。前者可以考虑采取重置成本方式确定,后者可以考虑采用投入周期的现值和确定。

第三,农村土地的生态环境价格 P_{S3}。这个价格指的是农村土地具有涵养水源、调节气候、净化空气等生态价值的货币形式。就微观视角而言,农村土地的生态环境价格体现的是农村土地用途改变破坏土地对生态环境产生的生态损失价值评价,是人类社会为了土地生态环境自然和谐所必须承担的代价损失。已有研究尚未有明确的评估办法,比较可行的是考虑将减少农村土地面积增加绿地面积的费用作为农村土地的生态价格。其原因是减少农村土地面积就意味着损害了自然生态环境,比较可行的路径就是扩大绿地规模。因此可以近似采用成本法用增加绿地面积成本评价估算农村土地的生态价格。农村土地价格(P_{LA})可以用如下表达式表示:

$$P_{LA} = P_M + P_C + C_S = P_M + P_C + P_{S1} + P_{S2} + P_{S3} \tag{4-4}$$

四、农村土地价格在确定土地流转价格中的应用

(一)农村土地价格与农村土地流转价格的异同

农村土地价格体现了农村土地产权和土地的社会价值,体现了价格的本质,是形成农村土地流转价格的基础。农村土地价格由农村土地物质价格、资本价格和社会价格三个部分组成,不仅体现了农村土地的所有权,而且体现了凝结在农村土地中的劳动价值,并内化了农村土地的社会价值,比较全面地反映和体现了农村土地在市场交易过程中的生产关系和所交换的社会内容,成为农村土地流转价格的基础,为其提供了确定价格的计量依据和理论依据。

与此同时,农村土地流转价格部分反映了农村土地价格。农村土地流转只是农村土地部分权利的转移,因流转方式和流转内容存在差别,因此,交换的社会价值也只能是部分或者全部。所以,农村土地流转价格只能是农村土地价格的部分体现。由此可知,确定农村土地流转价格,既要考虑农村土地价格,又要考虑农村土地流转方式的差别,根据农村土地流转权利转移多寡和社会价值转移多寡来确定。

(二)农村土地价格与农村土地经营权流转价格

农村土地经营权流转是指在坚持土地的农业用途条件下,让渡农村土地的经营权和使用权的方式。因为没有改变农村土地的农业用途,因此无须考虑农村土地的生态和粮食安全价格。因此农村土地经营权流转价格(P_{LC})的确定主要由农村土地的物质、资本和社会保障价格构成,可以用如下表达式表示:

$$P_{LC} = P_M + P_C + P_{S1} \qquad (4-5)$$

前述分析已经阐释农村土地的物质价格是土地租金的资本化。农村土地经营权流转是经营权在一定年限内的让渡,农村土地经营权流转是有年限的,经营权流转的年限不同,经营权流转的价格也就存在差别。考虑经营权流转年限因素后,有必要修正农村土地经营权流转的价格。修正系数[①]表达式如下:

$$Y_n = 1 - \frac{1}{(1+r)^n} \qquad (4-6)$$

式(4-6)中,r 指代农村土地还原利率,n 指代农村土地流转年限。由于社会保障价格也同农村土地流转年限相关,因此,农村土地经营权流转的价格构成中,也要考虑修正系数,由此可得农村土地经营权流转价格:

$$P_{LC} = \left(\frac{P_M}{r} + P_{S1}\right)\left[1 - \frac{1}{(1+r)^n}\right] + P_C \qquad (4-7)$$

农村土地经营权流转理论价格是农村土地流转市场价格形成的前提,由于农村土地经营权流转的方式、内容存在差异,农村土地经营权流转的收益和流转风险存在明显区别,不同流转方式的农村土地流转价格也明显不同,因此,农村土地经营权流转价格的确定需要具体考虑流转的方式和内容,但无论采取何种方式,都要以农村土地经营权流转的理论价格为基础确定。

---

① 杨继瑞:《中国城市地价探析》,高等教育出版社1997年版。

(三)农村土地价格与农村集体建设用地使用权流转价格

一是确定农村集体建设用地使用权流转的理论价格。周诚(1996)认为，农村集体建设用地使用权流转价格可以由如下几个部分构成：

$$P_{CC} = C_{LE} + P_{NA} + C_{RD} \tag{4-8}$$

式(4-8)中，P_{CC} 指代农村集体建设用地价格，C_{LE} 指代农村土地征收成本，可视作农村土地的完全价格；P_{NA} 指代转换用途的非农业用地的土地物质价格，也就是农村土地非农化后建设用地土地租金的资本化；C_{RD} 指代把农村土地开发为建设用地的成本支出，也就是农村土地非农化后建设用地的土地资本价格。农村集体建设用地可以视同农村土地非农化过程中经由农村土地开发形成的非农建设用地，因此，式(4-8)就是农村集体建设用地价格的理论公式，体现的是集体建设用地价格的所有权表现形式。根据农村土地价格理论分析，农村土地转化为建设用地转变农业用途后，农业生产的土地租金、农村土地资本会相应转移，其社会保障、粮食安全和生态功能都会受损，因此，必须在农村集体建设用地价格中体现这些损益，亦即农村土地的征收费用应同农村土地价格相等。而集体建设用地物质价格是建设用地土地租金(R_{CA})的资本化，因此，农村集体建设用地的所有权理论价格为：

$$P_{CC} = P_{LA} + \frac{R_{CA}}{r} + C_{RD} \tag{4-9}$$

二是分析农村集体建设用地使用权流转价格的形成基础。农村集体建设用地使用权流转是让渡有限年限的建设用地土地使用权。同理，建设用地使用权流转没有包括所有权价格，只是使用权的价格。因此，农村集体用地使用权流转价格主要包括：第一，农村土地完全价格的转移。倘若转移土地使用权，农村土地完全价格是否全部体现在价格中主要同农村土地完全价格相对应的价值损失在使用者与所有者之间的分配比例。考虑谁受益谁负担的原则，应该由建设用地使用者负责流转年度的价值损失，体现在流转价格上就是考虑年限对农村土地完全价格进行修正:首先,应把农业地租的资本化根据流转年限修正后计入建设用地流转价格;其次,农业的土地资本应当全部纳入农村集体建设用地使用权流转价格;最后,在农村土地的社会价格中,农村土地社会保障价格在农村集体建设用地使用权流转时,应当根据流转年限进行调整。考虑到土地的粮食安全和生态价值伴随农村土地非农化已经永久性丧失,需要一次计入农村集体建设用地使用权流转价格。因此,农村集体建设用地使用权流转中,农村土地价格转移的计算公式如下:

$$P_{LA}{}' = \left(\frac{P_M}{r} + P_{S1} \right) \times \left[1 - \frac{1}{(1+r)^n} \right] + C_{RD} + P_{S2} + P_{S3} \qquad (4-10)$$

第二,农村集体建设用地的土地物质价格的转移。当使用权发生变化时,土地资本也随之发生变化,同流转年限无关。因此在建设用地使用权转移时,流转价格要涵盖全部存量土地的资本价格。第三,农村集体建设用地土地物质价格的转移。集体建设用地土地物质价格是集体建设用地土地租金的资本化,发生流转行为后,应该根据流转年限修正:

$$P_{NA}{}' = \frac{R_{CA}}{r} \times \left[1 - \frac{1}{(1+r)^n} \right] \qquad (4-11)$$

由此可以得到农村集体建设用地使用权流转价格的基本计算公式为:

$$P_{CC}{}' = P_{LA}{}' + P_{NA}{}' + C_{RD}$$

$$= \left(P_{S1} + \frac{P_M + R_{CA}}{r} \right) \times \left[1 - \frac{1}{(1+r)^n} \right] + (C_{RD} + P_{NA}) + (P_{S2} + P_{S3})$$

$$(4-12)$$

式(4-12)是农村集体建设用地使用权流转价格确定的基础。但是,使用权流转存在土地出让、土地出租、土地转让、土地转租、土地入股等多种类型和形式,建设用地流转的具体价格伴随流转方式不同,其对应的权利转移、社会价值转移存在区别,但均需以基本计算公式为价格确定的基础。

综上所述,通过分析农村土地价格的构成和农村集体建设用地使用权流转价格构成,可以使农村土地的交易价格真正体现交换的价值量,充分发挥市场价格信号的指引作用,以更好地处理好国家、集体和农户的利益分配,维护土地流转过程中各参与主体的合法权益。[①]

第二节　农村土地价格的扭曲机制分析

一、农村土地价格的形成与表达机制

自然存在的土地没有耗费劳动,所以没有产生劳动价值理论中的价值。但是,在市场经济环境中,土地作为稀缺的重要资源要素,同其他商品一样,能够买卖交易,具有价格属性。马克思提出,土地的购买价格或价值就是资本化的地租[②]。并且在利用土地的过程中,因为投资而形成的价值也会附着在土地中。从制度经济学角度考察,土地在资源类商品中属于稀缺资源要素,其特征是通过合法交易获得所有权,稀缺性也是影响交易对象价格的一个重要方面。土地租金是土地价格的基础,土地资源要素的稀缺特性是形成土地价格的重要外部条件。

(一)土地内在价值增加会推高土地边际价格

在工业化进程和城镇化进程中,会增加对城镇建设用地的需求,不可避免会带来农村土地的非农化。农村土地非农化在一定程度上也提升了农村土地的边际生产力。土地由农业用途转向工业、城市房地产等非农用途,将显著提升单位土地的产出效率,推动土地租金上升,进而助推土地价格上升。土地的农业用途产出的农产品单位面积产量受限,附加值普遍不高,而建设用地等非农用途用于满足价值增值大的工业和服务产品需求,产品增值空间显著大于

---

① 林旭:《劳动价值与资源价值融合基础上的农地价格再认识》,《软科学》2009 年第 6 期。
② 马克思:《资本论》,人民出版社 2009 年版。

农产品。土地的边际效益上升必然推动土地租金的上涨,伴随土地租金的提高,土地价格也会随之上升。马克思很早就提出,人口的增长及伴随人口增加带来的住房需求增大,同时固定资本也在上升,这些都会导致建筑地段的土地租金上升。伴随经济发展、社会进步,土地的农业用途即使没有改变,其产出效率也会不断上升,统计数据显示,虽然个别农产品在特殊年份减产,但单位面积土地的农产品产出趋势在显著上升,如表4-1所示:

表4-1 我国部分农产品单位面积产量 (单位:公斤/公顷)

年份	谷物	棉花	花生	油菜籽	芝麻	甘蔗
2011	5707	1310	3502	1827	1385	66485
2012	5824	1458	3598	1885	1463	68600
2013	5894	1449	3663	1920	1490	70577
2014	5892	1463	3580	1947	1468	71352
2015	5984	1476	3562	1982	1519	73121
2016	5990	1584	3657	1984	1569	74550

资料来源:《中国统计年鉴》(2017)。

探究其原因,主要存在如下三个方面:一是社会进步助推了农业的技术升级和进步,主要体现在品种改良,先进农业机械设备的使用和先进农业技术的应用;二是农业生产的结构调整,譬如种植经济附加值更高的蔬菜、水果、花卉苗木替代部分农作物的种植等;三是通过农村土地流转,实现农村生产的规模化、集约化和现代化。因此,在社会进步、经济发展过程中,土地不管是农业用途还是非农用途,土地边际生产力会逐渐提升,土地收益持续增长是普遍趋势。

(二)土地的稀缺性增加会带动土地价格上升

伴随农业进步和工业发展,人口的增多,这些因素都会导致增加对土地的需求,提升土地资源要素的稀缺性。土地相对产业部门而言,为其提供生产经营的必备条件。我国正处于工业化、城镇化的快速发展时期,农村土地非农化难以避免。但由于国家粮食安全战略和耕地红线的制约,伴随能够利用的土地资源大幅度降低,土地资源的稀缺程度不断上升,因此,土地价格逐渐提升就在情理之中了。影响土地价格变化的另一个因素就是土地区位条件的变动,杜能的产业区位论早有阐述。我国城郊土地同杜能圈非常类似,从城郊到城市中心区域,单位土地产值不断增加,当中心区域规模不断增大时,中心区域周边土地的区位条件也会随之发生改变,土地价格也会随之变化。从产业的区位划分来看,城郊地价的构成除了考虑原有的地价构成以外,还需考虑区位条件改变引发土地价格上升的部分。这部分土地增值是由政府经营城市、土地所有者对土地进行的投资、工业化进程和城镇化进程加快等影响因素综合决定的。

(三)土地凝结的资本积累增加推动了土地价格上升

伴随人们投入土地的劳动与投资增加,土地凝结的资本积累也在不断上升,这种积累增加会助推土地价值的增加。马克思指出,资本投入能够在土地上固定,资本投入土地有短期投入也有长期投入,短期投入如改良土地、投入化肥、农药等,长期投入如土地整治、修建水利设施、修建生产需要建筑物等。土地资本同投资规模密切相关,土地价格变化也必然会体现资本积累的变化。倘若土地仅仅作为农业用途时,土壤改良、施用化肥与农药、修建作业道路与灌溉设施等投入是有限度的;倘若土地用于建设用地需求时,投资规模远远超出农业用途的投入。建设用地需求主要有公路、铁路、港口等交通基础设施,供热、供电等能源设施,水利、环保、城市市政设施,等等。这些建设都需要地方政府、中央政府进行长期投入。如果农村土地非农化转为建设用地后,这些投入就会显著提升土地价格。

(四)土地价格在市场竞争中的表达机制

土地价格的形成受多方面因素的影响:一是土地内在价值的影响,同土地租金收入和土地投资额度密切相关；二是土地市场供求规律的影响，土地价格既反映了土地的价值，又体现了土地资源的稀缺性程度。三是土地价值对土地价格的内在约束程度。就土地来说，倘若土地自然条件、肥沃程度、用途和区位不同，那么土地资本化的收入也就不同，因此表现出的土地价格也就存在很大差别。自然资源部统计数据显示，2017 年，出让国有建设用地 22.54 万公顷，同比增长 6.4%；出让合同价款 44.99 万亿元，同比增长 36.7%。2017年年末，全国 105 个主要监测城市综合地价、商服地价、住宅地价、工业地价分别为 4083 元/平方米、7251 元/平方米、6522 元/平方米和 803 元/平方米，同比分别增长 6.7%、4.2%、10.2%和 3.0%。①

二、农村土地价格的扭曲表现

在工业化进程、城镇化进程中，我国对土地征收补偿方式进行及时调整，将原来计划经济时期的无偿征地改为改革开放之后的有偿征收。但是，由于农村土地征收过程中的征地程序不规范、农村土地征收补偿标准不合理，这就给土地价格扭曲带来了体制和机制的便利。20 世纪 90 年代，国家针对市场化展开了全方位的机制设计，但却有意无意忽略了农村土地价格的形成机制设计，既缺乏国家层面的顶层制度设计，又缺乏执行层面的法律保障及相应配套的可执行规定、规章，多种因素共同影响，导致问题愈发严重。

（一）地方政府剥夺了土地所有者与承包经营者的土地定价权

在充分竞争的市场中，参与交易各方具有平等的权利，能够保障参与各方的利益均衡。《中华人民共和国土地管理法》明确规定为了公共利益需要，国家可以依法征收土地，明确赋予政府的土地征收权力，但是法律中却没有规定作为农村集体土地所有者的村集体经济组织和拥有土地承包经营权的承包农

---

① 数据来源：中华人民共和国自然资源部《2017 中国土地矿产海洋资源统计公报》。

户拥有哪些权力。这种法律的不平等表现为事实的不公平,主要体现在农村土地征收和农村土地征收补偿标准等方面,由于地方政府征地成本低下,又加之土地财政的激励,导致农村土地的征地权和农村土地征收定价权被地方政府滥用,而农村土地所有者和农村土地承包者、经营者被排除在定价权之外,没有讨价还价的机会和可能,不能形成对地方政府征地权利的有效制约。在农村集体土地转变国有建设用地的过程中,原有的土地所有者、土地承包者、土地经营者没有权利也没有能力对自己的土地权利发声,只能被动接受地方政府的安排。因此农村土地征收、农村土地征收补偿、农村土地征收安置等方面各种冲突、矛盾频发,成为群体性事件的导火索,严重影响社会和谐稳定和经济秩序的健康运行。

(二)垄断的土地定价权易导致土地实际价值扭曲问题

农村土地征收定价权被地方政府垄断的客观现实是多方面各种因素综合作用的结果。就中国目前土地价格的形成过程来说,法律规定因素起主要作用。《中华人民共和国土地管理法》规定,"任何单位和个人进行建设,需要使用土地的,必须依法申请使用国有土地",并且该法还明确规定,"农民集体所有的土地的使用权不得出让、转让或者出租于非农业建设"。因此,农村土地转变为非农用地成为建设用地的唯一合法途径就是国家征收变为国有土地,然后再由国家将土地转让给土地需求方。农村土地在进入土地市场前就被法律限制了土地所有权人的权利,并由此造成定价权的垄断。最终形成土地一级市场的垄断,地方政府垄断了土地的征收价格,导致农村土地所有权、土地承包权、土地经营权人的权利受到损害;地方政府垄断了土地二级市场的供应价格,形成垄断高价,损害了土地需求方的权益,正是这种低价征购高价转让的模式为地方政府带来巨额的土地出让收入。根据杨继瑞、汪锐(2013)在重庆市的调查,重庆近郊商住用地的市场价格在 3000 万元/公顷左右,但该出让地块的土地征收成本仅为出让价格的四分之一,地方政府每公顷剔除各项支出后的剩余价格为 2250 万元/公顷。在我国沿海经济发达地区的城郊土地,每公顷土地出让价格甚至高达上亿元①。

(三)通过征地方式获取土地所有权缺乏制度合理性

制度经济学认为所有权具备非常明晰的排他性特征,权属关系改变只能通过市场交易方式进行。所有权的改变应当通过市场交易买卖,转让亦或直接取得,市场交易价格应该是参与双方协商一致的结果,而不是单方面意志强加于另一方的行为。在市场交易过程中,如果参与双方主体地位平等,可以自主进行选择,那么市场价格就是参与双方真实意图的体现。根据现行法律规定,国家对农村土地征收实行土地产值倍数补偿的计量测算标准。但是,实际上土地的预期产出与现行农业产出之间存在非常大的距离。农村土地征收前的农业产出水平相对较低,现行法律、法规明确规定承包农户不能私自改变农村土地的农业用途,也没有考虑农村土地征收后由农业用地转为建设用地后产出效率的快速提升。

(四)地方征地垄断土地长期价值导致农村土地征收时限与出让时限不一致

土地资源要素作为一种自然存在的特殊资源具有无限使用的特征,国外土地所有权交易年限一般规定为 50—70 年,充分考虑土地资源的特殊性,超过年限就需要重新交易。但是,我国的土地征收时限和土地的出让时限却不一致。在农村土地征收过程中,一般按照被征土地前三年年平均产值的十五倍进行补偿,此时的征收时限为 15 年,后来提高农村土地征收补偿标准后规定农村土地征收补偿标准最高不得超过被征土地前三年年平均产值的三十倍,也就是征收时限最长是 30 年。但是,地方政府在出让征收后的土地却采

---

① 杨继瑞、汪锐:《征地制度的来龙去脉及其变革路径找寻》,《改革》2013 年第 4 期。

取另外的标准,目前规定的出让时限是住宅用地、商业用地、工业用地分别为70、50和30年。承包农户的土地被征收15年或30年之后,已经不再拥有被征土地的承包权和经营权,地方政府却拥有被征土地的无限期权利。因此,地方政府垄断了被征土地的长期价值。

(五)法律体系建设滞后扭曲了土地价格

我国许多地方政府在农村土地征收过程中的土地征收补偿标准不是按照法律规定,而是通过出台政府文件的方式来规定农村土地征收价格。《中华人民共和国土地管理法》规定农村土地征收补偿包括农村土地补偿费、农村土地安置费、地方附着物和青苗补偿费。但是,具体到地方执行时就大打折扣。以湖南省为例,农村土地征收补偿标准只包含土地补偿费和安置补助费两项,并对二者比例进行规定,其中土地补偿费占40%,安置补助费占60%。征收水田的,按标准的1.2倍执行;征收耕地(除水田)、草地(除其他草地)、农村道路、水库水面、坑塘水面、沟渠、设施农用地、田坎、建设用地的,按标准执行;征收未利用地的,按标准的0.6倍执行;征收园地、林地的,按照相应的地类系数执行;征收基本农田的,按照所在区片水田标准执行。征地补偿标准细化到每个县、市区。长沙市Ⅰ区为99000元/亩,Ⅱ区为84000元/亩,Ⅲ区为78000元/亩;而湘西自治州龙山县只划分为Ⅰ区和Ⅱ区划分,没有Ⅲ区,Ⅰ区为52100元/亩,Ⅱ区为46800元/亩[①]。湖南省人均耕地0.9亩,仅为全国人均耕地1.52亩的59.2%,不到世界人均水平的五分之一。按照长沙市的最高标准计算,每个失地农民大约可得89100元,能够维持9—10年的基本生活。

由此可见,我国目前的农村土地征收补偿制度,是由政府主导、单方面制定的土地征收价格,并未真实体现农村土地的价值,也未真实体现土地市场的

---

①　湖南省人民政府:《关于调整湖南省征地补偿标准的通知》湘政发〔2018〕5号。

供求关系变化。

三、农村土地价格机制的完善路径分析

（一）充分发挥价值规律作用，让市场成为农村土地价格形成的主导

第一，在确定土地一级市场价格时，要充分考虑土地二级市场的价格水平，引导土地一级市场价格逐步向二级市场靠拢，逐步减少价格差异，保障土地一级市场价格真实反映土地价值和资源稀缺性程度。用于建设用地的非农用途土地的征收价格要考虑土地具体用途及未来价值水平，按照土地的投入水平、土地区位条件、土地质量与附着物、土地产生水平和类似土地在二级市场出让价格等相关影响，全面考虑土地征收价格，土地一级和二级市场的价格差异应当规定在一个合理差距幅度，不宜过大。第二，在农村土地征收价格的形成过程中，需要统一考虑农村土地所有者的投入和政府对土地的投资水平，承包农户在土地投资形成的土地价值部分应当归还给被征地农户。第三，改革现行农村土地征收制度，破除地方政府垄断土地一级市场价格的局面，限制地方政府行使征地权的范围，除市政建设、道路、学校、医院等公共利益需要征收土地外，工业用地需求、城市房地产用地建设需求应当允许用地方和供地方平等对话，在土地符合用地规划的前提下，合理确定农村土地征收价格，做到同地同价同权。倘若土地供地方与土地需求方不能达成一致意见时，可以邀请第三方专业中间评估、仲裁机构按照公平、公正原则合理评估土地价格。

（二）加快农村土地征收制度的立法保障速度

坚持实事求是，从客观实际出发的原则，逐步构建农村集体建设用地合法进入土地交易市场的渠道和路径。新中国成立后，国家把没收的地主土地无偿分配给广大农民，而后通过合作化道路、人民公社把农村土地所有权收归集

体,并在家庭联产承包经营责任制中明确规定村集体经济组织拥有农村土地所有权,承包农户拥有土地承包经营权,实现了土地所有权和承包经营权的分离。而后又通过农村土地"三权分置",实现土地的所有权、承包权和经营权的分离。就目前农村土地集体所有权来说,现行法律对农村土地所有权主体的界定是清晰的,权利范围边界是确定的,各级地方政府并非农村土地所有者。要从法律上明确保护村集体的土地所有权,确保其所有权益不受侵害,中央政府要出台更严厉的监督检查处罚制度,管控地方政府在农村土地征收问题上的违法、违规行为。严格农村土地征收程序,规定非经法定程序地方政府不得征收农村土地。在未来《中华人民共和国土地管理法》修订中,增加土地所有权保护、土地交易权保障的专门条款,健全完善农村土地征收制度的法律保障体系。逐渐形成土地价格充分体现市场供求变化、反映市场资源稀缺水平的价格形成机制。

(三)农村土地征收补偿标准要充分体现土地价值和供求状况

党的历次大会都明确指出,要维护农民的土地合法权益,提高农村土地征收补偿标准,不得侵害农民土地合法权益。目前,农村土地征收制度为我国工业化、城镇化进程提供了建设用地来源,农村土地征收补偿标准依然是农村土地价格的间接体现。这一状况在短时期内不会发生根本变化,但逐步提高农村土地征收补偿标准还是可行的,农村土地征收补偿标准的高低取舍、征收补偿标准是维护农民权益还是损害农民权益,在很大程度上取决于地方政府的意愿。也有学者建议,在目前制度体系框架内,改革农村土地征收制度的可行路径之一就是适度提高农村土地征收补偿标准,逐步提高农村土地征收价格,确保农村土地征收补偿标准能够充分体现被征土地的内在价值和稀缺程度,充分反映土地市场的供求状况,逐步按照土地的完全价格补偿。如果按此标准对失地农户进行补偿,其被征土地权益参照现行地方政府征收补偿标准可以提高到现在标准的 10 倍以上,切实维护被征土地农户的合法土地财产权益,减少征地矛盾的发生次数。

(四)统筹农村土地征收参与各方权益中突出农民利益保护

农村土地非农化过程中,土地农业用途转变为建设用地的非农用途产生的巨额增值是多种因素综合作用的结果,同农村土地所有者、承包者、经营者的投入、利用和保护有关;也同地方政府的城市规划、土地开发和市政基础配套设施建设有关;也同土地可用面积减少,土地资源要素稀缺程度提高有关。因此,多种因素共同影响、共同作用形成的土地增值收益,应在充分考虑各方利益诉求的情形下进行公平、合理分配。但目前被征地农户在被征土地增值收益分配中所占比重仅为 5%—10%,村集体所占比重为 25%—30%,地方政府所占比重高达 60%—70%。农村土地是承包农户的主要生产和生活资料,是农民收入的重要组成部分,这种分配比例是不公平、不合理的,不管是从公平、公正原则,还是从统筹城乡发展,缩小城乡差距,推动农业供给侧结构性改革,提高农民收入水平,都亟待提高被征地农户在农村土地征收补偿标准中的分享比重,突出被征地农户利益保护力度,在此基础上统筹参与各方利益诉求。①

第三节　国家粮食安全战略下的
农村耕地保护补偿分析

我国是一个农业大国和人口大国,工业化进程、城镇化进程中的农村耕地保护对维护国家粮食安全战略和国家生态安全战略具有非常重要的理论价值和现实意义。因此,我国目前实行以世界上最为严格的农村耕地保护制度为代表的农村土地规制制度。农村耕地保护补偿机制能够健康运行的关键在于

---

① 邹富良、李小洁:《"征地补偿"与土地价格扭曲机制探析》,《江苏行政学院学报》2012年第5期。

确定科学、可行、合理的补偿标准。学术界对农村耕地保护补偿标准的研究主要聚焦于两大领域:一是科学确定农村耕地资源要素的综合价值(张效军等,2007)[1];二是运用条件价值法(CVM)测度农村耕地资源保护的外部效用和非市场价值[2][3][4]。课题组在分析农村耕地保护补偿标准确定办法的已有理论分析基础上,探索农村耕地补偿标准与农村耕地补偿额度计算的新思路和新办法,为科学构建农村耕地保护补偿新机制,科学、合理确定农村耕地保护补偿标准提供参考和依据。

一、农村土地保护制度的基本手段

(一)土地利用总体规划

根据国土资源部制定的《全国土地利用总体规划纲要(2006—2020年)》,土地利用总体规划是指在各级行政区域内,根据土地资源特点和社会经济发展要求,对今后一段时期内(通常为 15 年)土地利用的总安排。其实质是对有限的土地资源在国民经济部门间的合理配置即土地资源的部门间的时空分配(数量、质量、区位),具体借助于土地利用结构加以实现。主要阐明规划期内国家土地利用战略,明确政府土地利用管理的主要目标、任务和政策,引导全社会保护和合理利用土地资源,是执行最严格土地管理制度的纲领性文件,是落实土地宏观调控和土地用途管制、规划城乡建设和各项建设的重要依据。

---

① 张效军、欧名豪、高艳梅:《耕地保护区域补偿机制研究》,《中国软科学》2007 年第12 期。

② 苑全治、郝晋珉、张玲俐等:《基于外部性理论的区域耕地保护补偿机制研究——以山东省潍坊市为例》,《自然资源学报》2010 年第 4 期。

③ 马文博、李世平、陈昱:《基于 CVM 的耕地保护经济补偿探析》,《中国人口·资源与环境》2010 年第 11 期。

④ 江冲、金建君、李论:《基于 CVM 的耕地资源保护非市场价值研究——以浙江省温岭市为例》,《资源科学》2011 年第 10 期。

围绕守住 18 亿亩耕地红线:一是严格控制耕地流失,到 2020 年,新增建设占用耕地控制在 300 万公顷(4500 万亩)以内;严格禁止擅自实施生态退耕,加强对农用地结构调整的引导,合理引导种植业内部结构调整,确保不因农业结构调整降低耕地保有量;加大灾毁耕地防治力度。加强耕地抗灾能力建设,减少自然灾害损毁耕地数量,及时复垦灾毁耕地。规划期间力争将因灾损毁减少的耕地控制在 73.33 万公顷(1100 万亩)以内。二是加大补充耕地力度,严格执行建设占用耕地补偿制度。切实落实建设占用补充耕地法人责任制。大力加强农村土地整理,组织实施土地整理重大工程。到 2020 年,通过土地整理补充耕地 182 万公顷(2730 万亩);积极开展工矿废弃地复垦,组织实施土地复垦重大工程。到 2020 年,通过工矿废弃地复垦补充耕地 46 万公顷(690 万亩);适度开发宜耕后备土地。在保护和改善生态环境的前提下,到 2020 年,通过开发未利用地补充耕地 139 万公顷(2080 万亩)。三是加强基本农田建设和保护,强化耕地质量建设,统筹安排其他农用地,努力提高农用地综合生产能力和利用效益。

(二)基本农田保护制度

稳定基本农田数量和质量。严格按照土地利用总体规划确定的保护目标,依据基本农田划定的有关规定和标准,参照农用地分等定级成果,在规定期限内调整划定基本农田,并落实到地块和农户,调整划定后的基本农田平均质量等级不得低于原有质量等级。严格落实基本农田保护制度,除法律规定的情形外,其他各类建设严禁占用基本农田;确需占用的,须经国务院批准,并按照"先补后占"的原则,补划数量、质量相当的基本农田。

加强基本农田建设。建立基本农田建设集中投入制度,加大公共财政对粮食主产区和基本农田保护区建设的扶持力度,大力开展基本农田整理,改善基本农田生产条件,提高基本农田质量。综合运用经济、行政等手段,积极推进基本农田保护示范区建设。

（三）省级土地利用调控

根据各土地利用分区的调控方向和差别化的区域土地利用政策，综合经济社会发展水平、发展趋势、资源环境条件、土地利用现状和潜力等因素，分别确定各省、自治区、直辖市的耕地保有量、基本农田保护面积、城乡建设用地规模、人均城镇工矿用地、新增建设占用耕地规模等土地利用约束性指标，以及园地面积、林地面积、牧草地面积等预期性指标，强化省级政府的土地利用调控责任。将耕地保有量、基本农田保护面积等约束性指标分解下达到各省、自治区、直辖市，严格落实，不得突破，预期性指标通过经济、法律和必要的行政手段加以引导，力争实现。

各省、自治区、直辖市要积极配合国家区域发展战略的实施，切实落实所属区域的土地利用政策，加强对本行政区域范围内土地利用的统筹协调，搞好国家与省级主体功能区的空间落实和用地政策上的相互衔接，促进形成统筹协调的土地利用秩序。

（四）建设用地空间管制

实行城乡建设用地扩展边界控制。各地要按照分解下达的城乡建设用地指标，严格划定城镇工矿和农村居民点用地的扩展边界，明确管制规则和监管措施，综合运用经济、行政和法律手段，控制城乡建设用地盲目无序扩张。

落实城乡建设用地空间管制制度。城乡建设用地扩展边界内的农用地转用，要简化用地许可程序，完善备案制度，强化跟踪监管；城乡建设用地扩展边界外的农用地转用，只能安排能源、交通、水利、军事等必需单独选址的建设项目，提高土地规划许可条件，严格许可程序，强化项目选址和用地论证，确保科学选址和合理用地。

完善建设项目用地前期论证制度。加强建设项目用地前期论证，强化土地利用总体规划、土地利用年度计划和土地供应政策等对建设用地的控制和引导;建设项目选址应按照节约集约用地原则进行多方案比较,优先采用占地少特别是占用耕地少的选址方案。

二、确定农村耕地保护补偿标准的基本依据

农村耕地保护补偿标准是指在坚持社会公平理念基础上,充分考虑社会经济发展程度,对农村耕地保护补偿支付的标准和依据。确定农村耕地保护经济补偿标准通常考虑如下四方面的核算价值:一是保护农村耕地的外部效益价值;二是农村耕地资源的综合价值;三是保护农村耕地的投入和机会成本;四是农村耕地发展权的价格水平。农村耕地资源综合价值和保护农村耕地的外部效益价值测度,是开展农村耕地保护补偿工作的基础,能够发挥重要的保障作用,但是,很难作为直接确定农村耕地保护补偿标准的依据,不仅计量十分困难,而且不同学者估算值差距非常大。周建春(2005)估计全国农村耕地资源价值为 139.6 万亿元①,而贺锡苹(1994)的估计值仅为 2.4 万亿元②,两者相差 50 倍,即使考虑物价上涨水平,这个差距也明显太大。目前,对农村耕地资源的外部效益测算和非市场价值测算,通常采用条件价值(CVM)法计算。这种计算方法采取模拟公共物品交易市场的方式,征询个人为保护或者使用某种特定资源禀赋最大限度支付意愿,亦或最低补偿接收意愿。由于受访对象的教育程度、对问题的理解能力、面对问题的态度及问卷设计是否切合实际等因素影响,导致调查结果同实际价值之间存在偏差,并且农村耕地的生产功能与生态功能同现实的耕地补偿能力之间也存在较大差距。

美国等发达资本主义国家采用农村土地发展权价格,作为确定农村土地保护的经济补偿参考标准。对于需要保护的农村土地,美国通常是由地方政府或美国农村协会、美国农地基金会、建设占用农地的开发商等第三部门支付货币购买农村土地发展权,农民取得农村土地发展权收入后,这部分土地依旧

---

① 周建春:《耕地估价理论与方法研究》,南京农业大学博士学位论文,2005 年。
② 贺锡苹、张小华:《耕地资产核算方法与实例分析》,《中国土地科学》1994 年第 6 期。

是农民耕种,但只能用于农业用途,不得用于非农建设用地,倘若用于非农建设用途,就要向地方政府或者第三方回购其农村土地发展权。美国农村土地发展权的价格水平等于农村土地转变为建设用地价格剔除农村土地的原农业用途的土地价格余额。① 因此,农村土地发展权价格其实就是农村土地用于农业用途而放弃用于建设用地用途的机会成本损失金额。因此,农村耕地保护的直接投入费用与机会成本损失的总和是确定农村耕地保护补偿标准的最低限额。农村耕地保护的直接投入费用是为了保护耕地质量,农村耕地保护者投入的人力、财力和物力支出,包括农村耕地复垦、农村土地整治与开发、农田水利基础设施建设等支出。农村耕地保护的机会成本损失是因为农村耕地保护导致发展机会减少导致收入下降。农村耕地保护的直接投入费用在我国主要是由国家财政负担,财政直接支持农村耕地复垦、农村土地整治与开发及修建农田基本水利设施和保护农村现有耕地的必要支出。另外,农业生态环境保护支出和农业科技支出等也是由国家财政负担的。地方政府、村集体经济组织、承包农户保护农村耕地的成本主要体现在机会成本方面。所以,农村耕地保护的机会成本应该成为我国农村耕地保护补偿标准的最低值。农村耕地保护的最基本目的是确保国家的粮食安全战略,因此,根据农村耕地用于粮食生产用途产生的机会成本损失作为确定耕地保护补偿标准的参照指标,具有一定的客观性,切合市场经济主体的行为选择要求。

考虑到我国社会发展所处阶段、经济发展水平,采用一次性支付农村耕地保护补偿金或者购买农村耕地发展权,达到农村耕地保护的目标,在经济上不具有可行性。因为我国对农村耕地采取的全面普遍保护策略,单就基本农田保护一项,面积就高达15.6亿亩。地方政府及相关参与方无法负担购买农村耕地发展权保护的高额费用,并且也没有太多必要。因此,采用农村耕地保护的年度机会成本费用作为农村耕地保护补偿的参照标准,不仅具备经济学上

---

① Wolfram G.The sale of development rights and zoning in the preservation of open space:Lindahl equilibrium and a case study,Land Economics,1981,57(3):398-413.

的可行性,而且显著降低了一次性经济补偿造成的沉重经济负担。

三、农村耕地保护补偿标准的确定方法

(一)农村耕地保护补偿的地区标准

从地区视角考察,实行农村耕地保护制度引发的利益受损,在我国主要体现在地方政府财政收入的降低,地方政府的稳定收入来源主要是税收收入和土地出让收入。我国早在 2006 年初就废止了《农业税条例》,在全国范围内全面废除农业税。因此,相对地方政府而言,保护耕地满足农业用地需求不能获得任何收入,如果把农村耕地通过农村土地征收转变为建设用地,然后在土地一级市场出让,可以为地方政府带来土地出让金收入,并且还可能获得因为耕地转为建设用地,用地需求方需要缴纳的相关税收收入。所以,地方政府保护农村耕地的机会成本同农村耕地转变为建设用地后出让纯收益相等。根据农村土地价格的变动规律,建设用地出让价格在中心地区最高,向外扩展出让价格逐渐下降,到距离城市中心地区最远距离的建设用地出让纯收入降低到零时,地方政府会维持该地段土地的农业用途,不会将该地段土地征收转为建设用地在土地市场出让。因此,按照均质土地假设,可以把建设用地出让纯收益的一半用于农村耕地转变为城镇建设用地出让纯收益的平均值,视作地区农村耕地保护机会成本的平均损失,成为农村耕地保护区域的补偿价值标准的平均值。

(二)农村耕地保护补偿的农户标准

实行农村耕地保护对村集体经济组织和承包农户而言,出现经济损失的明显表现就是来源于土地的收入下降。一是因为粮食安全战略强制规定基本农田保护区的农村耕地只有粮食生产的单一用途;二是通过法律剥夺了村集体经济组织转移农村集体建设用地的权利,农村集体土地只有通过政府征

收变为国有土地后,方能用于建设用地满足用地方的用地需求,而出让的土地收益全部为地方政府所占有。如果没有法律对农村集体土地和耕地用途的强制规定,广大承包农户和村集体经济组织可以把农村耕地转变为建设用地在土地市场出让,以此在土地市场获取土地出让收入。所以,农村耕地保护的农户机会成本损失同地方政府转变为建设用地出让纯收益同承包农户从事粮食生产纯收益之差的余额相等。计算公式如下:

$$OC_{FL} = NP_{CL} - NI_{GP} \tag{4-13}$$

式(4-13)中,OC_{FL} 指代农村耕地保护的农户机会成本损失,NP_{CL} 指代地方政府转变为建设用地出让纯收益,NI_{GP} 指代承包农户从事粮食生产纯收益。因此,承包农户的农村耕地保护机会成本损失是承包农户耕地补偿价值标准的最低线。

四、农村耕地保护地区补偿标准与额度计算

(一)地区补偿标准与额度计算的基本思路

地区补偿标准与额度计算的基本思路为:一是采用农村土地转为建设用地转让纯收益确定所在地区农村耕地保护的机会成本年度损失,也就是农村耕地保护地区补偿的年度价值标准;二是考虑地区人口、粮食自给水平和地区人均消费状况,估算地区粮食需要量,然后根据粮食单位面积产量、粮食作物种植比重和复种指数,把地区的粮食需求折算为农村耕地面积需求数量,农村耕地面积需求数量同农村耕地存量差额就是地区农村耕地盈亏水平;三是考虑粮食单位面积产量、粮食作物种植比重和复种系数,计算标准化农村耕地面积的折算比;四是根据农村耕地保护的价值指标、农村耕地盈亏水平和农村耕地面积折算数,计算农村耕地地区补偿的具体金额。

(二)地区农村耕地保护机会成本损失计算

土地出让金是地方政府出让土地使用权的所有权收益。所以,可以用一

定的土地贴现率把建设用地的土地出让收入换算为出让建设用地所有权的年度收益。根据财政部、国土资源部的《用于农业土地开发的土地出让金使用管理办法》,对土地出让金纯收益进行定额标准划分:首先,把全国范围的土地按照行政区划划分办法以县(市、区)为划分单位确定为十五个级别,每个级别各自单独确定,如表4-2所示:

表4-2　县(市、区)土地出让平均纯收益标准值　(单位:万元/hm²)

等级	1	2	3	4	5	6	7	8	9	10	11	12	13	14	15
标准	160	125	105	90	75	65	59	53	47	41	35	30	25	20	15
数量	9	9	11	104	63	105	116	120	128	175	206	323	437	547	529

通过计算,表4-2中十五个级别标准的加权算术平均值为34万元/hm²。查看统计数据显示,2004年至2008年这个时期的各个年度的土地出让净收益占土地出让收入总金额的比重基本稳定。倘若各个年度土地出让净收益占土地出让收入总金额的比重相等,那么:

$$\frac{2008年全国综合地价指数}{2004年全国综合地价指数} = \frac{2008年土地出让平均纯收益}{2004年土地出让平均纯收益} \quad (4-14)$$

根据中国地价信息服务平台(www.landvalue.com.cn)数据,2004年、2008年全国综合地价指数分别为124和155,代入表达式(4-14)计算,获得2008年土地出让平均纯收益(AI_{GP})为42.5万元/hm²。以还原利率把土地出让纯收益换算为建设用地出让的年收益,其运算公式为:

$$AP_{LT} = \frac{AI_{GP} \times r \times (1+r)^n}{(1+r)^n - 1} \quad (4-15)$$

式(4-15)中,AP_{LT}指代年土地出让收益,AI_{GP}指代土地出让平均纯收益,r指代土地还原利率,n指代土地出让年限。

根据实际需要,可以考虑采用风险调整安全利率法确定2008年的土地还原利率r。当年一年期存款平均利率为3.3%,贷款平均利率为6.5%,风险调整值可以考虑采用银行贷款利率剔除银行经营成本率和利润率的差额,银行经营成本主要是存款利率,同期全国 70 家最大商业银行的资本平均利润率为21.8%,那么银行经营利润率为 0.7%(21.8%×3.3%),在忽略其他影响因素的条件下,差额 2.5%(6.5%—3.3%—0.7%)即为银行资本经营的风险。因此,当年的土地还原利率为 5.8%(3.3%+2.5%)。建设用地出让年限为 50年,由此可以计算出 2008 年全国建设用地出让的年平均收益为 2.6 万元/公顷。根据前述分析,地区农村耕地保护机会成本损失平均值同建设用地出让纯收益的一半相等,得出当年地区农村耕地补偿的价值标准为 1.3 万元/公顷。

（三）地区农村耕地面积折算系数计算

研究地区由于所处的自然、地理环境,耕地质量水平、土地复种指数及农村耕地的利用程度不同,农村耕地的农业产出存在很大差别。各地农村耕地的产出差异较大。中国农业统计年鉴数据显示,单位播种面积粮食产量最低的山西仅为 3304.1kg/公顷,产量最高的上海高达 6627.9kg/公顷,山西的单位面积粮食产量不到上海的一半。表明地区间农村耕地生产水平存在较大差异,可比性不强。因此,确定价值补偿量需要通过标准化进行折算。农村耕地综合产出水平的大小,体现在农村耕地单位面积粮食产量,所以,可以使用全国耕地单位面积平均粮食产量,用作全国标准化单位面积耕地粮食产量,各地区农村耕地单位面积粮食产量与全国耕地单位面积平均粮食产量的比率,即为地区农村耕地面积标准化折算系数。其标准化折算公式如下:

$$Z_i = \frac{Q_i}{S} \tag{4-16}$$

式(4-16)中,Z_i 指代地区农村耕地面积折算系数,Q_i 指代地区农村耕地单位面积粮食产量;S 指代全国标准化耕地单位面积粮食产量。其中 S 可以由下面公式求出:

$$S = 播种单位面积粮食产量 \times 播种粮食作物面积比重 \times 复种指数$$

$$(4-17)$$

全国标准化耕地单位面积粮食产量如表4-3所示：

表4-3 地区农村耕地面积折算系数表

地区	播种粮食单产（千克/公顷）	播种面积占比（%）	耕地粮食单产（千克/公顷）	复种指数	面积折算系数
全国	4990.5	68	4343.7	1.3	1.0
北京	5542.8	70	5393.1	1.4	1.2
天津	5074.1	66	3382.4	1.0	0.8
河北	4718.7	71	4623.4	1.4	1.1
山西	3304.1	83	2522.9	0.9	0.6
内蒙古	4056.2	77	2998.3	1.0	0.7
辽宁	6127.7	82	4572.5	0.9	1.1
吉林	6467.5	88	5122.2	0.9	1.2
黑龙江	3844.8	91	3568.7	1.0	0.8
上海	6627.9	45	4742.3	1.6	1.1
江苏	6028.9	70	6667.9	1.6	1.5
浙江	6098.9	51	4012.5	1.3	0.9
安徽	4607.9	73	5281.1	1.6	1.2
福建	5389.9	54	4860.7	1.7	1.1
江西	5472.5	67	6929.8	1.9	1.6
山东	6125.3	65	5693.4	1.4	1.3
河南	5589.1	68	6764.9	1.8	1.6
湖北	5701.1	54	4802.6	1.6	1.1
湖南	6112.7	61	7420.2	2.0	1.7
广东	4973.9	57	4422.8	1.6	1.0
广西	4691.1	52	3293.1	1.4	0.8
海南	4355.2	52	2513.9	1.1	0.6
重庆	5205.4	69	5172.1	1.4	1.2
四川	4882.7	68	5279.2	1.6	1.2
贵州	3966.4	63	2573.8	1.0	0.6

地区	播种粮食单产（千克/公顷）	播种面积占比（%）	耕地粮食单产（千克/公顷）	复种指数	面积折算系数
云南	3707.6	68	2521.2	1.0	0.6
西藏	5569.7	72	2606.6	0.7	0.6
陕西	3554.1	75	2745.5	1.0	0.4
甘肃	3311.6	69	1896.6	0.8	0.4
青海	3742.8	53	1884.5	1.0	0.6
宁夏	3985.2	68	2953.8	1.1	0.7
新疆	5869.9	35	2239.4	1.1	0.5

资料来源:《中国农业统计年鉴》(2009)。

从表4-3可以发现,农村耕地粮食产量较大的省(自治区、直辖市),主要位于东部地区和中部地区,包括北京、上海、江西、湖南、广东等地区;农村耕地粮食产量较低的省(自治区、直辖市),主要位于农业生产条件较差的西部地区,包括内蒙古、云南、陕西、青海、新疆等地区。

(四)地区农村耕地盈亏量计算

维护国家粮食安全是每个省(自治区、直辖市)应尽的责任和义务,就这一视角而言,各省(自治区、直辖市)都应该保留一定面积的农村耕地以确保所在地区的粮食安全。在构建农村耕地保护地区补偿机制时,需要明确哪些地区需要支付补偿? 哪些地区需要获得补偿? 补偿面积的规模是多少? 各个地区由于农村耕地综合产出能力存在很大差异,人口数量也不一致,对粮食的需求也就各异。所以,在明确农村耕地补偿面积数量时,应当充分考虑各个地区耕地综合产出水平和地区人口总量的影响。在满足一定的粮食自给能力和消费水平的情形下,考虑各个地区当年人口总量和农村耕地粮食单位面积产量,以此估计粮食与农村耕地需求数量。各个地区的农村耕地存量与需求数量之间的差就是农村耕地的盈亏数量。农村耕地盈亏数量为负的地区需要支付农村耕地补偿,补偿标准等于农村耕地盈亏数量面积;农村耕地盈亏数量为正的地区需要获得农村耕地补偿,受偿标准等于农村耕地盈亏数量面积。所以,粮食与农村耕地需求数量的计算公式分别如式(4-18)、式(4-19)表示:

$$粮食需求数量 = 地区人口总量 \times 粮食人均消费数量 \times 粮食自给率 \tag{4-18}$$

$$耕地需求数量 = \frac{粮食需求总量}{农村耕地粮食单位面积产量} \tag{4-19}$$

统计数据显示,2008 年全国人口总量为 13.3 亿人,全国粮食年产量为52781 万吨,粮食消费总需求量为 52756 万吨,粮食人均消费数量为 397 公斤,粮食产量能够满足消费需求,全部能够自给。据此计算出 2008 年全国各地农村耕地盈亏量的结果如表 4-4 所示:

表4-4 地区农村耕地面积盈亏量统计表

地区	耕地粮食单产（千克/公顷）	人口总量（万人）	农村耕地存量（万公顷）	农村耕地需求量（万公顷）	农村耕地盈亏量（万公顷）
北京	5393.1	1165.0	23.2	124.8	-101.6
天津	3382.4	1176.0	44.1	138.0	-93.9
河北	4623.4	6988.0	631.7	600.1	31.6
山西	2522.9	3410.6	405.6	536.7	-131.1
内蒙古	2998.3	2413.7	714.7	319.6	395.1
辽宁	4572.5	4314.7	408.5	374.6	33.9
吉林	5122.2	2734.0	553.5	211.9	341.6
黑龙江	3568.7	3825.4	1183.1	425.6	757.5
上海	4742.3	1888.5	24.4	158.1	-133.7
江苏	6667.9	7677.3	476.4	457.1	19.3
浙江	4012.5	5120.0	192.1	506.6	-314.5
安徽	5281.1	6135.0	573.0	461.2	111.8
福建	4860.7	3604.0	133.0	294.4	-161.4
江西	6929.8	4400.0	282.7	252.1	30.6
山东	5693.4	9417.2	751.5	656.7	94.9

续表

地区	耕地粮食单产（千克/公顷）	人口总量（万人）	农村耕地存量（万公顷）	农村耕地需求量（万公顷）	农村耕地盈亏量（万公顷）
河南	6764.9	9429.0	792.6	553.3	239.3
湖北	4802.6	5711.0	466.4	472.1	−5.7
湖南	7420.2	6380.0	378.9	341.3	37.6
广东	4422.8	9544.0	283.1	856.7	−573.6
广西	3293.1	4816.0	421.8	580.6	−158.8
海南	2513.9	854.0	72.8	134.9	−62.1
重庆	5172.1	2839.0	223.6	217.9	5.7
四川	5279.2	8138.0	594.7	612.0	−17.3
贵州	2573.8	3792.7	448.5	585.0	−136.5
云南	2521.2	4543.0	607.2	715.4	−108.2
西藏	2606.6	287.0	36.2	43.7	−7.6
陕西	2745.5	3762.0	405.0	544.0	−139.0
甘肃	1896.6	2628.1	465.9	550.1	−84.3
青海	1884.5	554.3	54.3	116.8	−62.5
宁夏	2953.8	617.7	110.7	83.0	27.7
新疆	2239.4	2239.4	412.5	377.8	34.7

注：①资料来源：《中国统计年鉴》(2009)，《中国农业统计年鉴》(2009)；②农村耕地盈亏量正值表示盈余面积，负值表示不足面积。

从表4-4可以发现，当年有黑龙江、河南、湖南、重庆等14个省（自治区、直辖市）的农村耕地出现盈余，这些地区的农村耕地面积占全国农村耕地面积总量的60.7%，盈余面积总量为2161.3万公顷，在这些农村耕地出现盈余面积的省份当中，黑龙江省盈余面积最大，高达757.5万公顷。广东、上海、浙江、北京等17个省（自治区、直辖市）的农村耕地出现盈亏不足，这些地区的农村耕地面积占全国农村耕地面积总量的39.3%，盈亏不足面积总量为2291.6万公顷，在这些农村耕地出现盈亏不足面积的省份当中，广东省盈亏不足面积最大，高达573.6万公顷。盈亏不足最为严重地区均为我国经济发达地区，工业化、城镇化水平较高，建设用地需求与农村耕地保护、国家粮食安

城镇化进程中的农村土地制度改革研究

全战略的矛盾冲突较大。盈亏不足比较严重地区主要有贵州、青海、西藏等省份,这些省份主要位于西部地区,经济发达程度相对不高,农业生产条件比较落后,农村生产效率相对低下。

（五）地区农村耕地保护补偿金额计算

地区农村耕地保护补偿额度的计算公式为:

补偿标准金额 = 农村耕地盈亏量×农村耕地面积折算系数×价值补偿标准　　　　　　　　　　　　　　　　　　　　　　　　(4-20)

式(4-20)中,根据前述计算,价值补偿标准为 1.3 万/hm²。地区农村耕地保护补偿结果如表4-5所示:

表4-5　地区农村耕地保护补偿值

地区	耕地盈亏量 （万公顷）	农村耕地面积 折算系数	补偿标准金额 （亿元）
北京	-101.6	1.2	-158.5
天津	-93.9	0.8	-97.7
河北	31.6	1.1	45.2
山西	-131.1	0.6	-102.3
内蒙古	395.1	0.7	359.5
辽宁	33.9	1.1	48.5
吉林	341.6	1.2	532.9
黑龙江	757.5	0.8	787.8
上海	-133.7	1.1	-191.2
江苏	19.3	1.5	37.6
浙江	-314.5	0.9	-368.0
安徽	111.8	1.2	174.4
福建	-161.4	1.1	-230.8
江西	30.6	1.6	63.7
山东	94.9	1.3	160.4
河南	239.3	1.6	497.7

地区	耕地盈亏量 （万公顷）	农村耕地面积 折算系数	补偿标准金额 （亿元）
湖北	-5.7	1.1	-8.2
湖南	37.6	1.7	83.1
广东	-573.6	1.0	-745.7
广西	-158.8	0.8	-165.2
海南	-62.1	0.6	48.4
重庆	5.7	1.2	8.9
四川	-17.3	1.2	-27.0
贵州	-136.5	0.6	-106.5
云南	-108.2	0.6	-84.4
西藏	-7.6	0.6	-6.0
陕西	-139.0	0.6	-108.4
甘肃	-84.3	0.4	-43.8
青海	-62.5	0.4	-32.5
宁夏	27.7	0.7	25.2
新疆	34.7	0.5	22.6

注:正值表示需要获得补偿的额度,负值表示需要支付补偿的额度。

从表4-5可以发现,所处年度出现耕地不足的地区需要向耕地盈余的地区支付农村耕地保护补偿金额共计2567.7亿元。在这些省份中,广东省需要支付的农村耕地保护补偿金额最多,高达745.7亿元,黑龙江省需要获得的农村耕地保护补偿金额最多,金额为787.8亿元。湖南省的农村耕地盈余面积为37.6万公顷,需要获得的农村耕地保护补偿金额为83.1亿元。

五、湖南L县X村承包农户的农村耕地保护补偿计算

(一)确定承包农户农村耕地保护补偿的基本思路

确定承包农户农村耕地保护补偿的基本思路是在考虑保护农村耕地的年度机会成本损失的基础上,顾及承包农户的农村耕地保护补偿意愿及地方政

府支付农村耕地保护补偿的经济承受能力等影响因素,以此确定农村耕地保护的年度补偿标准。主要包括如下几个步骤:一是确定农村耕地用于粮食生产获取的年度收益。通过问卷调查方式获取农户生产粮食的成本与收入,并求出单位面积粮食生产纯收益。二是确定农村耕地转变用途用于建设用地的年度纯收益,通过土地还原利率折算。三是确定农村耕地保护的机会成本损失金额。分别计算工业、商业和住宅用地出让的年度收益与粮食生产用地年度收益差额,再用加权平均法计算机会成本损失金额。四是根据调查问卷调查农户农村耕地保护补偿标准意愿,统计每个调查农户的补偿期望值,然后求出耕地保护补偿平均期望值。五是确定农村耕地保护补偿的具体措施与金额。

(二)农村耕地用于粮食生产用途的年度收益计算

X 村位于 L 县南部,地处城郊。全村农村耕地面积为 158.9hm²,其中水田面积为 115.4hm²,旱地面积 43.4hm²,全村人均耕地为 0.7 亩。粮食种植一年两季,主要是水稻,旱地主要是玉米、大豆和小麦。采用实地问卷调查办法,获取农户粮食种植的成本与收益信息。调查农户 125 户,发放调查问卷 125 份,剔除无效问卷,回收有效问卷 112 份,问卷回收有效率为 89.6%。其中水土种植农户为 108 户,旱地种植农户为 96 户,水田小麦种植农户为 105 户,旱地玉米种植农户为 32 户,旱地大豆种植农户为 45 户。水土按照水稻和小麦的收入计算,旱地以一年种植小麦和大豆两季的收入计算,计算结果如表4-6所示:

表 4-6　农村耕地粮食生产年度纯收益　　　　　(单位:元/亩)

项目	水田	旱地	均值
种植收益	320	353	273
三项补贴	175	175	175
税费支出	53	53	53
种植纯收益	442	275	395

注:均值为水田与旱地的面积比重加权平均。

（三）农村耕地转变为建设用地转让纯收益计算

按照《L县土地征收补偿办法》,土地基础价格由土地出让金和土地成本构成。土地出让金是L县政府出让土地使用权的所有权收益,出让金收入由出让土地纯收益和因此产生的税费两部分构成,土地成本包括取得土地的平均成本、开发成本及因此产生的利息支出等。城镇Ⅱ区建设用地位于城镇周边,与农业用地交错分布。因此,可以把城镇周边的农村耕地视作城镇Ⅱ区建设用地,此时,城镇Ⅱ区建设用地土地出让金可以视同农村耕地转换为建设用地的出让金,内含的土地出让纯收益可视同农村耕地转换为建设用地的出让纯收益,并依照公式用土地还原利率转化土地出让的年收益。L县包括X村的土地均为Ⅱ区土地,工业、商业和住宅用地出让纯收益分别4920元/亩、111600元/亩和9160元/亩。土地还原利率为5.8%,工业、商业和住宅用地的土地出让年限分别为50、40和70年。根据公式得出L县包括X村的工业、商业和住宅用地的Ⅱ区建设用地转让年收益分别为553.3元/亩、7473.4元/亩和56533元/亩。

根据地租理论,商业用途土地效用最高,工业用途土地效用最低,住宅用途土地效用居中。考虑城镇区划功能分区,城郊农业用途土地转为工业用途的概率最大,其次是住宅用地,商业用途概率较低,假设所占比重分别为70%、30%和0%。由此得到土地出让纯收益的价值平均值为2086.7元/亩,也就是城郊土地转变为建设用地的出让年度纯收益为2086.7元/亩。根据级差收入理论,建设用地纯收益从城市中心地区向四周扩展逐渐降低,离城市中心地区最远的建设用地出让纯收益最低。最低纯收益同农村耕地种植收益相等,低于这个最低值后承包农户不会将农村耕地转为建设用地转让,也就是建设用地出让纯收益最低值等于农村耕地种植纯收益。因此,可将城镇建设用地出让纯收益平均值同建设用地出让纯收益最低值的平均值作为农村耕地转化为建设用地出让纯收益的平均值。即农村耕地转变为建设用地转让纯收益为 1240.9〔=（2086.7+395）/2〕元/亩。

（四）农村耕地保护机会成本的年度损失计算

农村耕地保护机会成本的年度损失,等于农村耕地转换为建设用地后出让获取的年收益,剔除粮食生产年度收益的差额。此时,水田为 798.9（=1240.9—442）元/亩,旱地为 965.9（=1240.9—275）元/亩,水田与旱地平均值为 845.9（=1240.9—395）元/亩。

（五）受访农户农村耕地保护补偿意愿

采用实地问卷调查办法,获取农户的粮食种植的成本与收益信息。调查农户 125 户,发放调查问卷 125 份,剔除无效问卷,回收有效问卷 112 份。其中农村耕地保护补偿意愿最小值为 100 元/亩,最大值为 680 元/亩。农村耕地保护补偿平均值为:水田补偿 306.7 元/亩,旱地为 340 元/亩,水田与旱地平均值为 326.7 元/亩。农村耕地补偿意愿平均值低于农村耕地的机会成本损失。这是因为部分承包农户,尤其是年龄较大的承包农户的农村耕地保护补偿意愿不高,他们普遍反映现在党和国家的"三农"政策好,不仅不要交"皇粮",而且还有补贴,对农村耕地补偿没有要求,补偿或多或少都接受,考虑国家财力就行。

（六）承包农户的农村耕地补偿金额计算

从理论分析,农村耕地保护经济补偿标准至少应该不小于农村耕地的机会成本损失。但是,需要考虑承包农户的农村耕地保护补偿意愿及地方政府的经济支付能力。该村的承包农户平均农村耕地补偿意愿低于农村耕地保护的机会成本损失。所以,根据承包农户的农村耕地保护经济补偿意愿的最大值与最小值确定都是有效合理,具体取值是最大值还是最小值还是二者之间的值,要考虑地方政府的经济发展水平和承受能力。倘若以农村耕地保护机会成本损失与承包农户的农村耕地保护补偿意愿的平均值作为补偿标准,那么,该村的水土补偿标准为552.8元/亩,旱地补偿标准为653.0元/亩,水田与旱地平均补偿标准为590.8元/亩,如表4-7所示:

表4-7　承包农户的农村耕地保护补偿标准　（单位:元/亩）

项目	农村耕地收益	建设用地转让收益	农村耕地保护机会成本损失	农村耕地保护补偿意愿	农村耕地保护补偿标准
水田	442	1240.9	798.9	306.7	552.8
旱地	275	1240.9	965.9	340	653.0
均值	395	1240.9	854.9	326.7	590.8

注:农村耕地保护补偿标准为农村耕地保护机会成本损失与补偿意愿的平均值。

倘若承包农户的农村耕地补偿意愿大于农村耕地保护机会成本损失,那么,农村耕地保护机会成本损失为农村耕地保护最低补偿标准。

综上所述,课题组基于国家粮食安全战略和农村耕地保护的目标,运用机会成本理论和分析方法,比较准确地测度出农村耕地保护的机会成本损失、农村耕地保护补偿标准及具体金额。课题组的研究思路与研究方法具有较强的可行性,为维护国家粮食安全战略和保护农村耕地,构建农村耕地保护的生态补偿机制提供了新的框架和思路。基于实地调查发现,农村耕地保护补偿需要构建一个省际、县(市)际与县(市)辖区内承包农户补偿三个不同层次而又相互联系的农村耕地保护补偿机制,三个层次不可独立割裂而又彼此联系,上层实施是下层实施的基础和保障,缺少任何一个环节和层次都难以成功实现农村耕地保护的目标。我国农村耕地保护的最终目标是保障国家粮食安全战略实施,因此,需要根据农村耕地的农业生产粮食用途的机会成本损失额度,确定农村耕地保护补偿标准。通过农村耕地保护补偿,降低农村耕地保护的机会成本,提高承包农户的粮食种植收益,也就是提高农村耕地价值和农村耕地转换建设用地的成本,承包农户与地方政府就会据此展开农村耕地保护与收益的比较分析,从经济视角评价农村耕地保护的经济价值与重要意义,而非单纯从政治任务与政绩考核压力角度权衡经济发展与农村耕地保护的取舍。只有这样,承包农户与地方政府才有推动农村耕地保护的内在动力,才能真正实现农村耕地保护的目的,进而确保粮食种植面积和粮食产量,实现国家粮食安全战略。[①]

第四节　完善农村耕地保护的策略分析

为了保障食物安全,维护国家粮食安全战略,我国实行最严格的农村耕地保护制度,严格保护农村耕地的规模、质量和土地生态。农村耕地保护制度是否有效,关键在于承包农户和地方政府能否真正贯彻和执行中央政府的制度设计初衷。伴随工业化进程和城镇化进程的加快,地方政府在推动地方经济发展的正向激励下,有可能背离农村耕地保护制度设计的初衷,同时承包农户作为有限理性经济人,种植粮食作物和经济作物的比较效益,在农村耕地使用过程中可能过度追求效益而忽视农村耕地保护或者调整种植结构。在地方经济发展与农村耕地保护的两难选择中,需要客观评价现有农村耕地保护制度的实施绩效,这是提高土地资源要素配置效率、实现农村耕地保护成本下降的前提和基础。

一、农村耕地保护制度的绩效分析

为了保护珍贵的土地资源,中央政府实行最严格的农村耕地保护制度。这一保护制度实施效果如何?是否达到制度设计的初衷,实现了农村耕地规模、质量与土地生态的保护?很多学者对此展开了大量的研究,梳理已有研究,评价我国农村土地保护制度实施绩效主要存在两类不同的看法:一是认为农村耕地保护制度在减缓农村土地非农化速度方面发挥了积极作用。Yi

---

① 雍新琴、张安录:《基于粮食安全的耕地保护补偿标准探讨》,《资源科学》2012 年第 4 期。

chun Xie(2005)以江苏吴县个案采用多元回归实证分析农村耕地保护制度的
作用,得出农村耕地保护制度在农村土地非农化局部减弱的结论[1]。陈会广
等(2009)以江苏常州为例,分析农村耕地面积变动中农村耕地保护制度绩效
发现,农村耕地保护制度与农村耕地面积显著相关,且方向为正,不同阶段的
农村耕地保护制度实施绩效存在差异,1997年以来的政策比之前的政策在农
村耕地保护效果方面更优[2]。谭术魁等(2010)运用数据包络分析方法测度中
国2000年至2007年的农村耕地保护绩效发现,农村耕地保护制度对维持农
村耕地规模总量、减少耕地违法、降低建设用地速度方面取得明显效果[3]。钟
太洋等(2012)认为农村耕地保护制度显著降低了农村耕地面积流失的速度
和幅度[4]。Jianhua He(2013)以湖北黄梅县为例,采用空间显示模型分析农村
耕地保护制度对农村耕地降低和城市扩张的影响发现,农村耕地保护制度对
降低农村耕地减少比重和规范城镇质量方面发挥了重要作用[5]。二是有些学
者认为农村耕地保护制度对保护农村耕地的实施绩效不明显。曲福田等
(2005)运用1995年至2001年省域数据实证分析农村土地用途管制对农村土
地非农化的影响发现,由于地方政府的消极应对、市场失灵等因素影响,农村
土地用途管制措施并没有对农村土地非农化供求产生明显约束[6]。朱莉芬、
黄季焜(2007)构建计量模型分析中国东部地区14省城镇化对农村耕地的影

①　Yi chun Xie,Yu Mei et al.Socio-Economic Driving Forces of Arable Land Conversion:A Case
Study of Wuxian City,China\,Global Environmental Change,2005,15(3):238-252.
②　陈会广、崔娟、陈江龙:《常州市耕地数量变化驱动力机制及政策绩效分析》,《资源科
学》2009年第5期。
③　谭术魁、张红霞:《基于数量视角的耕地保护政策绩效评价》,《中国人口·资源与环境》
2010年第4期。
④　钟太洋、黄贤金、陈逸:《基本农田保护政策的耕地保护效果评价》,《中国人口·资源与
环境》2012年第1期。
⑤　Jianhua He,Yaolin Liu,Yan Yu,Wenwu Tang,Weining Xiang,Dianfeng Liu.A counterfactual
scenario simulation approach for assessing the impact of farmland preservation policies on urban sprawl
and food security in a major grain producing area of China,Applied Geography,2013,37(2):127-138.
⑥　曲福田、陈江龙、陈雯:《农地非农化经济驱动机制的理论分析与实证研究》,《自然资源
学报》2005年第2期。

响发现,国家出台的一些保护农村耕地的政策、措施可能反而加快农村土地非农化的速度[①]。Tao Liu(2015)采用 1996 年至 2006 年中国土地调查数据分析城镇化进程中农村耕地保护与建设用地扩张发现,以保护农村耕地减少和控制建设用地增加的土地政策被实践证实是无效的[②]。Juan FENG(2015)利用中国省级面板数据分析农村耕地总量动态平衡制度在农村耕地保护及限制城镇扩张的效果发现,农村耕地总量动态平衡制度对保护农村耕地只存在些许或者甚至没有效果[③]。

由于研究视角、研究区域和研究方法存在差异,不同学者对农村耕地保护制度是否显著降低了农村土地非农化速度、是否显著维持了农村耕地规模存在较大分歧。但是,绝大多数学者对农村耕地保护制度在农村耕地质量与生态保护的实现绩效低下观点方面取得一致意见。现行的耕地总量动态平衡制度会加剧地区发展差距,农村耕地保护措施存在明显弊端。占用东部地区、中部地区肥沃土地,补充开发西部地区耕地以实现耕地总量平衡,但西部地区新开垦耕地无论是复种指数还是劳动生产率普遍不高,这种通过替代实现的动态平衡难以真正保证国家粮食安全。耕地占优补劣加剧了农村耕地恶化的趋势,在一定程度上破坏了生态环境,对粮食安全的影响在一定时期内长期存在。由于利用主体多元化,城镇周边、交通主干道、江河沿线的部分基本农田遭受十分严重的重金属污染,考虑基本农田普遍存在的占优补劣现象,现行基本农田保护制度在维持农村耕地质量、保护生态环境方面的绩效也不高。

[①]　朱莉芬、黄季焜:《城镇化对耕地影响的研究》,《经济研究》2007 年第 2 期。

[②]　Tao Liu, Hui Liu, Yuanjing Qi.Construction land expansion and cultivated land protection in urbanizing China:Insights from national land surveys,1996-2006,Habitat International 2015,46(2):13-22.

[③]　Juan FENG, Erik LICHTENBERG, Chengri DING.Balancing act:Economic incentives,administrative restrictions,and urban land expansion in China, China Economic Review, 2015, 36 (5): 184-197.

二、农村耕地保护制度绩效低下的原因分析

农村耕地保护制度在耕地质量保护、生态保护等方面绩效低下的原因是什么？不同学者从不同视角对此展开研究。农村耕地保护制度绩效低下的深层次根源在于农村耕地除了用于农业生产具有经济效益以外，还具备社会效益、生态效益等多重显性效益和隐性效益①。在农村耕地保护过程中，中央政府基于国家粮食安全、生态安全必须保护农村耕地资源，其边际社会效益与私人收益相等；而地方政府作为农村耕地保障制度的具体实施执行者，其边际私人收益可能小于社会效益，主要原因在于农村耕地保护存在社会效益和生态效益外溢性，地方政府保护农村耕地存在正的外部性。在分税制背景下，地方政府作为独立决策主体，基于地方经济发展和政绩考核及土地财政的激励有强烈占用城郊优质农村耕地发展地方经济的欲望，土地财政逐渐成为地方政府的主要收入来源之一。在中央与地方政府的委托—代理关系中，地方政府在农村耕地保护制度实施中容易出现道德风险问题，地方政府过多占用农村耕地资源可能恶化农村耕地保护形势，影响中央政府的农村耕地保护目标。为了降低道德风险，中央政府对自然资源管理部门实行垂直管理，但由于制度设计及改革不彻底，难以杜绝地方政府发生道德风险。有些地区，政府官员甚至合谋参与土地违法行为，这种合谋极大弱化了中央政府对耕地规模和各个省份新增建设用地面积的规模控制，导致农村耕地保护制度实施绩效不高，对农村耕地保护制度实施产生了极大的消极影响②。在农村耕地保护制度具体实施过程中，地方政府基于经济利益考虑许可占用肥沃耕地满足建设用地需求，补充劣质耕地，虽然总量不变，但耕地质量总体水平明显下降，出现地方政府在农村耕地保护制度中的异化。另外，承包农户基于短期利益，过度使用农

---

① 王小斌、邵燕斐、谭海波：《耕地保护、政府征地与博弈行为研究》，《武汉理工大学学报（社会科学版）》2014 年第 4 期。

② 张莉、徐现祥、王贤彬：《地方官员合谋与土地违法》，《世界经济》2011 年第 3 期。

村耕地,为了高产过度使用农膜、化肥和农药等也会引发耕地质量降低、恶化生态环境。由于承包农户、地方与中央政府等参与主体在农村耕地保护过程中的目标各异,导致农村耕地保护实施偏离了制度设计的初衷。

影响农村耕地保护制度实施绩效低下的因素除了地方政府的外部性,也同现行激励制度、财税制度和农村土地产权制度设计密切相关。分税制带来的分权制与中央政府对地方政府推动农村耕地保护与地方经济发展矛盾是导致目前农村耕地保护困境的最根本原因①。农村耕地保护契约存在地方政府监督成本太高、激励低下和代理人工作态度消极等问题,农村耕地保护激励机制设计难以满足农村耕地保护的现实需求②。这在很大程度上影响了中央政府农村耕地保护的目标。土地国有与全民所有、土地所有与管理者、中央与地方政府在土地产权方面的三重分割,导致地方政府实质成为土地资源的直接管理者和实际经营者,真正掌握控制了支配土地资源的实际权力。由于产权分割原因,地方政府无须承担农村耕地保护不力的责任和因此产生的长期不利后果。这种权责不一致在土地管理与经营中产生的后果就是激励地方政府大量占用农村优质耕地满足土地财政和经济发展的需求,导致农村耕地保护初衷陷入集体行动困境。农村耕地保护的产权模糊、农村价值体现不充分、土地增值收益分配不公平、土地管理体系不健全为特征的制度缺陷及农村耕地保护制度的扭曲和地方与中央政府在土地资源要素配置的非合作博弈为典型特征的政府治理弊端是导致农村耕地保护制度实施绩效不高的根源。另外,1994 年以来实施的分税制改革,导致地方政府在事权与财权的失衡,在农村土地非农化的利益扭曲中,地方政府是农村土地非农化巨额增值收益的主要获益者,财税体制改革不充分引发的地方政府财政困境,也是地方政府加速农

---

① 吴正红、黄伟:《转型深化时期地方政府行为特征与耕地保护激励问题研究》,《经济体制改革》2012 年第 5 期。

② 李广东、邱道持、王平:《地方政府耕地保护激励契约设计研究》,《中国土地科学》2011 年第 3 期。

村土地非农化的主要诱因。各地的地方政府缺乏农村耕地保护的积极性,对农村耕地保护制度执行效果产生明显影响。同时,农村耕地保护制度实施绩效低下与其自身制度设计不科学也有密切关系,制度设计没有充分考虑地域经济发展的不均衡和自然资源禀赋分布的不均衡,没有科学运用空间效率均衡比较优势理论配置土地资源要素,导致农村耕地保护制度实施效果同理论预期存在很大差距,农村耕地保护制度绩效产生偏离。

三、农村耕地保护制度的路径优化分析

美国等西方发达国家保护耕地的主要目的是保护生态环境、乡村风光及美丽田园。耕地保护形式多种多样,综合运用法律、分区规划与税收政策等,广泛采用农村土地发展权购买、农村土地发展权转移等方式。西方发达国家的土地资源要素配置和农村耕地保护主要通过市场方式,实现保护生态环境的目的。在中国农村耕地保护制度实施绩效低下、土地资源要素配置效率不高的背景下,谭荣(2010)等提出应该合理确定市场与政府在农村土地非农化和土地资源要素配置的界限。绩效低下产生损失的根源在于政府过多地干预土地市场价格,就此提出完善土地市场体系,减少行政干预土地价格的建议①。但是,考虑到中国的特殊实际,目前的农村土地非农化也不可完全采取市场化的模式,比较适宜采取政府治理为主、市场治理为辅的模式。在农村耕地保护与发展地方经济矛盾冲突严重的地方,地方政府部分变通了农村耕地保护制度,中央政府的国土资源部门对农村耕地保护制度进行了完善,局部引入了市场机制。比较典型的是"重庆地票制度"和"浙江模式"。

浙江通过创新设计土地发展权跨区交易的市场机制设计,构建以基本农田易地代保、易地耕地补充和折抵指标有偿调剂为核心内容的土地发展交易

---

① 谭荣、曲福田:《中国农地发展权之路:治理结构改革代替产权结构改革》,《管理世界》2010 年第 6 期。

的"浙江模式"①。在全国推广"浙江模式",有利于提升农村耕地保护制度的经济效率和改善农村新增耕地的质量,降低中央政府的农村耕地保护监督成本和信息成本,提升土地资源要素的配置效率。但是,也有学者指出,"浙江模式"与西方发达国家农村土地发展权转移存在明显的本质差别,西方发达国家农村土地发展权主要采取市场手段对耕地土地的农民进行补偿,而"浙江模式"的农村土地发展权转移是在一定行政区划内各个地方政府间进行,交易主体是各级地方政府,是地方政府主导的收入分配调节,与辖区内承包并不发生直接联系②。所以,中国的土地发展权交易与土地发展权转移并不能彻底解决农村耕地保护的正的外部性难题,这一问题的解决需要通过建立契约型市场达成③。"浙江模式"的核心在于通过市场手段激励地方政府开展土地整治与开发,实现农村耕地占补平衡的目的。但是,伴随农村耕地候补资源日益紧张及农村土地开发过度产生的环境、生态问题,政策关注的重点逐步由农村土地开发转向农村土地整理与复垦,在这种背景下出现了重庆的"地票制度"。"地票制度"侧重土地增量,也就是把农村节约的建设用地周转指标同城市增加的建设用地指标相对应。在土地财政背景下,周转建设用地指标为地方政府提供了新的建设用地渠道。这种强激励对于地方政府而言,有助于达成中央政府保护农村耕地的目标④。

还有一些学者从完善土地管理制度体系、农村耕地保护激励机制设计、财税制度和利益补偿机制等方面提出农村耕地保护制度的路径优化措施。我国要从根源上铲除地方政府农村土地非农化的冲动,充分调动地方政府参与农

① 汪晖、陶然:《论土地发展权转移与交易的"浙江模式"——制度起源、操作模式及其重要含义》,《管理世界》2009年第8期。
② 汪晖、王兰兰、陶然:《土地发展权转移与交易的中国地方试验——背景、模式、挑战与突破》,《城市规划》2011年第7期。
③ 张蔚文、李学文:《外部性作用下的耕地非农化权配置——"浙江模式"的可转让土地发展权真的有效率吗?》,《管理世界》2011年第6期。
④ 谭明智:《严控与激励并存:土地增减挂钩的政策脉络及地方实施》,《中国社会科学》2014年第7期。

村耕地保护的主动性和积极性,就必须为地方政府提供稳定的替代财源,实施全面的财产税不失为一个理想选择。同时,在中央政府层面完善农村耕地保护制度设计,建立起地方政府在农村耕地保护中明晰的激励机制,这种激励应该包含物质层面和精神层面的双重激励,并对农村耕地保护实施严格的监督检查制度,实现激励和惩罚两手抓,以达成中央政府的农村耕地保护目标。另外,农村耕地保护也要充分考虑保护措施的经济性和合理性,应该从农村耕地保护成本和农村耕地保护收益两方面共同压缩农村土地非农化的收益空间,逐渐确立承包农户保护农村耕地的主体地位[1]。健全完善承包农户保护农村耕地的补偿制度和权利保护体系[2],引导村集体经济组织开展正确有效的农村耕地保护措施保护珍贵的农村土地资源要素。[3]

---

① 谷树忠:《耕地保护经济合理性的理论模型与识别标准》,《资源科学》2011 年第 5 期。

② 刘彦随、乔陆印:《中国新型城镇化背景下耕地保护制度与政策创新》,《经济地理》2014 年第 4 期。

③ 郭珍:《中国耕地保护制度:实施绩效评价、实施偏差与优化路径》,《郑州大学学报(哲学社会科学版)》2017 年第 1 期。

第五章　落实承包地"三权分置"制度研究

实行农村承包地"三权分置"制度,是当前破解农民承包权保护与推进农村土地流转矛盾的治本之策。截至 2017 年年底,农村土地流转面积 5.12 亿亩,占农户承包地总面积的 37%,部分或全部流转出农村土地的农户超过 7000 万户①。承包地"三权分置"制度作为农村土地制度的重大理论创新,需要在理论和实践层面进一步完善。

第一节　农村承包地"三权分置"的理论意蕴

农村土地产权关系问题是农村土地制度改革最核心、最基础的理论问题。中央提出坚持农村土地集体所有权,稳定农户承包权,放活土地经营权的"三权分置"理论,是积极应对中国经济结构变革中人地关系变化和农业经营主体变动的回应,需要在政策层面、理论层面和法律层面展开深入研究。在此基础上,深化农村集体所有制改革,破解中国农村发展所遭遇的制度困境。但是,承包地"三权分置"理论蕴含极其复杂的利益和法律关系,需要厘清"三权

---

① 韩长赋:《中国农村土地制度改革》,《农业经济问题》2019 年第 1 期。

分置"的基本问题,保证中央提出"坚持土地公有制性质不改变、耕地红线不突破、农民利益不受损"基本原则的落实,破解国家土地管制与市场配置土地资源的矛盾,为农村集体经营性建设用地入市与宅基地制度改革提供理论支持。因此,2014年11月中共中央办公厅、国务院办公厅印发了《关于引导农村土地经营权有序流转发展农业适度规模经营的意见》,抓紧研究探索集体所有权、农户承包权、土地经营权在土地流转中的相互权利关系和具体实现形式。

一、承包地"三权分置"制度提出的背景

目前,我国农村土地产权关系发生变化,是由中国社会急剧转型背景下的农村劳动力大量转移引发的。而导致农村劳动力大量转移有三个主要原因:一是市场经济观念深入人心,经济比较效益吸引广大农民离开农村进城从事非农务工活动;二是农业机械的普及和推广,提升了农业生产效率,减少了对农村劳动力的需求;三是国家的城镇化战略、户籍制度改革和城乡居民社会保障制度的实施,鼓励农村人口向城市转移。农村劳动力的大量转移,全国农村普遍出现农村土地承包权与农村土地经营权"两权分离"的现象,这种因人口变动、经济因素引发的"两权分离"不同于20世纪80年代因国家改革政策导致的农村集体土地所有权与集体经营权"两权分离",表明此次农村土地产权变化符合历史变迁规律,具有某种历史必然性。国家提出承包地"三权分置"理论和政策就是对广大农村普遍存在的客观现象进行肯定、理论总结和推广。

农村劳动力大量转移形成的"三权分离"后果即农村土地经营权流转现象,是农村土地集体产权受限的市场化表现。土地所有权不改变和土地承包权稳定与市场化的土地经营权结合,导致"三权"关系结构更加复杂,形成多种土地产权关系结构。无论"三权"关系能否并行不悖、是否存在着内部的逻辑矛盾,但与现有的土地法律体系发生严重冲突①。国家政策需要面对现实

---

① 张守夫、张少停:《"三权分置"下农村土地承包权制度改革的战略思考》,《农业经济问题》2017年第2期。

和未来形势变化,目的是解决现存的实际问题和矛盾;而法律在某种程度而言存在滞后性,需要确保法理的逻辑指向。在涉及土地管理相关法律的修订中,既要解决实际存在的问题保证落实中央的政策意图,又要在逻辑上不存在矛盾,以满足法理要求,确实是一个大难题,特别是在确保坚持中央"三条红线"基本原则要求前提下。因此,中央提出实施的承包地"三权分置"政策和理论,是迫于中国农村土地问题的复杂性倒逼出的一项新的顶层设计制度,明显是对现有土地法律框架体系的束缚的突破。但改革效果如何,是否为农民所接受,还需要实践的检验。

二、农村土地产权关系的变迁

从制度变迁视角考察,农村土地集体所有制在改革开放后与人民公社时期已经完全不同,而本次新土改后的农村土地集体所有制与现在的农村土地集体所有制也有所区别。20 世纪 80 年代开启的家庭联产承包责任制改革和 90 年代中期开始的乡镇企业转制改革,及后来进行的农村税费体制改革,"四荒"拍卖、集体林权、草原承包和小型农田水利制度等一系列变革,农村集体所有制的覆盖范围、表现形式和产权结构都发生了很多变化。承包地"三权分置"制度改革实施具有深厚的历史基础,是对现行农村土地制度的继承和发扬,能够较好地实现公平与效率的统一。

人民公社时期的农村土地集体所有制是农村土地集体所有权和农村土地经营权的统一,改革开放后的农村土地集体所有制实现了农村土地集体所有权与农村土地经营权分离,本次农村承包地"三权分置"制度改革是农村土地集体所有权和农村承包权即农村土地经营权的进一步分离,变迁路径表现为从两权统一到两权分离再到三权分置的转变过程。转变最大的主要体现在经营权的运用,是集体经营,还是承包农户自己经营,亦或承包农户将承包地流转出去交由土地流入主体经营。因此,中国农村土地产权变革经历了从两权统一、两权分离再到三权分离的过程。也就是农村土地所有权和农村土地经营权两权统一,农村土地所有权与农村土地承包经营权两权分离,农村土地所有权、农村土地承包权与农村土地经营权的三权分离进程。

这个历史变革过程产生了四种农村集体土地产权结构类型,一是"农村土地集体所有权+农村土地集体使用权"的传统形式;二是"农村土地集体所有权+农户承包权+农户自己经营"的家庭联产承包责任制模式;三是"农村土地集体所有权+农户承包权+流转后形成家庭农场和专业大户"的个体农户经营形式;四是"农村土地集体所有权+农户承包权+土地合作和土地股份合作等"新组合农村土地集体使用权模式。在整个农村土地产权历史变迁过程中,农村土地集体所有权权属在法律上并没有出现本质的变化,改变的只是农村土地使用权也就是农村承包地的土地经营权。但是,由于城镇化进程加快发生的农村人口大范围转移,农村集体土地所有权主体出现了结构性的改变,但农村集体土地所有权主体的法律规定并没有发生相应变化,易引起农村土地的现有法律体系与现实产生矛盾冲突。

三、承包地"三权分置"的本质与意义

从法律视角考察,农村土地承包经营权一分为二,即分为农村土地承包权与农村土地经营权,其实质是把土地承包权的物权性质和土地经营权的债权性质分开。否则,农村土地承包经营权流转究竟是物权流转还是债权流转就会出现法律上的困惑。土地承包法规定农村土地承包经营权可以流转,但现行政策限制农村土地承包权流转。这种实践上自相矛盾的法律冲突存在,迫切要求深化农村土地制度改革,实现承包地"三权分置"。

承包地"三权分置"政策和理论的目标指向非常明确,从重要性分析"三权分置"逻辑关系更加清晰具体:第一,放活农村土地经营权,既不是原来的高度集中,也不是原有的小农经济,而是通过土地经营权的放活,实现小农户与现代农业的有机衔接,是在充分考虑中国国情的基础上实现适度规模经营,促进现代农业发展,解决谁来种地问题,确保国家粮食安全;第二,稳定农户承

包权长久不变,既不是原来的承包到期重新承包,也不是采取市场化方式承包,而是要稳定农户的土地承包预期,保障近三亿农民工的农村土地财产权益,防止在经济转型时期因为城镇化进程出现贫民窟问题,发挥经济发展的蓄水池功能和社会和谐的稳定器作用;第三,巩固农村土地集体所有权,既是对主张实现"土地国有化"或"土地私有化"观点的回应,也是确保中国特色社会主义经济制度的根基不变化的基础,农村集体土地所有者是符合中国国情、农情的一项重要制度。因此,对于承包地"三权分置",核心是要科学、合理界定农村土地所有权、农村土地承包权、农村土地经营权的范围。在充分考虑中国经济发展所处阶段、改革路径依赖和制度改革基础上,按照坚持农村土地集体所有权,稳定农户承包权,放活土地经营权的原则要求,进一步明确具体所有权、承包权、经营权在占有、使用、收益和处分的土地权能边界。坚守"三条底线",稳定农村土地承包关系长久不变,激活农村土地经营权,实现农业生产的规模化和现代化。

第二节 农村土地承包制度面临的
问题和矛盾分析

一、是否保留进城农民承包权的两难选择

当矛盾突出、问题复杂难以明确主体时,首先需要准确把握主要矛盾,突出人的利益保护。我们知道,不管是工业化、城镇化,还是农业现代化、信息化,都是为了人民幸福和为人民谋利益,保障人的利益才是根本目的。当前,农村土地制度改革问题纷繁复杂,如何改? 改革的方向是什么? 诸多问题值得深思。改革应当突出保障广大农户的利益。国家统计局统计数据显示,2018 年,全国农民工总量为 28836 万人,比上年增加 184 万人,增长 0.6%。因此,国家不能忽视近 3 亿农民工的利益诉求,不能单纯考虑农业规模经营、

农业现代化,也不能简单地把这么多人口留给城市。倘若城市没有能力解决近3亿农民工的住房需求和就业问题,如果出现南美土改的"贫民窟"现象,那么农村土地制度改革的意义和目的就不复存在。所以说农村土地产权改革面临错综复杂的产权关系,在我们处理错综复杂关系的时候抓住利益诉求这一主要问题,可以成为妥善处理突出矛盾的突破口。如何坚持农村土地承包权的长久不变,保持长期稳定,如何采取可行措施保障已经分化的农村近9亿户籍人口利益不受损,这是国家制度设计和国家政策决策的难点,面临是否保留3亿进城农民土地承包权的两难选择。

不同选择、不同方式直接影响农村承包地"三权分置"的性质和走向。理性来看,倘若单纯是为了实现农业现代化,那么是不能允许农民带着承包权进入城市的,这样不仅会增加农业生产者的农业生产成本,而且会使耕种土地者缺失土地承包权;如果从维护进城农民工的土地合法权益视角考虑,那么就应该允许进城农民工继续保留农村土地承包权进入城市。从实际情况出发、立足现实的原则考虑,国家政策的战略选择应该是,短期策略是允许进城农民工继续保留农村土地承包权,长期策略是适应现代农业发展要求,在坚持农民自愿的前提下,农村土地承包权可以实现市场流转。但是,农村土地承包权流转并不意味着农村集体经济组织的解体,仍要坚持上地公有制的底线不突破,此时就有必要对农村土地承包关系进行重构,重塑农村土地所有权主体及其内涵。

从涉及近3亿离开农村进入城市农民工的土地承包基本权益出发,衍生出4个迫切需要解决且事关国家全局的农村土地产权问题:一是为了保障近3亿进城农民工的合理权益,是否允许农民工继续保留农村土地承包权进入城市?二是因为部分具有农村土地承包权的农民工离开农村进入城市,导致继续维持原有法律体系框架内的农村集体经济组织面临解体境地,如何继续坚持农村集体土地的公有制性质不改变?三是具有农村土地承包权的大量青壮年农村劳动力离开农村进入城市,不再从事农业生产活动,非农务工行为是否影响国家粮食安全战略和农业现代化目标冲突？四是如何破解在新时代推进依法治国大背景下农村土地法律法规与农村土地制度改革新政之间的政策冲突？一个可喜变化是，2018年第二次修正的《土地承包法》第二十七条规定，"承包期内，发包方不得收回承包地。国家保护进城农户的土地承包经营权。不得以退出土地承包经营权作为农户进城落户的条件"。

农村土地集体所有权、农村土地承包权、农村土地经营权间的"三权"关系问题及就此产生的矛盾还可以派生出许多错综复杂的矛盾。譬如，农村土地征收问题、农村小产权房能否合法化问题、农村集体经营性建设用地所有权归属问题、农村集体土地收益分配问题、农村集体经济组织成员资格与身份问题、农村土地承包权继承问题、农村土地经营权流转问题、农村土地经营权抵押问题等等。需要进一步展开研究，在实践探索中找到解决方案。

二、农村土地承包权强化导致农业发展困局

农村承包地"三权分置"改革是通过增加承包权的产权强度激励农村土地承包者参与农村土地流转的积极性和主动性，以此为基础形成农村土地流转市场，实现农业生产的规模化、集约化，实现农业现代化。但这一强化承包权的意图可能会影响正常的农业生产。

（一）农村土地承包权强化的逻辑

主张农村土地承包权强化的学者认为农村土地流转的突出障碍是难以有效保障承包者的土地权益。一是土地承包权的弱保护容易引发农村土地违背意愿强制流转或者出现基层组织在流转过程中的土地寻租行为。二是缺失的农村土地处分权影响了农村土地流转市场正常作用的发挥。三是土地承包权的频繁调整或不稳定影响经营者的投资意愿和经营预期[①]。有专家提出，倘

---

① 　肖卫东、梁春梅：《农村土地"三权分置"的内涵、基本要义及权利关系》，《中国农村经济》2016年第11期。

若忽视农村土地承包权的保护,就难以顺利推动农村土地流转,难以实现农业现代化。[1]

强化农村土地承包权主要体现在如下几点:第一,扩大农村土地承包者的土地权利,许可土地承包者采取土地转包、土地互换、土地转让、土地入股等方式流转土地经营权;第二,稳定农村土地承包者的土地权利,鼓励土地承包者流转出的承包土地没有后顾之忧,"确实证、颁铁权"的农村土地登记确权颁证工作从地理位置密切土地承包权联系。2017年,习近平总书记在党的十九大报告中指出,"保持土地承包关系稳定并长久不变,第二轮土地承包到期后再延长三十年"。因此,稳定农村土地承包关系从家庭联产承包经营制度的稳定逐渐演化为农村土地承包权限稳定和期限稳定,甚至是特定地块和特定面积的稳定,农村土地承包权实现了从农业生产经营自主权过渡至用益物权甚至准所有权的转变。[2]

(二)农业发展困局

强化农村土地承包权的支持者主张把维护农民的土地承包权益作为承包地"三权分置"制度改革的前置条件,具有一定合理性。但是,农村土地承包权的强化不可避免会给农村土地经营者带来土地租金、土地租赁期限和农业生产投资的土地利用限制。特别是在城镇化进程加快的情形下,土地承包者占有细碎化的土地,土地经营者不仅难以顺利实现土地经营规模的扩张,而且面临严重的生产不便问题。主要表现在如下几个方面:

首先,形成农村土地难以正常流转的僵局。农民尤其是老一辈农民的念土情结较强,土地不仅是从事农业的生产要素,而且是农民的祖业和家产,是农民的命根子。土地承包者将土地视为私人财产保值增值的重要手段和乡愁

---

① 陈锡文:《深化农村土地制度改革与"三权分置"》,《公民与法(综合版)》2017年第7期。

② 叶兴庆:《集体所有制下农用地的产权重构》,《毛泽东邓小平理论研究》2015年第2期。

的重要寄托。此外,在快速城镇化时期,土地的升值空间较大,土地承包者即使不耕种土地也占有土地,以此为依据获得因城市化带来的土地增值收益。这就引发占有土地而不使用土地、闲置土地而不租赁土地、荒废土地而不转让土地的困局,导致出现土地弃耕撂荒与农村土地流转率低下并存的局面。

其次,增加农村土地经营权整合的阻力。由于城镇化水平、家庭劳动力结构分布和家庭生命周期存在差别,农民的农村土地流转意愿存在很大差别。譬如,年轻的农民往往离开农村外出务工并将其承包的农村土地流转出去,伴随年龄增长,年老时通常回到农村继续耕种其承包的土地;有些农民愿意将其承包的农村土地长期流转出去,而有些农民只愿意流转其部分承包的土地,这种差异化的农村土地流转意愿严重影响土地的调整,成为土地规模经营的严重障碍。

再次,影响农业生产的经营利润。土地承包者拥有过多过大的土地权利,可以依靠农村土地的短期流转或者土地流转合同违约的方式要求获取更多的土地租金。土地租金是农村生产成本不可忽视的组成部分,租金过高,会严重影响农业生产经营利润,降低农业投资者的经营和投资积极性。课题组在上海农村调查过程中发现,上海本地农民从事非农就业的机会选择非常多,并被全部纳入城乡居民社会保障体系中,对土地不再有就业和养老的依赖。但是,土地承包者占有特定地块可以要求较高的土地租金或者采取机会主义行为抬高转让价格。当地粮食作物种植纯收益通常在 1000 元/亩左右,而流转土地租金大部分高达 1000 元/亩甚至 1500 元/亩。因此,农村土地承包权强调保护土地承包者土地权益时,不利于实际耕种土地的经营者。

最后,限制土地经营者的经营自主权。为了满足农业生产的要求,土地经营者通常需要进行土地整治或进行基础设施建设。流转农村土地的农民通常不会同意土地经营者进行地块调整整治土地或者修建道路、沟渠占用土地面积。与此同时,由于土地承包者人数众多,协商成本十分高昂,土地经营者难以根据生产需要自主利用土地。

第三节　承包地"三权分置"改革的
土地信托流转案例分析

一、理论框架与研究假说

伴随工业化进程和城镇化进程的加速,农村生产力和生产关系也发生了十分显著的变化:大量农村剩余劳动力离开农村进城从事非农就业,非农就业的外出劳动力在城市获取劳动技能和劳动收入返回乡村也促进了农村非农产业的进步。不断发生的演化最终推动农村土地流转从初始的亲友或邻居代耕到土地转包、土地入股和土地信托等多种模式的产生。这些模式创新满足农村土地资源要素优化配置的基本要求。但是,农村土地代耕形式存在的自发流转形式难以从根本上解决农村土地细碎化和生产资金缺乏的难题。而广大承包农户因为自身文化水平和农业生产经验的限制,对外来的工商资本又缺乏信任,通过引入政府信用,消除双方不信任,这种政府主导的土地信托在一定条件下可以规避上述问题的产生。

按照地方政府信用在农村土地流转过程中的表现和产生的作用,可以就此得出农村土地信托流转模式的理论框架,如图5-1所示:

从图5-1可以发现,地方政府主导的土地信托模式理论框架中,农村土地自身体现了土地承包权、土地经营权和土地所有权三种土地权能形式。承包农户享有农村土地承包权,农村土地信托流转模式流转出去的是农村土地经营权,土地所有权归村集体所有不变。地方政府为农村土地流转提供信用担保,整合政府部门的财政支农资金、企业投资等一起投入到流转土地的土地整治环节,在一定情形下能破解农业生产投资缺乏的难题。

根据前述阐释,由此可以得出政府主导的土地信托研究假设:地方政府凭借政府自身信用土地信托流转平台提供政府担保,依托科学的风险分散设计

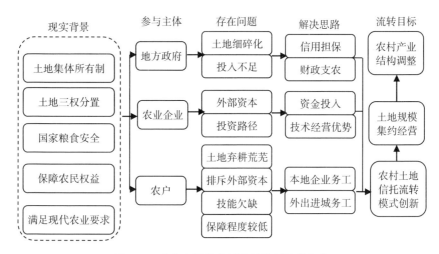

图 5-1　政府主导的农村土地信托流转框架

机制,可以显著提升承包农户参与土地流转的意愿,增加工商资本进入现代农业的吸引力,降低工商企业开展土地整治、规模生产的资金压力,解除投入资金缺乏和农村土地细碎化的难题,实现农业生产的现代化、规模化和集约化目标,推动农业生产的转型升级。在地方政府主导的土地信托流转模式创新中承包农户、农业经营企业、地方政府共同参与农村土地流转的相关环节,保障了土地流转参与各方的利益关切,创造出一套回应参与各方利益关切的稳定框架。下文是基于课题组在湖南益阳沅江市的实地调查访谈内容,详解土地信托模式创新实践。

二、承包地"三权分置"的土地信托流转:以湖南沅江市为例①

（一）益阳沅江农村的农业生产存在的问题分析

党的十一届三中全会以来,沅江区域的农村劳动力同中国广大农村其他

---

① 本节数据根据课题组在沅江市获得的调研数据整理而得。

区域类同,农民离开农村进入城镇从事非农务工活动以提高家庭的收入水平。这种变化不可避免地引起许多必须破解的问题:一是农村劳动力大量离开农村进入城镇从事非农就业,农村土地撂荒的问题愈来愈严重;二是商业银行、农村金融机构对农业生产支持力度不足,信贷供给不能满足大户、家庭农场的资金投入需求;三是承包农户对外部资本进入农业的信心不足,对农村土地流转不配合,承包农户普遍持观望态度。

（二）农村土地细碎化的破解工具

为了调动承包农户参与农村土地流转的积极性,保护参与各方土地流转权益,实现土地要素的配置优化。2010年,益阳沅江最初在草尾镇试点,进行农村土地信托流转探索工作,陆续发布了相关政策,并最终建立了政府主导的土地信托流转模式:地方政府出资成立信托有限公司,建立镇、村两级土地信托流转工作领导小组,建立规范制度为信托服务有序运行提供保障。如图5-2所示:

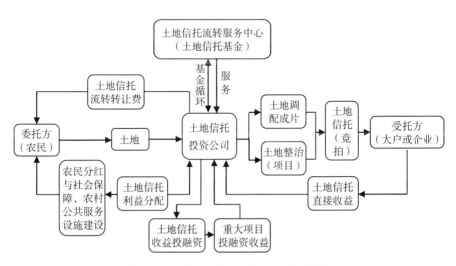

图5-2 沅江市土地信托流转运作流程图

从图5-2可以明显看出,政府主导的农村土地信托在沅江的地方实践存在如下几个十分关键的流程:一是地方政府注入资金成立的土地信托投资公司是核心,与此相对应的还有土地信托基金与流转服务中心组织的成立;二是地方政府注入资金成立的土地信托投资公司依靠信托资金从承包农户那里获得农村土地经营权,承包农户获得信托基金支付的土地使用权使用费;三是地方政府注入资金成立的土地信托投资公司凭借财政支农等资金对受托农村土地进行开发与整理,便利农业机械化使用;四是地方政府注入资金成立的土地信托投资公司将整治过的农村土地采取招标、拍卖的方式确定归谁经营,从土地经营主体那里获取农村土地信托收入;五是合理分配土地信托收入;六是根据资金的供求状况及实际情况利用信托平台开展投资、融资活动。

(三)政府主导的土地信托模式创新的沅江实践效果与评价

益阳沅江通过在草尾镇进行土地信托试点到逐渐推广全市,在促进农业生产效率提升,破解一家一户分散经营带来的土地细碎化问题,吸引外部资金从事现代农业,实现农业产业结构转型升级方面取得明显效果。截至 2014 年末,沅江市的土地流转面积为 2820 公顷,农村土地流转比率高达 51.4%。政府主导的土地信托流转模式创新影响沅江农业生产的效果是显而易见的:首先,土地流转带来的农业连片经营实现了农业生产的规模化与集约化,明显促进了农业生产效率的提高,水稻的单位面积产量较流转前提高了 10%—15%。其次,消除了农村土地撂荒发生的可能,提高了农村土地的使用效率,推动了农村劳动力的转移,促进了农民收入提高和农民生活的改善。承包农户流出农村土地后,除了获得土地相关补贴、劳动力工资收入外,还可以获得农村土地租金收入。实地调查也发现,较土地信托流转发生以前,承包农户的人均纯收入平均增加了 1.5 万元。再次,明显增加的农业生产的投入水平,促进了农业综合生产能力的显著提升。通过政府主导的土地信托流转,改变了原来土地投入单一的政府主体模式,农业企业、银行等金融机构或社会资金纷纷进入农业生产领域,夯实了农业生产的基础。最后,显著提升了农村的农业生产效率,带动了农村经济的体制改革:一是加快了农村土地确权、登记、颁证的速度;二是推进了城乡统筹、协调发展的步伐;三是推动了农村金融机构与金融体系改革的速度;四是完善了村级新型治理结构;五是为农业新型经营主体培育提供了实践土壤。

三、研究结论与政策建议

通过理论分析和案例剖析发现,政府主导的土地信托流转模式创新在推动农村产业结构转型升级,实现农业的规模生产、集约经营,实现农业现代化,发展高效、绿色农业方面取得重要创新。利用地方政府提供的政府信用不仅消除了承包农户参与农村土地流转的不信任和担忧,调动了承包农户的参与积极性,加快了农村土地流转的速度,扩大了农村土地流转的规模,而且较好地解决了工商企业等外部资金投入农业发展现代农业面临的土地细碎化难题及土地流转双方谈判成本较高、道德风险居高不下等问题。

在探索地方政府主导的土地信托流转模式创新时也必须考虑:地方政府提供的政府信用归属于公共资源范畴,依靠地方政府提供信用为农村土地流转的参与各方提供信用有可能会导致如下不利后果:一是大规模、大范围流转农村土地有可能产生利益寻租,影响承包农户与村集体土地权益。二是政府信用能否提供持续的保障。三是农村土地信托流转带来的土地规模经营,增大了农业生产的资金需求,农村金融机构能否满足农业主体的资金需求。资金供给不足转向民间借贷无形中增大了农业规模经营的风险,增大了大户、家庭农场的负担。四是土地流转给农业生产企业或种田大户放大了农业经营的风险。由于农业保险覆盖不健全,农业生产面临的自然条件等不确定性因素较多,一旦农业生产发生灾害减产,租金支付风险较大,100 元/亩的土地信托流转风险抵押金难以弥补流出土地农户的租金损失。从风险分散及我国农业生产的实践来看,益阳沅江把土地流转规模的单一主体控制在 60 亩左右一户是比较理想的选择。[①]

在实现农业现代化、调整农村产业结构的过程中,面对农村青壮年劳动力大量进城从事非农活动,农村土地细碎化及工商资本纷纷进入农业生产领域的现状,开展政府主导的农村土地信托流转模式创新,要充分考虑当地客观实际,控制农村土地流转规模经营风险,由此破解农村人力资本缺乏、劳动力与土地资源要素配置不合理的问题,同时也要避免产生利益寻租的土壤、地方政府提供信用的持续能力、农村土地流转导致的非农化、非粮化及承包农户土地财产权益保护问题。

第四节　承包地"三权分置"改革的路径分析

一、丰富农村土地承包权的内涵

笼统地强化承包者的农村土地承包权并不一定能够充分保障土地承包者的土地权益。实现土地承包权益的有效保护需要厘清土地承包农民的土地权益诉求及其权益实现路径。在城镇化进程加快过程中,农民的流动性也明显增强,农村土地承包权的内涵及与此相应的土地承包权实现方式也必须发生相应变化。把农村土地承包权界定为占有农村特定地块土地的权利还是通过土地经营权流转获取土地租金收益的权利,亦或是从村集体经济组织获得承包土地进行耕种的权利,对土地承包者和土地经营者的影响程度存在明显的不同。

由于进城务工农民需要在城市和农村双向流动,进城务工农民的诉求是在务工时能够实现农村土地的顺利流转,并在年老返乡需要耕种土地时可以继续耕种。在土地细碎化的条件下,要实现农村土地的便利流转不仅要赋予

---

① 韩俊:《准确把握土地流转需要坚持的基本原则》,《农村经营管理》2014 年第 11 期。

土地承包者流转土地的选择权,还要实现农村土地流转的集中成片。确定农民土地承包权与特定地块等密切联系,可以有效保障返乡农民工的土地耕种权利,但不利于农村土地流转的集中成片。反之,强化农村土地经营权可以比较容易实现农村土地流转的集中成片,但难以有效保障返乡农民工耕种土地的权利。对农村土地承包权或者农村土地经营权采取简单的强化或者弱化难以妥善兼顾农村土地制度改革的双重目标。

根据部分地区农村改革试点经验,对农村土地承包权权利边界的重新界定可以有效化解农民土地流转权益保护与土地集中成片问题。也就是在保障承包土地农民获取土地流转收益权利基础上,将农村土地承包权与农村特定地块脱钩,把农村土地承包权保障从实物形式转变为价值形式。这种方式的实质是把农村土地承包权的内涵进行重新界定,界定为有权使用集体土地和获得集体土地相应收益的权利,重要的是保障返乡农民获得继续耕种农村土地的权利,但对特定地块不再具有占有权。这种改革探索在保留土地承包者的土地承包权的同时消除了土地承包者占有特定地块影响土地集中成片使用的限制。这种方式与土地资本化存在明显的区别,土地资本化方式是通过经济货币化实现资源从实物形式转变为货币形式,进而在市场可以自由交换。土地资本化方式没有改变农村土地承包权的内涵,主要强调农村土地的交换价值,土地承包者以丧失农村土地承包权为代价获取货币收入。而丰富农村土地承包权的内涵,农村土地承包者在获取农村土地流转收益时并不会自动丧失农村土地的承包权。

农村土地承包权通过两种方式实现:一是农村土地承包者继续耕种土地获取农业生产收入的权利;二是农村土地承包者流转土地获取土地流转收益和今后依据土地承包权无偿获取耕种土地即经营权的权利,农村土地承包者可以自主选择农村土地承包权的实现方式。所以,农村土地承包权可以在实践中做到切实保障土地承包者的土地耕种权利、土地流转权利和土地流转后返乡继续耕种土地的权利,承包者的土地承包权并没有被弱化。由于农民返乡后可以便捷地取得农村土地经营权耕种土地,大大消除了土地承包者流转土地的顾虑。两种实现方式只是土地承包者与土地经营者之间的土地权利权重存在差异,共同特点是对土地承包者与土地经营者之间的土地权利和土地义务关系进行重新界定,这种界定或者权重调整并没有涉及农村土地集体所有权主体与土地承包者之间的关系。

化解承包地"三权分置"制度改革困境的关键在对农村土地承包权内涵进行重新界定,实现集体土地所有权主体与土地承包者关系的重构。在重新界定农村土地承包权内涵的条件下,承包地"三权分置"改革把农村土地承包经营权的生产与成员属性分离,实现集体土地所有权主体、土地承包者和土地经营者之间的土地权利关系重构。此时,土地承包权赋予成员权属性特征,土地经营权仅具单纯的生产要素属性特征。尽管村集体经济组织无权重新对农村土地承包权进行配置,但是具有重新配置农村土地经营权的权利。因此,农村土地集体所有权、农村土地承包权和农村土地经营权的权限不同,三者间属于非竞争性关系。

二、探索集体所有权落实的有效方式

在农村土地承包权内涵及其实现方式发生改变的同时,农村土地集体所有权的实现方式也产生了变化。农村土地承包权不再一一对应具体地块,破除了土地的身份属性限制及实现土地资源优化配置的束缚,可以根据农业生产需要在相对较大范围内实现土地的整治。也为村集体经济组织实现农村土地资源要素优化配置和土地整治提供了一定空间,村集体经济组织可以利用市场手段将农村土地配置到能够实现土地高效利用的土地经营者那里。通常方式是村集体经济组织把土地承包者不愿耕种的土地集中,利用市场手段通过土地流转有偿流转给土地经营者,实现土地适度规模经营。伴随越来越多的农村劳动力离开农村进入城市,会有更多的农村土地集中到土地经营者那里。

村集体经济组织利用市场方式集中成片流转农村土地,充分发挥竞争机制作用,快速实现土地从集中所有到集中利用的转变:一是土地经营者只需要同村集体经济组织单一主体谈判,不再需要与几十甚至几百个土地承包者谈判,有效节余了协商时间,提高了土地流转交易效率,降低了农村土地流转交易成本。二是由村集体经济组织统筹土地资源配置,破解了土地承包者土地流转意愿差异性引发的土地流转分散难以实现流转土地集中成片问题。三是村集体经济组织可以充分考虑农业生产特定协议确定农村土地流转期限,实现在村集体经济组织内部调整农村土地经营权,破解部分参与土地流转违背流转期限约定引发农村期限不稳定问题。即使农村人口没有离开农村进入城市,也能实现农村土地集中成片使用和流转。四是村集体经济组织可以根据土地整治和基础设施建设需要科学调整地块分布。

由于村集体实现农村土地要素的配置优化并没有取得农民的土地承包权,农村土地集体所有权依托土地整治和利益协调功能来实现。这种承包地"三权分置"路径改革充分兼顾了双重目标的实现,既没有改变农村土地利益均等分配的利益格局,也有利于实现农业生产的现代化,特别是有效解决了土地细碎化问题。从各地改革实践考察,坚持农村集体所有的土地制度不仅有利于社会公平、和谐稳定,而且有利于保障"耕者有其田"的原则要求,为劳动力外出务工较多的农村地区提供了破解撂荒弃耕的思路。这种承包地"三权分置"改革方式是在城镇化条件下对农村集体土地制度实现方式多元化的有效探索。

三、修订《农村土地承包法》的政策建议

如何兼顾农村土地制度经济效率和社会稳定目标是《农村土地承包法》修订的难点。只有科学把握农村土地制度改革的准确定位,才能准确判断农村土地承包者的生存权、就业权与土地经营者的经营权,才能准确把有限的土地资源要素和农业生产机会配置给生产效率最高的经营主体。由于中国深受

人多地少的资源禀赋矛盾限制,我国当前面临的突出问题是农民问题,而不是单纯的农业问题。农村土地制度设计不能单纯考虑经济效率原则,还必须考虑维护社会稳定的政治功能。

伴随技术进步、经济发展和社会形势的发展变化,过去被实践证明是有效的制度设计有可能成为未来促进农业发展的障碍。家庭联产承包经营责任制度的不断完善把土地权益的部分权能赋予土地承包者,极大调动了农民从事农业生产的积极性,对提高粮食产量,维护国家粮食安全作出了巨大贡献。进入 21 世纪以来,强调保护土地承包者权利的条件和背景发生了十分明显的变化。《农村土地承包法》再次修订时,需要充分考虑农村土地集体所有权的利益协调作用,伴随农村劳动力的频繁流动和外迁,采取何种方式、哪种路径实现土地制度改革的双重目标,需要政策制定者作出智慧的选择。基于改革实践经验,在快速城镇化条件下,人地关系松动是破解地权固化和土地细碎化问题的有利时机。农村土地制度改革可以通过丰富农村土地承包权的内涵,对其进行重新界定,在维持农村土地权益格局相对稳定的前提下,充分发挥集体土地所有权的利益协调作用,在实现农村社会稳定的同时,达成农业现代化目标。

第六章　农村土地征收制度改革研究

我国的工业化、城镇化进程中所需的土地资源主要是依靠征收农村集体土地来满足其新增的建设用地需求。在这一转化过程中,需要充分考虑农民的土地权益,给予农民应有的尊重与补偿。但是,伴随城镇建设用地的日益紧缺,现行征地制度中的缺陷和矛盾日益显现,如何合理保护被征地农民的土地权益成为当前亟待解决的问题。中国社会科学院发布的《2011 中国社会形势分析与预测蓝皮书》中指出,73%的农民纠纷和上访与农村土地有关,其中40%的上访涉及土地征收纠纷矛盾,土地征收矛盾中的 87%则牵涉征地安置和补偿。土地制度是国家基本制度的重要组成部分。中国的核心问题是农民问题,农民问题的核心是土地问题①。因此,如何从维护农民权益角度出发,研究并处理好农村土地征收过程中承包农户与政府部门的矛盾与冲突,对促进经济发展,维护社会和谐与稳定具有重要意义。党的十八大报告明确提出:"改革征地制度,提高农民在土地增值收益中的分配比例。"②党的十九大报告提出:"深化农村土地制度改革,完善承包地'三权'分置制度。保持土地承包

---

① 黄延信:《农村土地承包经营权延续的前沿问题研究》,《毛泽东邓小平理论研究》2019年第 5 期。

② 胡锦涛:《坚定不移沿着中国特色社会主义道路前进　为全面建成小康社会而奋斗——在中国共产党第十八次全国代表大会上的报告》,人民出版社 2012 年版。

关系稳定并长久不变,第二轮土地承包到期后再延长三十年。深化农村集体产权制度改革,保障农民财产权益,壮大集体经济"①,形成新型城镇化、新型工业化与新型农业现代化相互支持、相互促进、和谐发展的局面。

第一节 农村土地征收制度的 历史演进、内容及问题

我国农村土地征收制度在长期的历史演进中,形成有别于其他国家和地区的特征。现行土地征收制度中征地范围模糊和政府确定土地征收价格等特征,一方面有力支持了中国工业化进程和城镇化进程发展的需要;另一方面又成为土地征收矛盾无法从源头解决的根源,导致土地征收矛盾日趋尖锐,土地征收冲突加剧。

一、农村土地征收制度的历史演进

根据农村土地征收相关法律、法规、制度的颁布与实施标准,课题组把中国农村土地征收制度形成与演进划分为三个阶段:第一个阶段为 1953 年至 1981 年,颁布了《中华人民共和国宪法》(1954),发布了《国家建设征用土地办法》(1953),以适应国家建设的需要,保障计划经济时期国家建设用地需求。第二个阶段为 1982 年至 1997 年,颁布了《中华人民共和国宪法》(1982),出台了新中国成立以来的第一部《中华人民共和国土地管理法》,这部法律一直有效沿用至 1997 年。第三个阶段为 1998 年至今,这个阶段的典型特征是《中华人民共和国土地管理法》于 1998 年进行了第一次修订,逐步形成我国现行农村土地征收体系的基本架构,该法修订后的实施阶段刚好伴随我国 20 世纪 90 年代以来的工业化和城镇化进程加速阶段。

---

① 习近平:《决胜全面建成小康社会 夺取新时代中国特色社会主义伟大胜利——在中国共产党第十九次全国代表大会上的报告》,人民出版社 2017 年版。

（一）第一阶段：土地征收制度产生的初始阶段（1953—1981 年）

新中国成立后，我国在 1954 年颁布了新中国首部宪法。此时，实行的是土地私有制，宪法在明确国家依法保护农民土地所有权和其他生产资料所有权权利的同时，首次明确了国家为了公共利益的需要，对城乡土地实行征购、征用和收归国有的方式。这一阐述包含三个方面的内容：一是规定实施土地征收的前提条件，是满足公共利益的需要；二是规定土地征收的对象，土地征收不仅包括农村土地，而且包括城市土地；三是规定土地征收的方式，不仅包括征用，而且包括征购。随后，我国进入"一五"计划时期，开始了轰轰烈烈的大规模建设，各个项目纷纷上马，国家于 1953 年颁布了《国家建设征用土地办法》。但缺少规定实施土地征收的关键要件，没有类似 1954 年宪法中公共利益需要的阐述，而是用适应国家建设的需要来规定其实施条件。采取列举法的方式对土地征收的范围和用途进行界定。即兴建铁路、交通、厂矿、国防和水利等工程，进行市政建设、文化建设、教育卫生建设和其他建设等。关于征用土地的安置补偿办法体现出几个鲜明的特征：一是突出补偿安置前置。征用土地开始前，必须对被征用土地者的生活和生产进行妥善的安置，倘若对被征用土地者一时难以安置或者无法安置，应该等到安置工作做好后再征用土地，或者征用其他土地满足其用地需求。这是迄今为止我国涉及土地征收的法律法规中对土地征收要件规定最明确、执行要求最严格的一次。二是规定了土地征收补偿的基本遵循。应该尽量用国有土地和公有土地调剂被征用者的土地，实在无法调剂或者土地调剂后对被征用土地者的生活、生产带来较大影响的，再发放土地征收补偿费或者土地征收补助费。三是规定了土地征收补偿的基本标准。土地征收补偿按照最近二至四年的产量总值为参考标准。房屋补偿在保障被征收者住户居住房屋的要求下补偿房屋所有者大体相当的房屋，或者依据公平、合理补偿原则支付房屋补偿费给被占者。房屋附着物按照公平、合理补偿原则支付附着物被占者补偿费。

(二)土地征收制度的逐渐形成阶段(1982—1997)

1978 年党的十一届三中全会召开,拉开了中国改革开放的序幕,国家治理逐渐踏入法制化轨道。1982 年,《中华人民共和国宪法》进行了改革开放后的第一次修订,明确将公共利益需要作为土地征收的前提条件。规定国家为了公共利益需要,可以依照法律规定对土地实行征用。但是,宪法修正案首次提出城市土地属于国家所有,农村和城市郊区的土地、宅基地、自留地、自留山,除由法律规定属于国家所有的以外,属于集体所有。因此形成城市土地属于国有,农村土地属于集体所有的国家土地所有制和集体土地所有制并存的架构,并由此成为中国特色的土地所有制安排以及中国独特土地征收制度的根源。在《中华人民共和国宪法》原则指导下,我国于 1986 年颁布了新中国成立以来的首部《中华人民共和国土地管理法》,具有如下鲜明的特征:

第一,从法律上明确规定土地征收的基本原则,坚持公共利益原则,规定国家为了公共利益需要,可以依法对集体所有的土地实行征收。但是,土地管理法没有明确界定公共利益的范围和用途,仅仅是"公共利益"的模糊称谓,甚至比《国家建设征用土地办法》(1953)规定的土地用途表述更加宽泛。规定国家进行国防建设、经济建设、文化建设以及兴办社会公共事业均可提出土地征收申请。比较《中华人民共和国土地管理法》(1986)和《中华人民共和国宪法》(1982),我们可以发现,土地管理法把宪法规定的对土地实行征用改成了对集体土地实行征收。土地管理法缩小了土地征收范围,在新中国法律史首次明确土地征收的范围就是农村集体所有的土地。

第二,确定城乡分治的基本原则。《中华人民共和国土地管理法》(1986)依照《中华人民共和国宪法》(1982)实行两种所有制并存的结构,按照城市土地属于国家所有、农村和城市郊区土地属于村集体所有的原则实行城乡土地分开治理。关于国有土地的边界界定,两部法律也存在明显差别。前者规定城市市区的土地属于国家所有,后者规定城市土地实行国家所有。我国对程度描述存在很大差别,譬如城市建成区、城市市区和城市规划区,因此导致城市范围的差别相差极大,由此带来城乡分治的地域范围也就存在很大区别。这种改动,联系中国工业化、城镇化进程中,在坚持城市土地国有的前提下,依靠城市规划不断调整,把农村土地通过土地征收的方式纳入城市版图,实现土地国有化,立法者的这种对城市内涵的考量还是颇具匠心的。

第三,规定土地征收的审批权限。在《中华人民共和国土地管理法》(1986)颁布和实施以前,中国政府还是沿用计划经济时期的审批方式管理土地征收,没有运用国际通行的土地用途管制和土地规划办法。为了保护稀缺的耕地资源,通过规定各级政府的土地征收审批权限来管理和控制土地征收。规定审批的具体范围是,耕地征用 1000 亩、其他土地 2000 亩以上,由国务院审批;耕地征用 3 亩以下,其他土地 10 亩以下的由县级人民政府审批;界于二者之间的由省辖市、自治州人民政府审批,但要由省、自治区人民代表大会常务委员会决定。

第四,明确规定参照耕地产值为标准的土地征收补偿标准。《中华人民共和国土地管理法》(1987)较《国家建设征用土地办法》(1953)而言,一是明显提高了产值补偿倍数。把耕地征用的补偿费,提升到被征用耕地前三年年平均产值的三至八倍。二是规定征用土地的安置补助费也同样采取耕地产值倍数补偿的办法。"征用耕地的安置补助费,按照需要安置的农业人口数计算。需要安置的农业人口数,每一个需要安置的农业人口的安置补助费标准,为该耕地被征用前三年平均每亩年产值的二至三倍。"同时规定征用土地补偿费和征用土地安置补助费两项之和最多不能超过土地被征用前三年年平均产值的 20 倍。规定支付的土地征收补偿费将付着物和青苗补偿费补偿给被土地征收者个人,将土地补偿费和安置补助费用用于生产发展和安排因土地征收而出现的剩余劳动力就业和难以就业的人员生活补助开支,由被土地征收单位保留。

第五,规定对土地征收农户进行就业安置。《中华人民共和国土地管理法》(1987)还对被征收农户的就业问题进行了规定,对土地被征收农户采取转换身份和就业安置。一是对部分被征地农户中年龄在一定范围的农户安排到用地需求单位或者其他集体、全民所有制单位就业。二是倘若被征地村集体(小组)土地全部被征收,将被征地村集体(小组)的农业户口全部转为非农业户口。改革开放初期,由于集体、全民所有制企业优势表现突出,就业安置和身份转换对被征地农户的吸引力较大。但是,伴随多种所有制经济蓬勃发展,尤其是外资和非公有制经济快速发展,大多数集体、全民所有制经济在竞争中处于不利地位,被征地农户安置进这些单位,往往成为最先被裁员的对象,就业安置和身份转换对被征地农户逐渐失去了吸引力。

(三)土地征收制度的稳定与变革探索阶段(1998 年至今)

自 20 世纪 90 年代末以来,伴随工业化进程和城镇化进程速度加快,农村土地非农化的速度也大大加快,农村耕地资源保护矛盾和国家粮食安全战略遭受的威胁越来越严重。因此,我国于 1998 年进行了土地管理法的修订,对农村土地征收进行修订是这次修订任务的一个重要内容。《中华人民共和国土地管理法》(1998)相对《中华人民共和国土地管理法》(1997)而言,对一些基本原则进行了完善和保留,保留部分比如从法律上规定土地征用要坚持公共利益原则。进一步强化了土地的分治原则。土地征收补偿安置标准依然坚持原用途补偿原则,但提高了补偿标准的倍数。将耕地征用的土地补偿费标准提高到被征用耕地前三年年平均产值的六至十倍,安置补助费标准提高到被征用耕地前三年年平均产值的四至六倍。同时土地补偿费和安置补助费的总额进行限定,两项之和不得超过被征用土地前三年年平均产值的三十倍。征地审批方式在沿用原有计划管理和审批管理的同时,还对审批权限进行部分上收。基本农田征用和基本农田以外耕地超过 35 公顷、其他土地超过 70 公顷的审批权限统一高度集中于国务院审批。此外,本次土地管理法修订还在如下三个方面发生重大变化,对我国的土地管理、转用和收益分配产生深远

影响:

　　首先,首次确立土地用途管制制度。国家根据需要编制土地利用总体规划,规定土地用途,把土地分为农用地、建设用地和未利用地。对农用地转为建设用地进行严格限制,对建设用地总量进行控制,同时实行耕地的最严格保护。任何使用土地的个人和单位一定得严格按照土地利用总体规划规定的土地用途使用土地。在土地用途管制制度限定中,土地利用总体规划具有最高法定约束力。通过土地利用总体规划的分级审批,采取上级控制下降耕地保有数量、建设用地面积与各类用地量。通过土地利用总体规划来控制与约束城市总体规划、集镇和村庄规划的建设用地规模。采取土地利用年度计划对建设用地进行总量控制和年度控制。其次,对建设用地的使用对象和取得方式进行规定。一是规定任何个人和单位进行建设,需要使用土地的,必须依法申请使用国有土地,国有土地包括国家所有的土地和原来属于农民集体所有国家征用的土地。二是建设占用土地,涉及农用地转为建设用地的,需要办理农用地转用和审批手续。最后,明确规定国有土地实行有偿使用制度。《中华人民共和国宪法》(1998)将原来"任何组织或者个人不得侵占、买卖、出租或者以其他形式非法转让土地"修改为"任何组织或者个人不得侵占、买卖或者以其他形式非法转让土地。土地的使用权可以依照法律的规定转让"。《中华人民共和国土地管理法》(1998)亦明确规定可以依法转让土地使用权,国家依法对国有土地实行有偿使用制度。国家凭借土地所有者的身份,将国有土地使用权以协议、招标或拍卖方式在一定年限内让与土地使用者使用,土地使用者按照协议约定向国家支付土地使用权出让金。

　　伴随经济发展、社会进步,《中华人民共和国宪法》(2004)对土地征收内容进行了相应修改,规定"国家为了公共利益的需要,可以依照法律规定对土地实行征收或者征用并给予补偿"。同年土地管理法也进行了相应修订。《中华人民共和国物权法》(2007)也规定,"征收集体所有的土地,应当依法足额支付土地补偿费、安置补助费、地上附着物和青苗的补偿费等费用,安排被征地农民的社会保障费用,保障被征地农民的生活,维护被征地农民的合法权益"。2008 年党的十七届三中全会《中共中央关于推进农村改革发展若干重大问题的决定》中明确征地制度改革的重点,"严格界定公益性和经营性建设用地,逐步缩小征地范围,完善征地补偿机制。依法征收农村集体土地,按照同地同价原则及时足额给农村集体组织和农民合理补偿,解决好被征地农民就业、住房和社会保障"①。2013 年国土资源部发布《关于严格管理防止违法违规征地的紧急通知》,明确征地不得强制进行,避免采取暴力征地方式。2013 年党的十八届三中全会《中共中央关于全面深化改革若干重大问题的决定》规定,"在符合规划和用途管制前提下,允许农村集体经营性建设用地出让、租赁、入股,实行与国有土地同等入市、同权同价。缩小征地范围,规范征地程序,完善对被征地农民合理、规范、多元保障机制。扩大国有土地有偿使用范围,减少非公益性用地划拨"②。2014 年,中共中央办公厅和国务院办公厅《关于农村土地征收、集体经营性建设用地入市、宅基地制度改革试点工作的意见》,正式开始了农村土地三项制度改革。③ 在农村土地征收改革方面提出了要探索缩小土地征收范围;规范制定征收目录,健全矛盾纠纷调处机制,全面公开土地征收信息;完善对被征地农民合理、规范、多元保障机制等。2015 年,第十二届全国人民代表大会常务委员会第十三次会议通过了《全国人民代表大会常务委员会关于授权国务院在北京市大兴区等三十三个试点县(市、区)行政区域暂时调整实施有关法律规定的决定》,"授权国务院在北京市大兴区等三十三个试点县(市、区)行政区域,暂时调整实施《中华人民共和国土地管理法》、《中华人民共和国城市房地产管理法》关于农村土地征收、集体经营性建设用地入市、宅基地管理制度的有关规定。上述调整在 2017 年

---

① 中共中央:《中共中央关于推进农村改革发展若干重大问题的决定》,人民出版社 2008 年版。

② 中共中央:《中共中央关于全面深化改革若干重大问题的决定》,人民出版社 2013 年版。

③ 刘守英:《中国土地制度改革:上半程及下半程》,《国际经济评论》2017 年第 5 期。

12 月 31 日前试行。暂时调整实施有关法律规定,必须坚守土地公有制性质不改变、耕地红线不突破、农民利益不受损的底线,坚持从实际出发,因地制宜"①。并在 2017 年 11 月 4 日,第十二届全国人民代表大会常务委员会第三十次会议通过《全国人民代表大会常务委员会关于延长授权国务院在北京市大兴区等三十三个试点县(市、区)行政区域暂时调整实施有关法律规定期限的决定》,"试点期限延长一年至 2018 年 12 月 31 日,以进一步深入推进农村土地征收、集体经营性建设用地入市、宅基地管理制度改革试点,更好地总结试点经验,为完善土地管理法律制度打好基础"②。

二、农村土地征收制度的内容

(一)农村土地征收目的

现行法律法规均规定,农村土地征收必须符合公共利益或者满足公共目的的要求。《中华人民共和国宪法》(1982)规定,"国家为了公共利益的需要,可以依照法律规定对土地实行征收或者征用并给予补偿"。《中华人民共和国土地管理法》(1986)规定,"国家为了公共利益的需要,可以依法对集体所有的土地实行征用"。但是,现行法律、法规、规定对公共利益缺乏明确的界定,没有一个统一权威的定义或解释。正是由于"公共利益需要"这一概念过于宽泛和笼统,导致征地权在实际工作中的滥用。

(二)农村土地征收范围

《中华人民共和国宪法》(1982)规定,"农村和城市郊区的土地,除由法律

---

① 全国人大:《全国人民代表大会常务委员会关于授权国务院在北京市大兴区等三十三个试点县(市、区)行政区域暂时调整实施有关法律规定的决定》,http://www.npc.gov.cn/npc/xinwen/2015-02/28/content_1906228.htm,2015-02-28/2017-12-20。
② 全国人大:《全国人民代表大会常务委员会关于延长授权国务院在北京市大兴区等三十三个试点县(市、区)行政区域暂时调整实施有关法律规定期限的决定》,http://www.gov.cn/xinwen/2017-11/05/content_5237311.htm,2017-11-05/2017-12-20。

规定属于国家所有的以外,属于集体所有","国家为了公共利益的需要,可以依照法律规定对土地实行征收或者征用并给予补偿"。《中华人民共和国土地管理法》(1986)吸收了《国家建设征用土地条例》(1982)中涉及土地征用的大部分规定,并将其上升为法律制度,同时重申"国家为了公共利益的需要,可以依法对集体所有的土地实行征用"。此后,2007年通过的《中华人民共和国物权法》、2008年党的十七届三中全会《关于推进农村改革发展若干重大问题的决定》、2013年党的十八届三中全会《中共中央关于全面深化改革若干重大问题的决定》都强调土地征用中的公益性质。但是,相关法律、法规、决定都没有做出公共利益的清晰界定。其实,自我国对内进行改革,对外实行开放以来,工业化进程和城镇化进程的加快,必然会加大建设用地的需求,并且其中的大多数建设用地需求并不具备公益性质特征。但是,《中华人民共和国土地管理法》(1998)进行第一次修订时,明确规定:"任何单位和个人进行建设,需要使用土地的,必须依法申请使用国有土地……国有土地包括国家所有的土地和国家征用的原属于农民集体所有的土地。"这就从法律上明确规定土地征用是农村集体土地转化为国有土地的唯一路径。

(三)土地征收补偿标准

我国的土地征收补偿标准是根据法律规定的产值倍数,而不是市场价值确定土地征收补偿标准。《国家建设征用土地条例》(1982)对农村土地征收补偿标准进行了明确规定。共有三种形式:一是农村土地补偿费;二是青苗补偿费和地上附着物补偿费用;三是安置补助费用。其中,土地补偿费用与安置补助费用都按被征用土地前三年年平均产值的倍数作为补偿标准。《中华人民共和国土地管理法》(1998)修订后提高了农村土地征收的倍数补偿标准,但对补偿的最高额度进行了限制,规定土地补偿费和安置补助费两项之和最高不得超过被征用土地前三年年平均产值的30倍。并且明确规定土地征收补偿按照被征用土地的原用途给予补偿的原则。这种倍数补偿规定及补偿最高额度的限定的土地征收补偿剥夺了被征地农民的土地增值收益分享机会。这种制度安排,尤其是土地征收的非公益性用途特别容易遭致农民反感,引发农民不满。《中华人民共和国城市房地产管理法》(1994)规定,商业用途的征地有条件的必须通过招标或者拍卖方式确定土地使用权的出让金,并且规定土地使用权出让金全部上缴财政,纳入财政预算,用于满足城市基础公共设施建设和土地开发需求,这就极大地调动了地方政府的征地的积极性,通过低成本的土地征收和市场化的高价土地使用权转让获取利益,并由此产生"土地财政"现象。2004年,国务院发布《关于深化改革严格土地管理的决定》,规定中提出,"制订并公布各市县征地的统一年产值标准或区片综合地价,征地补偿做到同地同价"。2007年颁布的《中华人民共和国物权法》规定,除去依法足额支付原有的各项土地补偿费用外,还要"安排被征地农民的社会保障费用,保障被征地农民的生活,维护被征地农民的合法权益"。法律及相关规定的出台部分保障了被征地农民的土地权益,但没有从制度源头上解决被征地农民的土地增值收益分享问题。

三、农村土地征收制度存在的主要问题

(一)农村土地征收补偿标准不高,导致用途改变带来的增值收益分配不公

梳理近年来发生的农村土地征收矛盾,发现矛盾突出的焦点在于农业用地征收转变为国有建设用地产生的巨额增值收益同被征地农户获取的土地征收补偿不平衡。根据《中华人民共和国土地管理法》的规定,农村土地征收补偿采用被征土地前三年年平均产值的倍数补偿办法,绝大多数地区执行的也是产值倍数补偿规定,被征地农户获取的农村土地征收补偿额度也就是相当于国家统计局8—10年全国农民人均纯收入的水平,还没有考虑物价上涨导致被征地农户实际收入水平下降的因素影响。但是,由于用途改变,农村土地

被征收转变为国有建设用地之后,土地出让价格就会呈倍数增加。农村土地被地方政府征收是根据土地农业用途的原平均产值倍数标准规定农村土地征收补偿价格,但是地方政府转让建设用地在土地二级市场是按照市场价格考虑土地区位和用途确定,这种不合理的土地定价办法剥夺了被征农户分享土地增值收益的机会,严重影响了被征地农户的土地财产合法权益。正是这种不合理的价格确定制度,为地方政府带来巨额土地出让收入及因土地转让产生的相关税费收入,刺激了地方政府的征收行为,导致土地征收规模的不合理增长。农村土地征收价格的扭曲损害了被征土地农民的土地合法权益,低价征地高价卖地形成的高额土地收入差额给地方政府带来获取巨额收入的机会,由于征地程序不规范,也给地方政府相关部门提供了土地寻租的机会,但偏偏忽视了被征地农民的土地合法财产权益诉求,使其成为参与方中利益受损最严重的主体。

(二)公共利益需要界定模糊

不管是《中华人民共和国宪法》还是《中华人民共和国土地管理法》都明确规定,"国家为了公共利益的需要,可以依法对土地实行征收或者征用并给予补偿"。法律规定基于公共利益,国家有权按照法律规定征收农村土地,并对被征地农户进行补偿。但是,现行法律对公共利益内涵都是采取模糊界定的方式,没有涉及公共利益包括哪些内容,涉及哪些方面,表述十分泛化,没有明确阐释公共利益目的的外延和基本内涵。同时法律也限制了土地一级市场的出让主体,通过法律限制,政府成为国有土地的唯一供应主体,这种垄断可以在确保土地转让过程中获得土地垄断高价。而用地需求方不管是企业亦或个人,必须使用国有土地以满足建设用地需求。又加之地方政府是唯一供地主体,双重因素叠加只能通过农村土地征收的方式解决。由此导致不管是由于公路、铁路、学校、医院等公共利益需要,还是工业用地、商业用地需求,对需要通过政府征地的方式获取农村土地以满足日益增长的建设用地需求,远远超出公共利益的内涵和范畴。因此,就目前农村土地征收的具体情形而言,政府征地不仅满足公共利益需求,而且满足工业、商业企业的投资需求。

(三)农村土地征收程序不规范,法律保障机制不健全

我国现行法律有关农村土地征收的程序,只是泛泛规定开展征地的主体地方政府需要在确定农村土地征收补偿后公告,并在公告后征求被征地农户及所在村集体经济组织关于土地征收补偿标准的意见。但是,地方政府在调整土地利用规划、确定农村土地征收补偿时没有进行听证,缺乏听证制度保障。并且,确定征收地块的农村土地征收补偿标准时没有邀请专业的土地价值评估机构开展土地价值评估,也没有考虑到农村土地征收过程中因为农村土地征收可能产生的矛盾和冲突,缺乏被征地农户土地合法权益的保护机制。由于征地程序不规范,地方政府随意调整土地用途规划及土地中介市场不发达极易带来土地征收腐败及由此产生的利益寻租行为。即使出现征地矛盾,现有政策规定是首先由基层地方政府负责协调,而地方政府往往是农村土地征收主体,这种既是运动员,又是裁判员的不合理机制设计很难从制度上保证政府执法的公平、公正,并对地方政府公信力造成严重的损害。[①]

第二节　土地征收过程中被征地农民的权益损害与征地矛盾

伴随我国工业化进程和城镇化进程的加快,越来越多的农村土地被征收,土地征收过程中由于被征地农民权益损害而引发的征地纠纷与矛盾日益成为影响社会和谐稳定的重大隐患。学术界对此也展开了大量研究,研究内容主要体现在如下四个方面:第一,被征地农民与征地矛盾引发的社会问题,在集

[①]　李中:《我国征地制度:问题、成因及改革路径》,《理论探索》2013 年第 2 期。

体与国有土地、农村与城市土地、农业与建设用地现对分割的城乡二元土地制度体系下,政府垄断了土地一级市场,并成为唯一合法的农村土地征收主体,严重扭曲了各个土地权利主体和土地利用相关者的行为,引发激烈的利益冲突和矛盾,①导致社会矛盾日益尖锐,成为农民群体性事件爆发和上访的导火索。第二,被征地农民权益受损的严重程度。对此学术界已达成普遍共识,认为被征地农民的正当权益没有得到维护,利益受损严重。梁伟(2003)认为失地农民权益受损表现在经济权利、政治权利和社会权利的损失。② 陈锡文(2005)认为被征地农民权益侵害属于一种综合性、全方位的权益损害。③ 第三,被征地农民权益损害的原因分析。绝大多数学者认同,我国分税制改革带来的地方政府财政压力,导致地方政府因为"土地财政"基于收入考量任意扩大农村土地征收的规模与范围,④导致大量被征地农民为此失去土地成为失地农民,失地农民的发展权和土地收益权受损严重⑤。第四,被征地农民权益维护的对策建议,绝大多数学者认为,要维护被征地农民的土地合法权益,需要科学理顺中央财政与地方财政的关系⑥,对农村土地产权制度进行改革⑦,完善健全农村土地征收制度⑧,建立健全被征地农民的社会保障体系⑨,等等。但是,在农村土地征收过程中,被征地农民权益受损程度如何? 征地矛

---

① 罗必良:《农地产权模糊化:一个概念性框架及其解释》,《学术研究》2011 年第 12 期。

② 梁伟、袁堂明:《失地农民权益流失探析》,《农业经济》2003 年第 11 期。

③ 陈锡文:《中国农村发展的五个问题》,《生产力研究》2005 年第 3 期。

④ 周其仁:《农地产权与征地制度——中国城市化面临的重大选择》,《经济学》2004 年第 4 期。

⑤ 程怀儒:《现行农村征地制度的缺陷与失地农民权益保护》,《甘肃社会科学》2014 年第 1 期。

⑥ 肖屹、曲福田、钱忠好、许恒周:《土地征用中农民土地权益受损程度研究——以江苏省为例》,《农业经济问题》2008 年第 3 期。

⑦ 张元庆:《中国城镇化与征地困局——基于农地产权视角的思考》,《西北农林科技大学学报(社会科学版)》2014 年第 4 期。

⑧ 吴九兴、杨钢桥:《农地整理项目中农民受益支付与受损补偿——以湖北省 5 个县区为实证》,《西北农林科技大学学报》社会科学版)》2014 年第 5 期。

⑨ 张云华:《城镇化进程中要注重保护农民土地权益》,《经济体制改革》2010 年第 5 期。

盾与被征地农民权益损害之间存在怎样的关系？学术界和政府部门大多只停留在理论和经验层面,较少有大范围的实证研究,对大数据调查展开分析论证。

为了准确回答上述问题,课题组负责人利用其在清华大学中国农村研究从事博士后研究工作的机会,使用清华大学中国农村研究院2016年暑期百村调查数据,获取全国28个省(自治区)245个村6185户农户的问卷调查数据和入户访谈,得到28个省(自治区)92个被征地村庄的有效样本和642户被征地农户的有效样本。642户被征地农户数据分布于我国28个省、自治区,具体较好的代表性和科学性。具体原因如下:第一,从受访者被征地农户的区域分布考察,东部地区被征地农户所占比重为22.93%,中部地区被征地农户所占比重为49.42%,西部地区被征地农户所占比重为27.65%。第二,从受访者被征地农户的个体特征考察,被征地农户是男性的比重为76.44%,被征地农户是女性的比重为23.56%;年龄大小分布为16岁至87岁,年龄大小的均值为48.76岁;在教育水平方面,文盲所占比重为6.24%,小学水平所占比重为34.51%,初中水平所占比重为39.88%,高中水平所占比重为14.36%,大学水平及以上程度所占比重为5.01%。第三,从被征地农户的职业类型考察,务农农民所占比重为56.53%,从事非农务工农民所占比重为24.25%,从事工商业的农民所占比重为12.18%,教师职业所占比重为2.43%,从事其他职业所占比重为4.61%。第四,从被征地农户的家庭特征考察,被征地农户家庭人口均值为3.96人,家庭劳动力人数均值为2.61人,年平均收入在1万元以下的被征地农户所占比重为21.24%,1万元至3万元的被征地农户所占比重为28.62%,3万元至5万元的被征地农户所占比重为18.47%,5万元至8万元的被征地农户所占比重为14.12%,8万元以上被征地农户所占比重为17.55%;被征地农户中有16.46%的家庭存在土地撂荒现象。

一、农村土地征收的总体情况

（一）农村土地征收面积多，失地农民数量多

伴随工业化进程和城镇化进程的加快，农村土地被征收的速度加快、被征收的规模与面积增多。根据全国 28 省、自治区 245 个村庄样本数据和 6185 户农户样本数据统计分析显示，存在农村土地被征的村庄共有 92 个，如表 6-1 所示：

表 6-1　农村土地被征收概况

项目	被征地农户概况		被征地村庄概况	
	样本	比重（%）	样本	比重（%）
是	642	10.38	92	37.55
否	5543	89.62	153	62.45
总计	6185	100.00	245	100.00

调查样本村庄共有 12016.74 亩农村土地被征收，每个村庄平均被征收农村土地 130.62 亩，其中超过半数的村庄被征地土地面积在 68.79 亩以上；家中存在土地被征的农户样本有 643 个，累计被征收农村土地 1618.74 亩，其中超过半数的被征地农户的土地征收面积超过 1.4 亩，如表 6-2 所示：

表 6-2　被征收农村土地面积

项目	面积（亩）	样本	均值	中值
被征地村庄	12016.74	92	130.62	68.69
被征地农户	1618.74	642	2.51	1.40

（二）农村土地征收目标泛化，征地范围太宽

《中华人民共和国土地管理法》规定，国家基于公共利益的需要可以依照法律规定对农村集体土地实行征收或征用。但是，法律中并没有明确界定公

共利益的范围和内容,大多数地区的地方政府领导和政府部门利用公共利益界定模糊弊端,获取农村土地征收的自由裁量权。导致农村征地范围太宽,从调查数据的统计分析来看,只有58.72%的被征地农户表示其承包的农村土地被征是基于公共利益目的。其中47.98%用于公共基础设施建设,10.74%为政府规划控制用地需求,剩余的都为城市房地产建设、工业投资用地、农业企业用地和其他用途等,如表6-3所示。

表6-3　农村土地征收的用途

项目	样本	比重(%)
公共设施	308	47.98
工业投资	92	13.99
政府规划	69	10.74
房地产开发	82	12.71
农业企业	19	2.95
其　他	75	11.63
总　计	645	100.00

由此可见,目前,农村土地征收范围太宽已经成为普遍现象,几乎覆盖了社会领域的全部用地需求。农村土地征用目的不清,除公益用地需求外,还涉及工业投资、农业企业用地等经营性用地需求,甚至因为城市房地产开发用地需求征用承包农户的土地,这些不合理的用地需求和不合理的土地征用方式对被征地农民和村集体经济组织的土地使用权与土地所有权权益造成了严重的伤害。

(三)农村征地矛盾经常发生,征地补偿不公是出现矛盾的根源

伴随农村土地征收次数的增多、征收面积的增加,加之农村土地征收程序不规范,土地征收范围不合理,导致农村征地矛盾经常发生。调查统计数据显示,在对村集体是否因农村土地征收出现矛盾的回答中,有142个被征地农民

表示出现过矛盾,占 645 个被征地农民样本比重的 22.02%;有 334 个被征地农民表示没有出现过矛盾,所占比重为 51.78%;另有 169 个被征地农民表示不知道,所占比重为 26.20%。进一步统计分析这 142 个被征地农户所在村庄发生征地矛盾的次数,征地矛盾的中位数为 2,征地矛盾的众数为 1,征地矛盾的极小值为 1,征地矛盾的极大值为 22,累计发生 372 次。发生的这些征地矛盾中,有 16.94% 是因为"农村征地过程不透明",有 65.32% 是"因为农村征地补偿标准太低",有 10.22% 是因为"村委会干部侵占农村征地补偿费用",有 4.57% 是因为"用地需求方或者被征地农民一方违约",有 2.96% 是因为"被征地农民间利益诉求各异,难以达成一致意见",如表 6-4 所示:

表 6-4 农村征地矛盾产生的原因

项目	样本	比重(%)
农村征地过程不透明	63	16.94
农村征地补偿标准太低	243	65.32
村委会干部侵占补偿费用	38	10.22
用地需求方或农民违约	17	4.57
被征地农民间利益诉求各异	11	2.96
总　计	372	100.00

由此可见,超过 20% 的被征地农户所在村集体因为农村土地征收而出现矛盾。究其矛盾产生根源,农村土地征收补偿标准太低是主要原因,农村征地过程不透明是次要原因,村委会干部侵吞补偿款也对矛盾产生起到了推动作用。

二、失地农民土地权益受损的典型表现

(一)农村土地征收程序不规范,损害了失地农民的知情权

《中华人民共和国土地管理法》(2004)明确规定,"征地补偿安置方案确

定后,有关地方人民政府应当公告,并听取被征土地的农村集体经济组织和农民的意见"。但是,由于农村土地产权不清晰,农村土地集体所有权虚化,土地产权权属不清,有些地区的农村土地征收没有通过民主协商程序,地方政府通过征地公告把农村土地征收地域范围、支付给村集体及被征地农民的征地补偿标准告知,有些地区甚至都没有同被征地农民见过面。调查数据统计分析发现,只有46.67%的失地农户表示农村土地被征前参加过会议,如表6-5所示。由此可见,被征地农民在农村土地征收过程中对征地相关事宜所获信息非常有限,损害了失地农民的知情权。地方政府需要征收承包农户土地时,就应该遵从现行法律规定,从承包农户中依法获取土地。村集体作为农村土地所有者、农民作为农村土地使用者没有获得法律赋予的应该享有的知情权。

表6-5　失地农民知情权受损情况统计

项目	样本	比重(%)
参加过会议	301	46.67
没有参加会议	193	29.92
不知道	151	23.41
总　计	645	100.00

(二)农村土地征收补偿制度不公平,损害了失地农民的参与权

第二次修订的《中华人民共和国土地管理法实施条例》(2014)第二十五条明确规定:"征收土地方案经依法批准后,由被征收土地所在地的市、县人民政府组织实施,并将批准征地机关、批准文号、征收土地的用途、范围、面积以及征地补偿标准、农业人员安置办法和办理征地补偿的期限等,在被征收土地所在地的乡(镇)、村予以公告。"①但是,调查数据统计分析发现,58.45%的被征地农民回答其土地征收补偿标准和征地补偿分配方案是由地方政府统一

① 国务院公报:《中华人民共和国土地管理法实施条例》,2019年8月12日,见 http://www.gov.cn/gongbao/content/2016/content_5139471.htm。

确定的,33.18%的被征地农户回答其土地征收补偿标准和征地补偿分配方案是由村委会和地方政府共同确定的,5.58%的被征地农户回答其土地征收补偿标准和征地补偿分配方案是由村委会和用地需求方共同确定的,只有2.79%的被征地农户回答其土地征收补偿标准和征地补偿分配方案是由村民和用地方共同确定的,如表6-6所示:

表6-6　失地农民参与权受损情况统计

项目	样本	比重(%)
地方政府统一确定	377	58.45
村委会和地方政府确定	214	33.18
村委会和用地方确定	36	5.58
村民和用地方确定	18	2.79
总　计	645	100.00

这个问题之所以能产生如此结果,主要是因为当前的农村土地征收基本是由地方政府主导的,许多地区的农村土地征收方案,完全不需要通过与被征地农户协商就直接审批通过,农村土地征收方案最终确定后才以征地公告的形式告知被征地农户,被征地农户事先完全不知道其承包的土地是否被征以及农村土地征收的补偿标准高低,导致失地农民在农村土地征收过程中的参与权和土地定价权严重受损。①

（三）农村土地征收过程中存在强制现象,损害了失地农民的处分权

调查数据统计分析发现,被征地农民在农村土地征收过程中同土地征收方的地位完全不平等,一直处于弱势。有29.15%的被征地农民表示其承包土地被征是完全被强制的,25.12%的被征地农民表示其承包土地被征是通过

---

① 李新仓:《城市化进程中失地农民土地征用补偿机制研究》,《农业经济》2013年第10期。

说服不得不同意的,只有45.73%的被征地农民表示其承包土地被征是完全自愿的,所占比重不到一半,如表6-7所示。这个问题之所以产生如此结果,主要是因为农村土地产权残缺引发农村土地产权主体模糊,农村土地及土地征收后产生的巨额增值收益成为分配分享方式不确定、界限模糊的公共利益空间,被征地农户在承包土地处分权权益受损时,由于地位不平等,被征地农户缺乏维护权益的手段和能力。另外,现行农村土地管理制度框架下,土地权益相关方的法律地位非对称性,基层地方政府在农村土地征收过程中不仅是土地征收方案的制定者和发布者,也是土地权益相关方的参与主体,但作为农村土地的所有者,被征地农民和农民权益代表方的村集体经济组织却不能自由享有农村土地买卖的处分权。[①]

表6-7　失地农民处分权受损情况统计

项目	样本	比重(%)
完全自愿	295	45.73
被说服的部分自愿	162	25.12
被强制的不愿意	188	29.15
总　计	645	100.00

（四）农村土地征收补偿标准太低,损害了失地农民的收益权

《中华人民共和国土地管理法》明确规定,农村耕地征收的补偿费由如下几个部分构成:一是土地补偿费,二是安置补偿费及地上附着物的补偿费,三是青苗补偿费。被征耕地的土地补偿费为该土地前三年年平均产值的六至十倍,被征耕地的安置补偿费为该土地前三年年平均产值的四至六倍,并对补偿最高额度进行限制,两项之和最高不得超出土地被征前三年年平均产值的三

---

①　李长兵:《农地征用中的农民合法权益保障研究——基于博弈论的视角》,《生产力研究》2012年第5期。

十倍。但是,在不同地区的农村土地征收实际中,普遍采用的是现行法律规定的农村土地征收补偿标准的最低线,甚至有些地区还以部分征地是基于公共利益需要,没有给被征地农民支付任何征地补偿。调查数据统计分析显示,被征地农民的 645 个样本中,有 20.93% 的被征地农户没有获得任何土地征收补偿,33.48% 的被征地农户亩均土地征收补偿额度在 3000 元以下,3.57% 的被征地农户亩均土地征收补偿额度在 3000—5000 元范围,12.56% 的被征地农户亩均土地征收补偿额度在 5000—10000 元范围,只有 29.46% 的被征地农户亩均土地征收补偿额度超过 10000 元,如表 6-8 所示。

表 6-8 失地农民的土地收益受损情况统计

亩均土地征收补偿额度	样本	比重(%)
0 元	135	20.93
1—3000 元	216	33.48
3000—5000 元	23	3.57
5000—10000 元	81	12.56
10000 元以上	190	29.46
总计	645	100.00

注:"0 元"是指被征地农民没有获得或者还没有拿到货币补偿的样本数。

农村土地征收补偿标准低下,导致被征地农民的土地收益权益严重受损,被征地农户对征地补偿标准的意见最大,并成为引发农村征地矛盾的根源。调查数据统计分析发现,有 30.24% 的被征地农户对农村土地征收补偿标准不满意,有 15.97% 的被征地农户对农村土地征收补偿标准很不满意,只有 4.19% 的被征地农户对农村土地征收补偿标准很满意,12.71% 的被征地农户对农村土地征收补偿标准比较满意。此外,36.89% 的被征地农户对农村土地征收补偿标准一般满意,如表 6-9 所示:

表 6-9 失地农民对土地征收补偿金额的满意度情况统计

项目	样本	比重(%)
很满意	27	4.19
较满意	82	12.71
一般满意	238	36.89
不满意	195	30.24
很不满意	103	15.97
总 计	645	100.00

（五）农村土地征收补偿方式单一，损害了失地农民的社会保障权

《中华人民共和国土地管理法》(2004)修正案实施以来，政府在农村土地征收方面相继提出了货币安置、社会保险安置、农业安置、土地征收补偿款入股安置、土地开发整理安置、用地单位安置和留地安置等多种安置方式。[1] 调查数据统计分析发现，17.98%的被征地农户表示没有获得任何土地征收补偿和安置，71.63%的被征地农户表示其土地征收补偿采取的是货币安置方式，5.74%的被征地农户表示其土地征收补偿采取的是货币与社会保障安置相结合的方式，3.57%的被征地农户表示其土地征收补偿采取的是社会保障安置方式。此外，还有就业安置、货币与就业安置、农转非的户口身份转换三种方式，所占比重分别为 0.47%、0.47%和 0.15%。如表 6-10 所示：

表 6-10 失地农民的社会保障权益受损情况统计

项目	样本	比重(%)
未获得补偿和安置	116	17.98
货币安置	462	71.63

---

[1] 刘海云：《从我国土地征用制度的变迁论土地征用制度的完善》，《改革与战略》2008 年第 6 期。

项目	样本	比重(%)
货币与社会保障安置	37	5.74
社会保障安置	23	3.57
就业安置	3	0.47
货币与就业安置	3	0.47
户口转换农转非	1	0.15
总　计	645	100.00

由此可见,目前农村土地征收补偿比较常用的办法还是采取一次性的货币安置方式,较少考虑失地农民的社会保障问题。失地农民在失去承包土地的同时,也失去了农民的身份及土地随附的就业功能和社会保障功能,导致被征地农民失地又失业。失地农民即使获得社会保障,其保障程度也较低,难以获得与城镇居民同等的社会保障待遇。伴随工业化进程和城镇进程的加快,土地资源要素愈加珍贵,土地出让价格大幅度上升,势必给失地农民带来受挫感和一次性买断补偿的不公平感,引发征地矛盾和冲突,影响社会和谐稳定发展,导致出现一系列社会问题。①

三、农村征地矛盾的影响因素分析

(一)研究假设

研究假说1:地区经济发展水平会对农村征地矛盾产生影响。经济发展水平较高的地区土地转化用途增值收益较高,被征地农民的市场意识和产权观念较强,法律意识和权益维护意识较高,可能会产生更多的农村征地矛盾。

---

① 傅熠华:《利用多元线性回归对农民政治参与进行分析预测——基于全国272个村庄3993份问卷的调查》,《国家行政学院学报》2014年第2期。

研究假说2：被征地农民的个人特征可能会对征地矛盾产生影响。年轻农民就业技能较强，思想观念开放，土地依赖程度低，较易接受承包土地被征，出现征地矛盾的可能性不高；教育水平较高的农民非农就业技能较强，对土地的感情不深，更愿意留在城镇生活，较易接受承包土地被征，出现征地矛盾的可能性不高；土地被征前已经从事非农就业工作的农户就业能力较强，对土地依赖程度低，土地征收对其影响程度低，较易接受承包土地被征，出现征地矛盾的可能性不高。

研究假说3：被征地农户的家庭特征可能会对征地矛盾产生影响。被征地农户家庭承包土地总面积越少，生活收入来源越多来自于非农产业，越易于接受承包土地被征，出现征地矛盾的可能性不高；被征地农户家庭的土地撂荒面积越多，对农业生产和农村土地的重要程度越低，承包土地被征意愿可能越高，出现征地矛盾的可能性越小；被征地农户家庭总收入水平高的农户，尤其是农业收入在家庭总收入所占比重较低的农户，农村土地对其家庭收入重要性较弱，土地被征对其家庭生产生活产生的影响程度较低，承包土地被征意愿可能较高，出现征地矛盾的可能性较低。

研究假说4：被征地农户土地权益损害对征地矛盾产生影响。农村土地征收开始前没有组织村民会议，就征地范围、补偿标准等事项进行协商，损害被征地农户的知情权，可能会产生征地矛盾；农村土地征收补偿标准不是考虑当地经济发展状况和土地征收用途制定，而是通过行政强制或命令方式，损害被征地农民参与制定土地征收补偿标准的参与权，可能产生征地矛盾；农村土地征收过程中未尊重被征地农户的意愿，依靠强制手段，忽视被征地农户的处分权，可能产生征地矛盾；农村土地征收补偿未能充分体现被征土地的真正价值，不能达到被征地农户的土地征收补偿收益预期，损害被征地农户的收益权，可能产生征地矛盾；农村土地征收补偿安置方式中，通过一次性买断的货币安置方式，难以消除被征地农户的后顾之忧，损害了被征地农户的社会保障权，可能产生征地矛盾。

（二）农村征地矛盾的变量定义

根据上述研究假说,课题组选择体现地域特征(X_1)、被征地农户个人特征(X_2)、被征地农户家庭特征(X_3)、被征地农户知情权(X_4)、被征地农户参与权(X_5)、被征地农户处置权(X_6)、被征地农户收益权(X_7)和被征地农户社会保障权(X_8)等考虑农村征地矛盾产生的影响因素,构建计量回归分析模型:

$$Y = \lambda(X_1, X_2, X_3, X_4, X_5, X_6, X_7, X_8) \tag{6-1}$$

式(6-1)中,体现区域特征的评价指标分别为东部地区、中部地区和西部地区;体现被征地农户个人特征的研究变量有年龄、文化程度和从事职业;体现被征地农户家庭特征的研究变量有家庭承包农村土地总面积、土地撂荒面积和家庭收入水平等。各变量值的取值分布及统计分析结果如表6-11所示:

表6-11 研究变量描述性统计

变量	解释	定义	$\bar{X}$	σ
因变量	—	—		
征地矛盾	是否发生征地矛盾	否=1,不知道=2,是=3	1.72	0.846
自变量				
地域特征	受访者所处地域	西部地区=1,中部地区=2,东部地区=3	2.06	0.708
被征地农户个体特征	年龄	16—25岁=1,25—45岁=2,45—55岁=3,55—65岁=4,65岁以上=5	3.87	1.355
	文化水平	文盲=1,小学=2,初中=3,高中、中专=4,大学及以上=5	2.76	0.954
	从事职业	务农=1,务工=2,经商=3,教师=4,其他=5	1.91	1.347

续表

变量	解释	定义	$\bar{X}$	σ
被征地农户家庭特征	家庭总收入	0.5 万以下 = 1,0.5—3 万 = 2,3—5 万 = 3,5—10 万 = 4,10 万以上 = 5	2.98	1.426
	承包总面积	面积具体值	4.29	6.247
	是否撂荒	否 = 1,是 = 2	1.16	0.364
被征地农户知情权	土地征收前开会与否	是 = 1,不知道 = 2,否 = 3	1.83	0.835
被征地农户参与权	参与征收补偿标准与否	村民和用地方确定 = 1,村集体和用地方确定 = 2,村集体和政府确定 = 3,政府确定 = 4	3.48	0.709
被征地农户处分权	被征土地处分意愿	自愿 = 1,部分自愿 = 2,强制 = 3	1.86	0.866
被征地农户收益权	征地补偿是否满意	很满意 = 1,较满意 = 2,一般 = 3,不太满意 = 4,很不满意 = 5	3.418	1.028
被征地农户社会保障权	征地是否有社会保障	是 = 1,否 = 2	1.897	0.298

(三)农村征地矛盾的回归分析

该研究采用多元线性回归分析方法,运用向后筛选的分析策略,通过八个步骤建立计量回归分析方程,第八步的计量模型为最终计量分析模型。在回归分析方差构建过程中,虽然计量分析方程的拟合优度值降低了,但是计量分析方程的显著性检验中的 F 值增大了,并且对应的概率值 P 为零,如表 6-12 所示:

表 6-12　计量分析模型检验值

模型	R	R^2	调整 R^2	标准估计的误差	df	F	Sig.
第一个	0.352	0.126	0.105	0.808	12	6.548	0
第八个	0.338	0.117	0.106	0.807	5	14.456	0

在置信水平 5% 的条件下,当概率 P 小于显著性水平时,应该拒绝计量回

归分析方程的显著性检验的零假设,各个回归分析系数不同时为零,解释与被解释变量的全体线性关系显著,线性分析模型合理科学。

通过后向筛选策略,最终在第八个计量分析模型中继续保留地域特征、被征地农户的知情、参与、处分和收益权五个解释变量,这些解释变量的 F 检验的概率值 P 在 5% 的条件下小于显著性水平,对被解释变量存在显著性影响。而被征地农户的社会保障权、文化水平、承包土地总面积、撂荒情况这些解释变量的 F 检验的概率值 P 都明显大于显著性水平,因此,不能拒绝检验分析的零假设,这些解释变量的偏回归分析系数同零无显著性差异,对被解释变量的线性回归解释无显著贡献,不应该继续留存在回归分析方差里面,因此被依次剔除出回归分析方差。本研究中,因变量为是否发生征地矛盾,否取值为1,不清楚取值为2,是取值为3。对因变量有解释贡献的解释变量为地域特征、知情、参与、处分、收益和社会保障权,如表 6-13、表 6-14 所示:

表 6-13 征地矛盾的多元线性回归分析模型系数(向后筛选策略)

Step1	非标准系数		标准系数	t	Sig.
	B	标准误差			
常数项	0.442	0.436		1.108	0.312
地域特征	0.198	0.102	0.084	1.994	0.045
年龄	−0.034	0.029	−0.052	−1.163	0.536
文化水平	−0.025	0.042	−0.027	−0.617	0.309
从事职业	0.028	0.027	0.044	1.026	0.045
土地总面积	−0.005	0.004	−0.046	−1.164	0.242
撂荒情况	0.012	0.053	0.012	0.236	0.814
家庭总收入	0.022	0.026	0.033	0.759	0.447
知情权	0.096	0.041	0.095	2.316	0.022
参与权	0.266	0.049	0.222	5.308	0.000
处分权	0.122	0.042	0.124	2.776	0.005
收益权	0.113	0.035	0.138	3.104	0.002
社会保障权	−0.094	0.124	−0.032	−0.778	0.436

表 6-14 征地矛盾的多元线性回归分析模型系数（向后筛选策略）

Step7	非标准系数		标准系数	t	Sig.
	B	标准误差			
常数项	0.175	0.236		0.748	0.452
地域特征	0.214	0.095	0.092	2.236	0.025
知情权	0.105	0.042	0.105	2.587	0.009
参与权	0.273	0.048	0.224	5.588	0.000
处分权	0.111	0.043	0.114	2.618	0.008
收益权	0.112	0.035	0.139	3.178	0.002

计量回归分析表明：

第一，地域特征与征地矛盾呈正相关性。地域特征的系数为 0.214，由于变量赋值西部地区、中部地区和东部地区分别为 1、2、3，因此计量分析模型 1 表示被征地农户所在地域每增加一个单位，因变量征地矛盾的取值会增加 0.2 个单位。亦即东部地区发生征地矛盾的概率最大，比中部地区高 21.4%，中部地区发生征地矛盾的概率次之，西部地区发生征地矛盾的概率最低。可能的解释就是东部地区社会发达程度较高，经济活跃，土地市场相对比较成熟，被征地农民的市场意识、市场观念和法律意识、权益维护意识较强。但是，伴随中部地区、西部地区工业化进程和城镇化进程的继续推进，农村土地征收的速度和规模加快，发生在东部地区的征地矛盾有可能快速向中部地区、西部地区蔓延。

第二，被征地农户的知情权损害程度与征地矛盾呈正相关性。被征地农户的知情权损害程度对征地矛盾影响显著，且方向为正。被征地农户知情权的损害程度每上升一个单位，征地矛盾发生的概率就会增加 0.105 个单位，农村土地征收前召集被征地农户开过会议的比没有开的产生征地矛盾的概率低。亦即被征地农户的农村土地征收知情权利保障程度状况，譬如在农村土地被征前是否知道征地范围、征收补偿标准、是否同利益相关者举行会议，对征地矛盾产生的影响显著。

第三,被征地农户的参与权损害程度与征地矛盾呈正相关性。被征地农户的参与权回归系数为0.273,说明被征地农户的参与权损害程度越严重,产生征地矛盾的概率就越大。被征地农户的参与权损害程度每上升一个单位,产生征地矛盾的取值就会增加0.273个单位。亦即农村土地征收补偿标准由政府统一制定出现征地矛盾的概率越大,由村集体或是由被征地农民参与制定出现征地矛盾的概率就越小。同时发现,被征地农户的参与权系数在各项权利系数中最大,说明农村土地征收前是否与被征地农户举行会议,与征地矛盾的相关性最大。

第四,被征地农户的处分权损害程度与征地矛盾呈正相关性。被征地农户的处分权回归系数为0.111,被征地农户处分权损害程度对征地矛盾影响显著,且方向为正。农村土地征收时被征地农户处分权受到损害发生征地矛盾的概率比被征地农户处分权受到保障的概率要高。农村土地征收作为一种政府行为,具有明显的行政强制性,但是,为了避免产生征地矛盾,维护农村土地征收中参与方的利益均衡,也需注意保障被征地农户的土地处分权。

第五,被征地农户的收益权与征地矛盾呈正相关性。被征地农户的收益权回归系数为0.112,表明被征地农户收益权损害程度对征地矛盾产生影响显著,且方向为正。被征地农户的收益权保障程度越高,出现征地矛盾的概率就越低;被征地农户的收益权保障程度越低,出现征地矛盾的概率就越高。回归分析系数符号为正,表明被征地农户的土地征收补偿满意程度越低,出现征地矛盾的可能性越大;被征地农户的土地征收补偿满意度越高,出现征地矛盾的可能性就越小。在市场经济背景下,被征地农户的市场意识、财产意识日益强烈,只有农村土地征收补偿标准吻合被征地农户的土地补偿价值预期,出现征地矛盾的概率才有可能降低,才能让被征地农户觉得农村土地征收补偿标准公平、合理。否则,倘若农村土地征收补偿违背被征土地市场价值,完全依靠行政手段强制征地,甚至借用公共利益需要的名义不给予被征地农户任何征地补偿,征地矛盾出现势必难以避免。综合分析可知,被征地农户的个人特征和家庭特征对征地矛盾影响不显著,因此,研究假设 2 和研究假设 3 不成立。值得关注的是,本研究假设的五个被征地农户土地权益,除去社会保障权,都保留在最后一个计量分析模型中,没有被剔除,一致成为征地矛盾的影响因素,并且影响显著,方向为正。从标准回归系数的绝对值分析,被征地农户的参与权是影响征地矛盾的最主要因素,地域因素紧接其后。

四、研究结论与政策建议

根据问卷调查和上述实证分析,可以得出如下基本结论:

第一,伴随我国工业化进程和城镇化进程的加快,承包农户的土地大量被征收,因农村土地征收而出现的征地矛盾问题也随之产生。调查数据统计分析发现,有三成以上的被调查村庄发生过农村土地征收,村庄土地被征面积平均值为 130.62 亩,征收土地的规模有扩大趋势。有一成以上的受访农户经历过农村土地征收,农户土地被征面积平均值为 2.51 亩,其中超过一半的被征地农户的失地面积超过 1.4 亩,大量农户由于征地失去其承包的农村土地。这些被征收的农村土地中,只有部分用于公共基础设施建设等满足公共利益的需要,还有许多征地需求是用于满足工业企业、农业企业、房地产开发等经营性用地需求。有超过两成的被征地农户样本所在地域产生过征地矛盾,其中东部地区的征地矛盾比例最高,中部地区征地矛盾次之,西部地区征地矛盾最少。究其原因,农村土地征收补偿标准太低、农村土地征收程序不规范是矛盾产生的主要原因。

第二,农村土地征收过程中被征地农户的土地权益严重受损。农村土地征收过程中,有三成的被征地农户回答说没有召开土地征收会议就征收了其承包的土地,只有不到一半的被征地农户回答说在农村土地征收前召开过会议,严重损害了被征地农户的参与权。接近四成的失地农户的农村土地征收补偿标准是由失地农户或村集体参与确定的,接近六成的农村土地征收补偿是由地方政府确定的,失地农户参与协商征收补偿标准的余地不大。与此同时,被征地农户的土地处分权也受到损害,只有不到五成的被征地农户表示农村土地征收是自愿的,有超过三成的被征地农户明确回答说其承包土地被征是因为行政强制。另外,还有近两成的受访农户回答说没有获得农村土地征收补偿,近五成的被征地农户的土地征收补偿亩均金额在 3000 元以下,只有不到三成的被征地农户的土地征收补偿亩均金额在 10000 元以上,农村土地征收补偿标准太低,引发被征地农户的农村土地征收补偿满意度低下,近五成的被征地农户对征地表示不满意。只有不到两成的被征地农户对征地补偿标准表示满意。

第三,被征地农户的权益是影响征地矛盾的主要因素。多元线性回归分析结果表明,被征地农户的年龄、文化水平、从事职业等个体特征和被征地农户的家庭总收入、家庭承包总面积、撂荒面积等家庭特征对征地矛盾没有显著影响。被征地农户的知情、参与、处分和收益权对征地矛盾影响显著,且方向为正。被征地农户权益保障程度较高的地区,产生征地矛盾的比重相对就低;被征地农户权益保障程度较低的地区,产生征地矛盾的比重相对就高。这就表明,被征地农户对农村土地征收并不反感,而是反对侵害其土地收益权益的征地行为。这也表明,倘若被征地农户的权益维护力度赶不上工业化、城镇化进程及被征地农户权益觉醒的步伐,因农村土地征收而产生的征地矛盾可能更频繁、更尖锐,尤其是在网络信息技术的发展、互联网的普遍应用和年轻一代农民成长起来的大背景下,征地矛盾的力度、广度、破坏程度可能更大。因此,这对我们推动农村征地制度改革乃至农村集体土地产权制度改革均具有鲜明的政策启示,即在构建被征地农户的土地权益体系和推动农村征地制度改革时,要重点考虑从影响征地矛盾的被征地农户权益因素入手,充分尊重被征地农户的土地征收意愿,充分保障被征地农户的土地合法权益,才可能尽量避免出现征地矛盾,推动农村土地征收工作的正常进行。①

①　侯江华:《城镇化进程中被征地农民的权益损害与征地纠纷——基于全国 31 省被征地农户的调查》,《西北农林科技大学学报(社会科学版)》2015 年第 3 期。

第三节 农村土地征收矛盾中政府与农户行为的博弈分析

伴随工业化进程和城镇化进程的加快,大、中、小城市和城镇的面积、规模以倍数扩张,公共基础设施建设大范围展开,土地价格快速上升,加之地方政府的土地财政模式,农村土地大量被地方政府征收,以消除国有土地存量不足的矛盾。征收农村土地必然引发土地权益的再次分配,诱发各种矛盾的扩散和激化,最典型的就是征地冲突矛盾。征地冲突矛盾是目前城镇化、工业化进程中亟待解决的矛盾。

一、农村土地征收矛盾的研究基础

从 20 世纪 90 年代至今,国内外学术界的诸多学者均对征地冲突矛盾展开了分析和探讨。Homer(1999)对征地冲突矛盾本身展开了分析,认为征地矛盾的根源在于资源要素的分配不均、生活困难,征地冲突矛盾参与主体寻求自身收益的最大化导致的[1]。Conbere(2001)认为征地矛盾双方往往会通过抵制或者妥协方式,或者一方占优胖出对方而结束[2]。Boydell(2004)则偏重与整体矛盾框架的整体性分析,他对南太平洋地区的土地分析整体框架是基于经济背景、社会背景和政治背景统筹考虑的制度设计[3]。Muzondo(2007)通过研究 Wallacedene 居民点正式化过程中产生的征地冲突矛盾,提出通过法庭谈判和政治协商的策略解决征地矛盾问题[4]。国外学者在分析征地冲突矛盾

---

① Homer-Dixon T.F..Environment,Scarity and Violence,Princeton University Press,1999.

② Conbere.J.P.Theory building for conflict management system design,Conflict Resolution Quarterly,2001,19:215-236.

③ Boydell,S..Land Tenure and Land Conflict in the South Pacific,Consultancy Report for the United Nations Food & Agriculture Organization,2004.

④ Muzondo LF.,Barry M,Dwar D.,et al.Land conflicts in Informal Settlements:Wallacedene in Cape Town,South Africa,Urban Forum,2007,18:171-189.

时擅长用各种博弈分析模型阐释征地矛盾参与各方的相互关系,Alston (2000)运用博弈模型阐释征地过程中政府、土地需求者与土地所有者三方之间的相互关系,提出政府需要明确土地产权与土地再分配之间的竞争,尽可能在不出现征地矛盾的情形下实现资源要素的最优配置和经济社会的持续、健康、稳定发展[1]。

国内学者在分析征地冲突矛盾时侧重于研究征地冲突矛盾的制度性诱因的规范性,并将农村土地征收补偿标准、土地征收范围和征地征收补偿安置的社会保障问题提出了相应的对策和建议。[2] 诸培新(2003)等从资源环境价值论视角,对农村土地资源的价值组成和功能特性进行了分析,提出农村土地征收补偿的构成需要充分考虑被征土地资源的使用价值与非使用价值的建议[3]。刘杨(2006)等对被征地农户的维持表现和行为展开分析,详细探讨了影响被征地农户的利益维护策略选择的家庭因素[4]。谭术魁(2010)等对征地冲突矛盾采用博弈分析的办法,构建博弈冲突模型,依托分析农村土地征收过程中被征地农民与地方政府的利益博弈路径,得到降低被征地农户利益损害维护成本,加大对地方政府这一征地主体的违法征地行为的处罚力度,就此提出采取可行措施确保参与各方的博弈均衡逐渐平等合理的建议[5]。

笔者认为,农村土地征收过程中的征地冲突矛盾双方主要是被征地农户和地方政府,矛盾的根源在于地方政府基于利益考量违法强制征地,而被征地农户为了维护自己的土地合法权益往往会自发行动起来维权,中央政府基于

---

① Lee.J.Alston.Land Reform Policies,the Sources of Violent Conflict,and Implications for Deforestation in the Brizillian Amazon, Journal of Enviornmental Economics and Management, 2000, 39: 162-188.

② 李红波:《征地冲突研究》,华中科技大学博士学位论文,2007 年。

③ 诸培新、曲福田:《从资源环境经济学角度考察土地征用补偿价格构成》,《中国土地科学》2003 年第 3 期。

④ 刘杨、黄贤金、吴晓洁:《失地农户的维权行为分析——以江苏省铁本事件征地案例为例》,《中国土地科学》2006 年第 1 期。

⑤ 谭术魁、齐睿:《中国征地冲突博弈模型的构建与分析》,《中国土地科学》2010 年第 3 期。

大局稳定和社会和谐发展角度,又会对地方政府的农村土地征收行为进行监督,并严厉查处农村土地征收过程中的违法现象。

二、征地矛盾中主要参与方之间的博弈关系分析

(一)地方政府与被征地农户

地方政府是农村土地征收矛盾的诱发主体,扩大农村土地征收规模可以为地方政府增加额外收益,与此同时,地方政府在资源、信息、权力等方面具有明显优势,并且中国的现行土地管理体系中地方政府同中央政府之间类似于委托—代理关系,只要被征地农户不上访,矛盾在可控范围内,中央政府通常不会处罚地方政府的农村土地征收行为。因此,地方政府基于利益驱使,更倾向于扩大农村土地征收规模。地方政府违规征收农村土地的行为主要表现在:非公益征地用途、违法的土地征收程序、截留农村土地征收补偿款等等。地方政府的农村土地征收策略是"合规征地""违规征地"。在地方政府征地行为违规的策略选择下,被征地农户也会做出相应的选择,一是被迫接受,沉默应对,但是倘若地方政府的农村土地征收行为影响了被征地农户的基本生活需求,被征地农户可能被迫选择抱团取暖,联合起来反抗地方政府的征地行为。因此被征地农户对地方政府违规征地的策略是"权益维护""权益放弃"。

(二)中央政府与被征地农户

"三农"问题是中国的核心问题,而土地问题是解决"三农"问题的关键。中央政府一直高度重视,如果地方政府的不规范、不合理措施侵占了农民合理、正当的权益,中央政府基于社会稳定、和谐发展需要,避免冲突矛盾进一步激化,通常会采取措施纠正地方政府的不恰当行为,通过绩效考核影响地方政府及其主要领导人的政绩激励。被征地农户逐渐发现进京上访是维护其土地合法权益的一种低成本而又有效的方式。因此,被征地农户一旦认为其土地

合法权益受到侵害或者其诉求没有得到满足就纷纷采取进京上访的方式唤起权力部门对农村土地征收问题的重视和干预,所以,被征地农户的策略选择是"勉强接受""进京上访"中央政府非常关注和高度重视被征地农户的进京上访问题,设置了专门的机构、安排了专门的人员去处理和跟进农村土地征收问题。但是,受行政层级、时间精力、经费预算等主客观条件的限制,农村土地征收问题涉及的关系复杂、利益诉求各异,解决和处理的难度也非常大。

(三)地方政府与中央政府

我国实行中央集权制的行政管理体制,中央政府统一负责管理全国的土地管理工作职能,在行政分权体制下,农村土地的征收权利由中央政府委托地方政府行使。1994 年实行分税制改革以来①,地方政府为了满足地方经济发展的需要,基于财政支出压力大搞土地财政,在这种形势下,难以避免会出现违法违规现象,但是,由于土地监督机制不健全、监管力度滞后,地方政府的征地违规操作能否被中央政府发现或查处,同中央政府的监管手段和查处力度密切相关。倘若中央政府没有惩处和查办地方政府的违法、违规征地行为,地方政府因违法、违规征地获取很多的征地收益;倘若中央政府对地方政府的违法、违规征地行为进行查处,地方政府将会遭受中央政府的经济处罚和行政处罚。因此,地方政府农村征地的策略选择是"依法征地""违法征地",中央政府对地方政府征地行为的策略选择是"监督检查""监督忽视"。

三、征地矛盾中主要参与方之间的动态博弈关系分析

从博弈论的视角考察,参与博弈的各方行为都是理性的,因为参与方的不理性行为引发的征地矛盾没有纳入研究范围。譬如缘于被征地农户性格原因

---

① 注:2018 年机构改革又实行国税、地税机构的合并。

或者个人素质因素,一气之下与村委会干部、地方政府官员发生矛盾,这类矛盾的行为主体的表达属于非理性行为,矛盾的发生具有很大的不确定性和随机性,因而不存在动态博弈路径。课题组根据被征地农户、地方政府和中央政府的属性及参与各方的利益分析,分别展开动态博弈关系分析。

(一)征地矛盾中地方与中央政府的动态博弈分析

农村土地征收过程中,地方政府是主动发起方,是执行者,因为农村土地征收存在巨大的潜在收益,存在违法或违规行为,是征地矛盾出现的行动者;中央政府为了维护社会稳定和保持政府良好形象,作为地方政府征地行为的监督方,需要对地方政府的违规、违法行为进行监督。因此,在农村土地征收过程中,中央政府的目标同地方政府的目标存在根本的不一致,由此产生了动态的博弈行为。

地方政府同中央政府在农村土地征收过程中产生征地矛盾的博弈分析模型要素如下:

参与方:中央政府为 Gov_c ,地方政府为 Gov_l ,那么参与方集合为 = $\{Gov_c, Gov_l\}$;

策略空间:中央政府的策略空间选择为 S_{Gov_c} = |监督检查,监督忽视|,其中,中央征地对地方政府征地实施基本情况开展检查监督的可能概率为 θ ;地方政府的策略空间选择为 S_{Gov_l} = |依法征地,违法征地|,其中,地方政府在农村土地征收过程中违法、违规的概率为 ϑ 。

在此情形下,中央政府的收益函数和地方政府的收益函数表示如下:

第一,如果中央政府对地方政府的征地情形开展检查监督时,地方政府采取依法征地选择策略时,中央政府开展征地检查监督的成本为 C_{Gov_c} ;中央政府由此达成社会和谐稳定的目标即收益为 R_{Gov_c} ,地方政府采取依法征地的土地征收成本为 C_{Gov_l} ,地方政府采取依法征地的征地收益为 R_{Gov_l} 。

第二,如果中央政府对地方政府的征地情形开展检查监督时,地方政府采取违规、违法征地策略选择时,中央政府开展征地检查监督的成本为 C_{Gov_c};中央政府由此达成社会和谐稳定的目标即收益为 R_{Gov_c} 和行政处罚收益 P;地方政府在土地征收过程中采用违法征地方式的成本绩效考核受损 A_{Gov_l} 和经济行政处罚支出 P,其征地收益为 R。

第三,如果中央政府对地方政府的征地情况没有开展检查监督,地方政府采取依法征地策略选择时,中央政府的监督检查成本为零,中央政府由此达成社会和谐稳定的目标即收益为 R_{Gov_c},地方政府采取依法征地的土地征收成本为 C_{Gov_l},地方政府采取依法征地的征地收益为 R_{Gov_l}。

第四,如果中央政府对地方政府的征地情况没有开展检查监督,地方政府采取违规、违法征地策略选择时,此时,中央政府的检查监督成本和收益都为零;地方政府的收益为 R,地方政府的成本为零。参与双方的博弈矩阵如表6-14 所示:

表6-14 中央与地方政府策略的动态博弈

参与主体及策略选择		地方政府	
		依法征地($1-\vartheta$)	违法征地(ϑ)
中央政府	监督检查(θ)	$R_{Gov_c} - C_{Gov_c}$, $R_{Gov_l} - C_{Gov_l}$	P+$R_{Gov_c} - C_{Gov_c}$, R-P-A_{Gov_l}
	监督忽视($1-\theta$)	R_{Gov_c} , $R_{Gov_l} - C_{Gov_l}$	0,R

在 ϑ 值一定的条件下,中央政府对地方政府征地行为开展检查监督($\theta = 1$)和不开展检查监督($\theta = 0$)的收益期望值分别为:

$$E_{Gov_c}(1,\vartheta) = (R_{Gov_c} - C_{Gov_c})(1-\vartheta) + (P + R_{Gov_c} - C_{Gov_c})\vartheta \qquad (6-2)$$

$$E_{Gov_c}(0,\vartheta) = R_{Gov_c}(1-\vartheta) \qquad (6-3)$$

令 $E_{Gov_c}(1,\vartheta) = E_{Gov_c}(0,\vartheta)$,可得 $\vartheta = C_{Gov_c}/(P+R_{Gov_c})$。倘若地方政府违法、违规征地的概率低于 $C_{Gov_c}/(P+R_{Gov_c})$ 时,中央政府的最优策略选择是采取检查忽视农村土地征收政策实施状况;倘若地方政府违法、违规征地的

概率大于 $C_{Gov_c}/(\mathrm{P}+R_{Gov_c})$ 时,中央政府的最优策略选择是采取检查监督农村土地征收政策实施状况。

同样,在 θ 值一定的条件下,地方政府采取依法征地和违法、违规征地的收益期望值分别为:

$$E_{Gov_l}(\theta,1)=(R_{Gov_l}-C_{Gov_l})\theta+(R_{Gov_l}-C_{Gov_l})(1-\theta) \tag{6-4}$$

$$E_{Gov_l}(\theta,0)=(\mathrm{R}-\mathrm{P}-A_{Gov_l})\theta+\mathrm{R}(1-\theta) \tag{6-5}$$

令 $E_{Gov_l}(\theta,1)=E_{Gov_l}(\theta,0)$,可得 $\theta=[\mathrm{R}-(R_{Gov_l}-C_{Gov_l})]/\mathrm{P}+A_{Gov_l}$。倘若中央政府检查监督地方政府在农村土地征收过程中违法、违规征地的概率小于 $[\mathrm{R}-(R_{Gov_l}-C_{Gov_l})]/\mathrm{P}+A_{Gov_l}$ 时,地方政府的最优选择策略是违法、违规征地;倘若中央政府检查监督地方政府在农村土地征收过程中违法、违规征地的概率大于 $[\mathrm{R}-(R_{Gov_l}-C_{Gov_l})]/\mathrm{P}+A_{Gov_l}$ 时,地方政府的最优选择策略是依法征地。

根据推导求出的均衡概率 θ、ϑ 可以知道,地方政府在农村土地征收过程中采取违法、违规征地的概率同中央政府的检查监督成本高低呈正向关系,同地方政府的经济、行政处罚支出呈反向关系;而中央政府对地方政府征地行为采取检查监督的概率同地方政府违法、违规征地的收益呈正向关系,同地方政府的经济、行政处罚和政绩受损影响呈反向关系。因此,为有效降低地方政府在农村土地征收过程中的违法、违规征地次数,应显著减轻中央政府的对地方政府检查监督的相关成本支出,增加对地方政府违规、违法征地行为的经济处罚力度和行政处罚力度,提高对违规、违法行为的震慑力。

(二)征地矛盾中地方政府与被征地农户的动态博弈分析

被征地农户作为农村土地征收过程中的利益直接相关主体,也是征地冲突矛盾产生的行动者;而地方政府在农村土地征收过程中承担双重身份,一个身份是维护工业化、城镇化进程中被征地农户的土地权益,贯彻、执行国家现行征地法律、政策;另一个身份是设法扩大地方财政收入来源,完成地方政绩考核任务,成为工业企业、城市房地产商圈地的政府代理人,通过低价获取承包农户土地高价转让获取土地权属改变的巨额出让收入和寻租收入。因此,在农村土地征收过程中,被征地农户与地方政府在目标达成上存在根本的区别,产生了动态博弈行为。

地方政府同被征地农户在农村土地征收过程中产生征地矛盾的博弈分析模型要素如下:

参与方:地方政府为 Gov_l ,被征地农户为 Far ,那么参与方集合为 = $\{Gov_l, Far\}$;

策略空间:地方政府的策略空间选择为 $S_{Gov_l} = \{$依法征地,违法征地$\}$,其中,地方政府在农村土地征收过程中违法、违规的概率为 ζ 。被征地农户的策略空间选择为 $S_{Far} = \{$权益维护,权益放弃$\}$,其中,被征地农户维护土地权益的概率为 ξ ;

在此情形下,地方政府的收益函数和被征地农户的收益函数表示如下:

第一,如果地方政府采取依法征地选择策略,被征地农户维护土地权益时,地方政府的成本支出为依法征地的直接成本 C_{Gov_l} ;地方政府依法征地的征地收益为 R_{Gov_l} ;被征地农户维护土地权益的维权成本 C_{Far} ,被征地农户的征地收益为地方政府依法征地的直接成本 C_{Gov_l} 。

第二,如果地方政府采取依法征地选择策略,被征地农户不维护土地权益时,地方政府的成本支出为依法征地的直接成本 C_{Gov_l} ;地方政府依法征地的征地收益为 R_{Gov_l} ;被征地农户维护土地权益的维权成本为 0,被征地农户的征地收益为地方政府依法征地的直接成本 C_{Gov_l} 。

第三,如果地方政府采取违法、违规征地选择策略,被征地农户维护土地权益时,地方政府的成本支出为政绩考核的影响损害 A_{Gov_l} 及提高农村土地征收补偿标准 C_{Gov_l2} ,被征地农户维护土地权益的成本为 C_{Far} ,被征地农户的征地收益为 C_{Gov_l2} 。

第四,如果地方政府采取违法、违规征地选择策略,被征地农户不维护土地权益时,地方政府的成本支出为 0,征地收益为 R;被征地农户的土地权益维护成本支出为 0,被征地农户的征地收益为 C_{Gov_l3}。参与双方的博弈矩阵如表 6-15 所示:

表 6-15　地方政府与被征地农户策略的动态博弈

参与主体及策略选择		地方政府	
		依法征地($1-\zeta$)	违法征地(ζ)
被征地农户	权益维护(ξ)	$C_{Gov_l} - C_{Far}$, $R_{Gov_l} - C_{Gov_l}$	$C_{Gov_l2} - C_{Far}$, $R - A_{Gov_l} - C_{Gov_l2}$
	权益忽视($1-\xi$)	C_{Gov_l} , $R_{Gov_l} - C_{Gov_l}$	C_{Gov_l3} , R

在 ζ 值一定的条件下,被征地农户对地方政府征地行为的权益维护采取行动($\xi=1$)和不采取行动($\xi=0$)的收益期望值分别为:

$$E_{Far}(1,\zeta) = (C_{Gov_l} - C_{Far})(1-\zeta) + (C_{Gov_l2} - C_{Far})\zeta \tag{6-6}$$

$$E_{Far}(0,\zeta) = C_{Gov_l}(1-\zeta) + C_{Gov_l3}\zeta \tag{6-7}$$

令 $E_{Far}(1,\zeta) = E_{Far}(0,\zeta)$,可得 $\zeta = C_{Far}/(C_{Gov_l2} - C_{Gov_l3})$。倘若地方政府违法、违规征地的概率低于 $C_{Far}/(C_{Gov_l2} - C_{Gov_l3})$ 时,被征地农户的最优策略选择是不维护其土地权益;倘若地方政府违法、违规征地的概率大于 $C_{Far}/(C_{Gov_l2} - C_{Gov_l3})$ 时,被征地农户的最优策略选择是维护其合法土地权益。

同样,在 ξ 值一定的条件下,地方政府采取依法征地和违法、违规征地的收益期望值分别为:

$$E_{Gov_l}(\xi,1) = (C_{Gov_l} - C_{Far})\xi + (C_{Gov_l} - C_{Far})(1-\xi) \tag{6-8}$$

$$E_{Gov_l}(\xi,0) = (R - A_{Gov_l} - C_{Gov_l2})\xi + R(1-\xi) \tag{6-9}$$

令 $E_{Gov_l}(\xi,1) = E_{Gov_l}(\xi,0)$,可得 $\xi = [R - (C_{Gov_l} - C_{Far})]/(C_{Gov_l2} + A_{Gov_l})$。倘若被征地农户采取维护其土地权益的概率小于 $[R - (C_{Gov_l} - C_{Far})]/(C_{Gov_l2} + A_{Gov_l})$ 时,地方政府的最优选择策略是违法、违规征地;倘若被征地农户采取维护其土地权益的概率大于 $[R - (C_{Gov_l} - C_{Far})]/(C_{Gov_l2}$

$+ A_{Gov_l}$)时,地方政府的最优选择策略是依法征地。

根据推导求出的均衡概率 ζ 、ξ 可以知道,地方政府在农村土地征收过程中采取违法、违规征地的概率同被征地农户土地权益的维护成本高低呈正向关系,同被征地农户土地权益维护后农村土地征收补偿标准增加呈反向关系;同时,被征地农户维护其土地合法权益的概率同地方政府提高农村土地征收补偿标准和损害其政绩考核呈反向关系。因此,为有效降低地方政府在农村土地征收过程中同被征地农户之间产生征地矛盾,应该显著提高被征地农户的土地征收补偿标准,加大对地方政府违法、违规征收农村土地的惩处力度,大幅度降低被征地农户的土地权益维护成本,均衡二者之间的博弈模型,有效避免征地冲突矛盾的产生。

(三)征地矛盾中被征地农户与中央政府的动态博弈分析

被征地农户本来与中央政府之间没有发生直接的利益关系,但是,由于地方政府的违规征收行为损害了被征地农户的土地财产权益,而中央政府作为农村土地征收管理的检查监督者,为了维护政府良好形象和保持社会和谐稳定,需要对地方政府的违法、违规行为进行检查监督,但是,由于中国地域辽阔,农村土地征收利益错综复杂,以及时间、精力、查处难度等问题,中央政府对地方政府违法、违规征地的检查监督效果受到许多条件的限制。因此,在农村土地征收过程中,被征地农户与中央政府在目标达成上,两者存在根本的区别,产生了动态博弈行为。

被征地农户同中央政府在农村土地征收过程中产生征地矛盾的博弈分析模型要素如下:

参与方:被征地农户为 Far ,中央政府为 Gov_c ,那么参与方集合为 = $\{Far, Gov_c\}$;

策略空间:中央政府的策略空间选择为 $S_{Gov_c} = \{$查处执法,放弃查处$\}$,其中,中央征地对地方政府征地实施基本情况开展查处执法的可能概率为 φ ;

被征地农户的策略空间选择为 $S_{Far}=\{$ 权益放弃, 进京上访 $\}$, 其中, 被征地农户维护土地权益进京上访的概率为 φ;

在此情形下, 被征地农户的收益函数和中央政府的收益函数表示如下:

第一, 如果被征地农户对地方政府在农村土地征收过程中的违法、违规征地行为采取权益放弃的策略, 中央政府查处地方政府的违法、违规征地行为时, 被征地农户的成本支出为零。被征地农户的收益为地方政府因为违法、违规征地被中央政府查处而提高的农村土地征收补偿标准 $C_{Gov_{l2}}$, 中央政府开展征地检查监督的成本为 C_{Gov_c}; 中央政府由此达成社会和谐稳定的目标即收益为 R_{Gov_c} 和经济处罚收益 P。

第二, 如果被征地农户对地方政府在农村土地征收过程中的违法、违规征地行为采取权益放弃的策略, 但是, 中央政府放弃查处地方政府在农村土地征收过程中的违法、违规征地行为时, 被征地农户的成本支出为零, 其收益为 $C_{Gov_{l3}}$; 中央政府放弃查处地方政府在农村土地征收过程中的违法、违规征地行为的成本和收益都为零。

第三, 如果被征地农户在农村土地征收过程中面对地方政府的违法、违规征地行为采取进京上访的策略, 中央政府查处地方政府的违法、违规征地行为时, 被征地农户进京上访的成本支出为 C_{Far}, 因此获得的收益为 $C_{Gov_{l2}}$; 中央政府查处地方政府在农村土地征收过程中的违法、违规行为的成本支出为 C_{Gov_c}, 中央政府因此获得的收益为社会和谐稳定 R_{Gov_c} 与政府公信力的提升 Ec 和对地方政府的经济处罚 P。

第四, 如果被征地农户在农村土地征收过程中面对地方政府的违法、违规征地行为采取进京上访的策略, 但中央政府放弃查处地方政府的违法、违规征地行为时, 被征地农户进京上访的成本支出为 C_{Far}, 因此获得的收益为 $C_{Gov_{l3}}$; 中央政府放弃查处地方政府在农村土地征收过程中的违法、违规征地行为时的成本为产生征地矛盾, 社会不稳定 $(-R_{Gov_c})$ 和政府公信力受损 $(-Ec)$, 中央政府的收益为零。参与双方的博弈矩阵如表 6-16 所示:

表6-16　中央政府与被征地农户策略的动态博弈

参与主体及策略选择		被征地农户	
		权益放弃($1-\varphi$)	进京上访(φ)
中央政府	查处执法(φ)	R_{Gov_c}+P-C_{Gov_c}，$C_{Gov_{l2}}$	R_{Gov_c}+P+Ec-C_{Gov_c}，$C_{Gov_{l2}}-C_{Far}$
	放弃查处($1-\varphi$)	0，$C_{Gov_{l3}}$	$-R_{Gov_c}$-Ec，$C_{Gov_{l3}}-C_{Far}$

从表6-16动态博弈收益矩阵可以发现,尽管该分析模型是动态博弈分析,但其具备占优战略均衡"查处执法""权益放弃"。也就是说,对于中央政府而言,不管被征地农户在农村土地征收过程中对地方政府的违法、违规征地行为是权益放弃还是进京上访,中央政府的占优策略是查处执法;对于被征地农户而言,不管中央政府对地方政府在农村土地征收过程中的违法、违规征地行为是查处执法还是放弃查处,被征地农户的占优策略是权益放弃。因此,在中央政府和被征地农户的利益博弈过程中,倘若地方政府在农村土地征收过程中已经属于违法、违规征地并且得到中央政府确认,那么,中央政府和被征地农户同时存在占优策略选择"查处执法""权益放弃"。但是,从前面两种关系的动态博弈分析模型已经获悉,地方政府在农村土地征收过程中采取违法、违规征地的策略同被征地农户的土地权益维护成本、农村土地征收补偿标准、中央政府的检查监督成本、以及中央政府对土地征收过程中地方政府的违法、违规行为的经济处罚力度密切相关,并且同中央政府采取检查监督和被征地农户的土地权益这两个影响因素直接相关。另外,被征地农户在中央政府的两种策略选择中,进京上访获取的权益维护收益都小于放弃权益顺从策略的收益,因此,被征地农户因为征地中的土地权益受损进京上访是不经济的。所以,为了有效遏制地方政府在农村土地征收过程中的违法、违规征地行为,应当减少被征地农户进京上访的成本负担,加大对地方政府违法、违规征地的经济处罚和行政处罚力度,维护中央政府的权威和政府公信力,等等。

四、研究结论与政策建议

农村土地征收过程中产生征地冲突矛盾的参与各方由于存在不同的利益诉求,各个参与主体的征地目标不一致,由此产生征地矛盾。通过参与主体的博弈分析,课题组研究发现:首先,地方政府在农村土地征收过程中采取违规、违法征收农村土地的概率大小与中央政府对地方政府征地行为的检查监督费用、被征地农户的土地权益维护成本呈正向关系,与地方政府遭受中央政府经济处罚、行政处罚后果和被征地农户土地权益维护后提高农村土地征收补偿标准呈反向关系。因此,地方政府的农村土地征收行为、征地规模会受到被征地农户、中央政府检查监督行为的影响,被征地农户的土地权益维护行为及中央政府对地方政府征地行为的监督、查处会显著影响地方政府的违法、违规征地行为,产生明显的约束作用。其次,中央政府对地方政府在农村土地征收过程中的征地行为的检查监督概率大小同地方政府违法、违规征地获取的征地收益呈正向关系,与中央政府对地方政府违法、违规征地的经济处罚、行政处罚及因此对政绩考核产生的影响呈反向关系。但是,由于中央政府在查处地方政府在农村土地征收过程中出现的违法、违规征地行为涉及多个利益主体,利益诉求错综复杂,查处难度太大、查处成本较高等原因难以正常开展。由于被征地农户因为征地矛盾进京上访行为的压力下,基于维护社会发展和谐稳定和提升政府公信力等诉求考虑,中央政府不得不耗费较多时间和较大精力查处地方政府在农村土地征收过程中的违法、违规征地行为。最后,被征地农户土地权益维护的概率大小同地方政府在农村土地征收过程中违法、违规征地获取的收益呈正向关系,并与被征地农户土地权益维护成本、地方政府提高农村土地征收补偿标准和地方政府的政绩损害呈反向变动关系,而被征地农户的土地权益维护行为主要同农村土地征收补偿标准高低密切相关。

考虑工业化与城镇化进程中我国征地矛盾发生的原因和特点,基于上述理论与现状分析,课题组认为,避免出现征地矛盾,设计科学合理征地制度的重点应该主要考虑:增强法律的权威性,健全完善涉及农村土地征收的法律法规,严格农村土地征收程序,并在法律中明确规定;国家在中央政府层面健全完善对地方政府征地行为的监督、考核和查处惩罚机制,地方政府违法、违规征地处罚有章可循,增加对地方政府违法、违规征地行为的震慑力;充分考虑农村土地转化用途、改变权属的土地增值收益,提高农村土地征收补偿标准,提高被征地农户在土地增值收益中的分享比例;建立健全农村征地冲突、争议的调节机制,建立专门的土地仲裁机构①,调解农村征地矛盾,将矛盾消除在萌芽状态,实现矛盾下移,降低征地矛盾产生的社会成本。

---

① 邹秀清、钟骁勇等:《征地冲突中地方政府、中央政府和农户行为的动态博弈分析》,《中国土地科学》2012 年第 10 期。

第七章　建立农村集体经营性建设用地入市制度研究

2015年,国家启动了农村土地征收、集体经营性建设用地入市、宅基地制度改革(通常简称"三块地"改革)试点工作。就改革试点进展考察,试点地区对农村集体经营性建设用地入市改革推进比较积极,并取得一定的改革效果。据自然资源部测算,全国农村集体建设用地面积为3.1亿亩,其中农村集体经营性建设用地面积为4200万亩,所占农村集体建设用地面积的比重为13.3%(叶兴庆,2015)①。

第一节　农村集体经营性建设用地入市制度变迁分析

一、农村集体经营性建设用地的起源分析

根据《中华人民共和国土地管理法》(2019)第六十三条规定,农村集体经营性建设用地是指存量农村集体建设用地中利用总体规划、城乡规划确定为

---

① 叶兴庆:《农村集体经营性建设用地的产权重构》,《中国经济时报》2015年5月27日。

工业、商业等经营性用途的土地。农村集体经营性建用地的主要来源是以前兴办乡镇企业占用的土地。20世纪80年代以来,乡镇企业能够快速发展,异军突起,成为中国经济发展的重要增长极,同时期相对宽松的土地制度功不可没。

首部《中华人民共和国土地管理法》于1986年第六届全国人大常务委员会第十六次会议通过,自1987年1月1日起实施。在《中华人民共和国土地管理法》实施之前,农村土地如何利用、如何管理基本处于法律的真空状态。即便在该法实施之后的一段时间,农村建设用地的管理依旧比较宽松。例如,《中华人民共和国土地管理法》(1986)第七条规定,"国有土地和集体所有的土地可以依法确定给个人使用"。新增农村建设用地由县级人民政府负责审核批准,允许乡(镇)政府审核批准乡镇企业的存量建设用地使用需求。在土地管理制度相对宽松的宏观环境中,为乡镇企业使用土地要素打开了便捷之门,促成了乡镇企业的蓬勃快速发展,自发地出现了农村建设用地市场交易。

但是,这段相对宽松的时间并没有持续多久,国家很快对农村集体建设用地加强了管控力度。第二次修订的《中华人民共和国土地管理法》(1998)第四十三条规定,"任何单位和个人进行建设,需要使用土地的,必须依法申请使用国有土地;但是,兴办乡镇企业和村民建设住宅经依法批准使用本集体经济组织农民集体所有的土地的,或者乡(镇)村公共设施和公益事业建设经依法批准使用农民集体所有的土地的除外。前款所称依法申请使用的国有土地包括国家所有的土地和国家征用的原属于农民集体所有的上地";第六十三条规定,"农民集体所有的土地的使用权不得出让、转让或者出租用于非农业建设"。2004年10月,《国务院关于深化改革严格土地管理的决定》明确规定对农用地转用的年度计划实行指令性管理,并且明确农村集体建设用地,必须符合土地利用总体规划、村庄和集镇规划,并纳入土地利用年度计划,凡占用农用地的必须依法办理审批手续。通过这个决定,政府不仅实现了对新增建设用地指标的控制,而且实现了对建设用地一级市场的垄断。这一决定成为建设用地从严管制的分水岭。此后,由于政策限制,乡镇企业占用土地既难新增建设用地,又难流转已有的建设用地,建设用地利用处于固化状态。这个时段乡镇企业占用的建设用地,形成目前农村集体经营性建设用地的主体部分。无论乡镇企业的经营状况、乡镇企业是否存在继续兴办,各地政府在编制土地利用、城市规划时都认可了乡镇企业占用土地的建设用地属性。以后的各类政策文件一般把这一类土地称为农村集体经营性建设用地,以区别于农村宅基地和农村公益用地。所以,严格来说,农村集体经营性建设用地属于在农村建设用地开办乡镇企业形成的历史遗留产物。

二、农村集体经营性建设用地历次入市改革试点

机缘巧合,自1998年土地管理法修订到2004年国务院出台严格管理土地的规定,中国的经济发展出现了两个明显的拐点:一方面是许多乡镇企业难以适应经济形势变化开始走下坡路,许多乡镇企业经营不善出现倒闭现象;另一方面是城镇化进程步入快车道。伴随城镇化进程的加快和城镇规模的扩张,全国各地出现大范围的建设用地供给不足,供求矛盾加剧现象。此时,农村建设用地利用由于土地管理制度的严格限制固化成为一个问题存在,饱受诟病。为了破解农村建设用地固化的矛盾,国家在强化农村建设用地严格管理的同时,分析农村集体建设用地入市的可行性,探求入市路径。

2000年,原国土资源部确定安徽芜湖、江苏南京、江苏苏州、浙江湖州、上海青浦、广东南海等9个地区为试点区域,展开农村集体建设用地使用权流转改革试点,与2015年启动的土地改革试点相比较,此轮改革的步伐更大。

首先,改革试点并不强调农村集体建设用地与农村集体经营性建设用地的区别。其实,当时也没有"农村集体经营性建设用地"的概念或称谓。在大多数试点地区,乡镇企业占用土地村庄公共设施占用土地、公益事业占用土地以及村庄合并与农村宅基地整理产生的新增存量集体建设用地都可以进入使用权流转市场,直接入市交易。另外,农村集体建设用地使用权流转入手的方

式多种多样,可以通过土地使用权出让、土地使用权租赁、土地使用权作价出资入股、土地使用权联营联建、土地使用权置换、土地使用权抵押等方式流转农村集体建设用地使用权。而 2015 年启动的本轮土地制度改革最初规定农村集体经营性建设用地可以采取出让、入股和租赁三种入市方式,直到改革试点一年后才启动农村集体经营性建设用地抵押试点。

但是,这一阶段的入市改革试点并未达成形成制度的目标。安徽芜湖、江苏苏州、广东南海等地都对农村集体建设用地"直接入市"展开了制度探索,并出台了农村集体建设用地入市的地方试行规定。然而,《中华人民共和国土地管理法》(2004)修订版不仅没有体现这些地区的改革试点经验,反而在第六十三条规定,"农民集体所有的土地的使用权不得出让、转让或者出租用于非农业建设"。同年 10 月,《国务院关于深化改革严格土地管理的决定》中却作出"在符合规划的前提下,村庄、集镇、建制镇中的农民集体所有建设用地使用权可以依法流转"的规定。中央政府以文件的形式抵消了修订未满一年的加强农村集体建设用地管理的法律规定,影响了《中华人民共和国土地管理法》的权威性。

在后续的地方改革试点探索中,农村建设用地使用权流转是通过采取城乡建设用地增减挂钩的方式落地。重庆的"地票交易"属于城乡建设用地增减挂钩的特殊实现形式,或者可以归类为增减挂钩政策实现的最高阶段。但是,城乡建设用地增减挂钩只是保证农村集体建设用地产生一定的建设用地指标或者额度价值,新增建设用地地块依旧必须通过土地征收程序,农村集体建设用地并不能直接进入市场"入市交易",相比此前进行的农村集体建设用地入市改革试点步伐还是大大放缓了。

三、本轮农村集体经营性建设用地入市制度改革试点的关键部署

2015 年 1 月,中共中央办公厅、国务院办公厅联合印发了《关于农村土地

征收、集体经营性建设用地入市、宅基地制度改革试点工作的意见》,对农村土地征收、集体经营性建设用地入市、宅基地制度改革进行了统筹部署,明确在北京市大兴区等 15 个县(市、区)启动农村集体经营性建设用地入市试点。

通过农村集体经营性建设用地入市改革试点完善农村集体经营性建设用地产权制度,明确农村集体经营性建设用地的入市范围,明确农村集体经营性建设用地入市的途径,建立健全农村集体经营性建设用地市场交易规则和农村集体经营性建设用地服务监管制度,形成兼顾国家、集体与农户的土地增值收益分配机制,建立统筹城乡发展的城乡一体化建设用地市场,实现农村集体经营性建设用地与国有建设用地平等进入市场交易,同地同权同价。

部署始于 2015 年的本轮农村集体经营性建设用地入市制度改革试点后,前后三次进行重要调整:其中试点范围调整了一次,试点期限调整了两次。为了增强改革试点整体性和改革试点协调性,形成农村土地征收、集体经营性建设用地入市、宅基地制度改革的共振效应,自 2016 年 9 月起,原国土资源部采取联动改革试点地区的方式统筹推进各项改革。此次改革试点调整中,农村土地征收制度改革和集体经营性建设用地入市改革实现了试点地区的全覆盖,由原来的 15 个县(市、区)拓展到全部 33 个试点县(市、区),拓展了试点范围,而宅基地改革试点县(市、区)范围没有发生变化,保持原有试点范围不变。试点期限延长调整了两次,本轮改革试点原计划至 2017 年年底结束,但由于改革试点探索不充分,特别是形成可复制性、可推广性制度性成果较少,经全国人大授权,中央批准农村土地征收、集体经营性建设用地入市,宅基地制度改革试点延期一年,至 2018 年年底结束。2018 年 12 月,为了进一步深入推进农村土地征收、集体经营性建设用地入市、宅基地管理制度改革试点,并做好试点工作与土地管理法修改工作的衔接,全国人大常委会审议关于再次延长授权国务院在北京市大兴区等 33 个试点县(市、区)行政区域暂时调整实施有关法律规定期限的决定草案,授权将农村土地制度三项改革试点法律调整实施的期限再延长一年至 2019 年 12 月 31 日。

第二节　农村集体经营性建设用地
入市改革进展与困局

一、农村集体经营性建设用地入市改革进展

(一)总体情况

自开展农村集体经营性建设用地入市制度改革以来,截至目前,全国 33 个县(市、区)农村集体经营性建设用地入市地块 1 万余宗,涉及土地面积 9 万余亩,土地总价款约 257 亿元,收取调节金 28.6 亿元;办理集体经营性建设用地抵押贷款 228 宗,贷款金额 38.6 亿元(韩长赋,2019)[①]。从全国各试点地区汇总统计结果来看,农村集体经营性建设用地入市的价格一般为 80 万元—110 万元/亩。从土地价格成交变动趋势看,农村集体经营性建设用地入市的单位面积土地价格有所下降,可能的原因是 2017 年 4 月之后农村集体经营性建设用地入市的新增土地主要来自于第二批扩面的试点地区,由于经济发达程度不同,这些区域的土地入市价格低于首批试点地区土地的入市价格。为了深入体现农村集体经营性建设用地入市的基本情况,需要对全国各个试点区域的入市状况展开分析,考虑试点地区的代表性和试点区域资料可获得性,课题组选取首批 15 个全国试点县(市、区)的数据,如表 7-1 所示。因为改革试点尚未结束,数据处于动态变化中,因此统计结果可能没有体现改革的最新进展,但既有数据可以体现改革试点的趋势变化和存在问题。

从表 7-1 可以看出,各试点地区农村集体经营性建设用地可入市土地总面积、成交总额及单位面积价格都存在非常大的差距。从农村集体经营性建设用地可入市土地总面积来看,广东南海、北京大兴和上海松江位居前三,分

[①]　韩长赋:《中国农村土地制度改革》,《农业经济问题》2019 年第 1 期。

别为 25.71、7.96 和 4.5 万亩,这三个试点地区可入市总面积占首批 15 个试点地区的农村集体经营性建设用地可入市土地总面积的 85% 以上。可入市土地总面积最少的黑龙江安达市只有 0.1 万亩,但是,土地宗数却高达 173 宗,每宗地块平均不足 6 亩,出让地块十分分散。

表 7-1　全国 15 个首批试点地区入市概况

试点地区	统计时间	可入市土地总面积(万亩)	可入市市宗数	已入市土地总面积(亩)	已入市市宗数	成交总额(亿元)	单位面积价格(万元/亩)
北京大兴	2018.1	7.96	4200	675	4	40	593
广东南海	2017.5	25.71	—	1950	53	53	272
广西北流	2017.7	1.92	—	2413	38	4.30	18
上海松江	2017.10	4.50	—	46.48	2	0.47	100
浙江德清	2017.8	1.07	1881	856	131	1.53	18
黑龙江安达	2017.8	0.10	173	48.9	4	0.05	10
吉林九台	2017.9	0.29	218	225	12	0.13	6
辽宁海城	2017.10	0.38	358	819	10	1.50	18
河南长垣	2017.8	0.48	1106	323.9	22	0.25	8
山西泽州	2017.12	1.10	—	998.43	32	0.95	9
贵州湄潭	2017.3	0.46	6357	59.5	16	0.10	17
四川郫县	2017.9	0.12	—	353	30	2.10	59
重庆大足	2017.6	—	—	244.96	11	0.81	33
甘肃陇西	2017.7	0.52	5094	420	85	0.77	18
海南文昌	—	—	—	—	—	—	—
合计	—	44.60	—	9433.17	447	105.95	—

数据来源:根据实地调研资料整理或媒体公开报道数据汇总,缺失值用"—"指代。

从农村集体经营性建设用地入市土地成交总额考察,广东南海、北京大兴和广西北流位居首批试点地区前三,分别为 53 亿元、40 亿元和 4.3 亿元,这三个试点地区成交总额占首批 15 个试点地区的农村集体经营性建设用地入市成交总额的九成,而广东南海一地所占比重就超过五成。北京大兴总价款为 40 亿元,共有 4 宗 675 亩土地,单位面积价格高达 593 万元/亩。此外,广东南海和上海松江的单位面积价格也分别高达 272 万元/亩和 100 万元/亩。而形成鲜明对比的是吉林九台、河南长垣和山西泽州三地试点区域单位面积价格分别为 6 万元/亩、8 万元/亩和 9 万元/亩。不足 10 万元/亩的悬殊差距引发的一个突出表现就是"量少价低"地区推动改革试点的主动性和积极性不足。从更大范围考察,东部沿海发达地区或者大城市四周农村地区集体经营性建设用地存量规模较大,中西部经济欠发达地区存量规模较小。

(二)改革成果

首先,明确农村集体经营性建设用地入市主体。一是上海松江规定村集体经济组织代表农户行使农村集体经营性建设用地集体所有权,重庆大足也执行类似的规定。二是辽宁海城规定农民集体代表农户行使农村集体经营性建设用地集体所有权,分为村农民和镇农民集体两类。三是吉林九台规定村委会代表农户行使农村集体经营性建设用地集体所有权,黑龙江安达也执行类似的规定。四是四川郫县规定农村股份经济合作社等形式的新型农村集体经济组织代表农户行使农村集体经营性建设用地集体所有权,浙江德清确立三级主体入市,镇集体资产经营公司等全资下属公司或其代理人、村股份经济合作社分别代表镇集体土地、村农民集体和村小组集体土地使用权。五是北京大兴规定集体所有制联营公司代表农户行使农村集体经营性建设用地集体所有权。六是河南长垣规定由乡集体经济组织、村集体经济组织和村民小组委托村委会作为乡集体所有、村集体所有和村民小组所有的农村集体经营性建设用地,对不同主体探索不同的入市实施主体。

其次,形成土地增值收益分配新格局。原有农村土地征收方式中,地方政府依靠低价征收高价出让的方式获取绝大部分土地增值收益。而农村集体经营性建设用地入市改革试点通过明确土地增值收益分配比例,明确国家、集体和个人的土地权益份额,形成保障农民个人利益、照顾村集体利益、兼顾国家利益的土地增值收益分配范式。一是合理确定土地增值收益调节金的比例，妥善处理政府与农民集体利益分配关系。山西泽州规定农村集体经营性建设用地入市土地增值收益调节金为20%，村集体与村民个人按3：7确定增值收益分享比例；吉林九台参照土地增值税方式根据不同增值收益级别确定不同分享比例；河南长垣、四川郫县根据地块用途和位置按照出让价格的5%—40%、13%—40%分别征收土地调节金。二是兼顾不同村集体经济组织间的土地收益分配诉求，实现土地收益分配平衡和共享土地发展权。北京大兴探索通过镇属公司统筹不同村集体经济组织建设用地和土地收益分配。三是合理确定村集体经济组织与农民集体内部收益的合理分享比例。大多数试点地区规定分配给农民个人的收益按照同区域农村土地征收补偿标准确定，剩余部分归属村集体经济组织用于养老、医疗保险等公共支出及集体经济发展等用途。贵州湄潭规定村集体经济组织留存部分不得低于土地增值收益调节金征收后的三成。村集体经济组织与村民分享比例由村集体经济组织成员民主决议确定。

再次，形成符合当地特点的农村集体经营性建设用地入市模式。通过三年多的改革试点工作及全国各地的具体实践，各地初步形成了农村集体经营性建设用地入市模式。甘肃陇西通过建立农村集体经营性建设用地交易市场，实现农村集体经营性建设用地与国有土地在同一市场实现同地同权同价交易。四川郫县通过村集体参股资产管理公司实现农村集体经营性建设用地的化零为整方式入市。浙江德清的农村集体经营性建设用地采取异地调整与就地入市的两种路径。

最后，建立了城乡一体的建设用地市场，部分缓解了建设用地供给不足的弊端。改革试点消除了城乡二元土地制度的弊端，实现农村集体经营性建设用地直接入市，建立了城乡一体的建设用地市场。浙江德清通过统一交易平台发布入市土地基本信息，依托公共资源交易中心形成公平的竞争环境，通过"招拍挂"方式全面引入价格竞争，实现土地资源要素的市场配置。农村集体经营性建设用地入市部分缓解了城市建设用地不足的弊端,实现了农村土地金融体系的创新。农村集体经营性建设用地入市后的土地使用权效力等同国有建设用地土地使用权,不仅可以在土地一级市场出让、入股与租赁,而且可以在土地二级市场出租、抵押及转让,扩大了建设用地的供给渠道和供给主体,增加建设用地市场土地供给数量。

二、农村集体经营性建设用地入市改革困局

(一)定性障碍导致农村集体建设用地使用权法律地位欠缺

从全国各地农村集体经营性建设用地入市改革试点考察,入市主体具有鲜明的多元性特征,主要源于《中华人民共和国物权法》对农民集体的定性不明确,农民集体与村集体经济组织间的关系指向不清晰。根源在于农村集体土地所有权主体的法律地位欠缺。在改革试点地区,面临的突出困境是由于农村集体建设用地使用权的法律地位欠缺,引发农村集体建设用地使用权人获取的权利难以获得现行法律的认可。银行等金融机构无法认可或接受农村集体建设用地使用权为抵押权标的,导致其使用权人遭遇融资困境。《中华人民共和国物权法》(2007)第一百三十五条规定,"建设用地使用权人依法对国家所有的土地享有占有、使用和收益的权利,有权利用该土地建造建筑物、构筑物及其附属设施";第一百五十一条规定,"集体所有的土地作为建设用地的,应当依照土地管理法等法律规定办理"。而《中华人民共和国土地管理法》(2019)与此相关的第六十三条第4款规定,"集体经营性建设用地的出租,集体建设用地使用权的出让及其最高年限、转让、互换、出资、赠与、抵押等,参照同类用途的国有建设用地执行。具体办法由国务院制定"。该法对"集体建设用地使用权"的称谓仅是一个概念,并非赋权性法律规范。虽然"集体建设用地使用权"一词却被广泛应用于各改革试点地区文件中,但《物权法》及其他相关法律并未予以明确,农村集体建设用地使用权并不具备完

全的私权属性①。农村集体建设用地使用权法律定位的立法缺失,导致全国各地改革试点突破农村集体建设用地流转限制的做法屡见不鲜,致使农村集体建设用地使用处于无序状态。一是农村集体建设用地使用权的设立规则缺失。设立农村集体建设用地使用权是农村集体建设用地入市的前提条件②,现行规范仅规定农村集体建设用地使用权通过有权机关批准设立,并未规定农村集体建设用地设立必须通过"招拍挂"等程序。二是农村集体建设用地使用权的确权制度缺失。农村集体建设用地使用权登记是物权不动产登记制度的重要组成部分,但《物权法》对此并未进行明确规定。确权是农村集体经营性建设用地入市法律基础,但各地改革试点地区的确权完成率普遍不高,在确权并未有效完成的情形下,严重延缓了农村集体经营性建设用地入市进程。三是农村集体建设用地使用权的权能受限。农村集体建设用地使用权作为他物权,处分权理应进行一定限制,但其具备的占用权、使用权和收益权及必要的处分权能不该限制。但现行试点对此进行严格限制,几乎阻断了交易功能的发挥。

(二)客体障碍导致农村集体建设用地入市范围狭窄

在各地农村集体经营性建设用地入市改革试点中,关于农村集体经营性建设用地入市范围在学术界存在较大争议。入市范围宽窄对构建城乡一体的建设用地使用权市场的效果和意义也产生明显影响。为此,中央政府明确规定试点范围只是农村存量集体经营性建设用地,各改革试点地区也规定不符合土地利用总体规划和城乡规划的土地不得入市交易,学术界也认同农村集体经营性建设用地入市客体要符合土地用途和土地利用规划的限制。当前,在农村集体经营性建设用地入市客体的分歧,最突出的问题是增量农村集体

① 曹笑辉、曹克奇:《告别"权利的贫困":农村集体建设用地入市法律问题研究》,法律出版社 2012 年版。

② 韩松:《集体建设用地市场配置的法律问题研究》,《中国法学》2008 年第 3 期。

经营性建设用地是否纳入入市交易范围。目前,我国存量农村集体经营性建设用地规模总量约为 3000 万亩,全国近一半的村庄并无存量农村集体经营性建设用地,且大部分存量农村集体经营性建设用地并未通过县(市、区)人民政府及自然资源部门(原国土资源管理部门)的审批手续,改革试点对促进农村集体经济发展壮大、农民财产性收入提高并不明显,也削弱了构建城乡一体市场的改革试点效果。

农村存量集体经营性建设用地并不完全等同于乡镇企业建设用地。乡镇企业建设用地获取具有典型的非市场化特征①。乡镇企业现在已经基本退出历史舞台,属于特定发展时期的历史产物,从全国范围考察,现存的利用农村集体土地的乡镇企业数量较少。而乡镇企业建设用地没有使用期限和用途特定,除因企业破产、兼并等情形引发土地使用权属变更外,不得抵押或转让。因此,乡镇企业建设用地使用权不具备严格意义上的用益物权,权能也受到严格限制。另外,农村集体经营性建设用地在覆盖范围上比乡镇企业建设用地要广。在新形势下,农村集体经营性建设用地入市改革不能仅仅局限于乡镇企业建设用地,这种做法难以满足农村的客观实际,也难以达成构建城乡一体的建设用地使用权市场目标。

当前,全国人大常委会授权决定将农村集体经营性建设用地入市客体限定为农村存量集体经营性建设用地,对于农村增量集体经营性建设用地是否入市存在较大争议。学术界绝大多数专家主张应该许可农村增量集体经营性建设用地入市交易②,活跃土地交易市场,增大入市规模。有专家建议允许将依法变更的增量农村集体经营性建设用地入市交易,可以有效盘活闲置的农村集体建设用地资源,为农村经营性建设用地入市提供交易标的③。农村增量集体经营性建设用地来源于宅基地整理节余及农地转用,而农地转用事关

---

① 申惠文:《非公共利益利用集体土地机制研究》,法律出版社 2015 年版。
② 孙鹏等:《集体建设用地流转的风险控制与法律构造》,华中科技大学出版社 2016 年版。
③ 黄发儒:《集体经营性建设用地入市路径思考》,《中国土地》2015 年第 2 期。

国家粮食安全战略和建设用地新增指标分配,关系重大且程序复杂,有待于进一步展开研究。宅基地整理节余转用为集体建设用地的改革试点已进入实践层面具体操作。2016 年,中央决定统筹协调推进农村土地征收、集体经营性建设用地入市和宅基地制度改革三项试点,扩大农村集体经营性建设用地入市改革范围,统筹推进农村宅基地制度改革。因此,如何实现农村集体经营性建设用地与农村宅基地改革的联动,农村宅基地改革节余的宅基地能否转用为集体经营性建设用地入市,事关农村集体经营性建设用地入市与农村宅基地改革试点的顺利进行。

(三)规则障碍导致城乡建设用地同地同价同权模糊不清

如何合理分配农村集体经营性建设用地入市的收益,《农村集体经营性建设用地土地增值收益调节金征收使用管理暂行办法》(财税〔2016〕41 号)第六条规定:"调节金分别按入市或再转让农村集体经营性建设用地土地增值收益的 20%—50%征收。农村集体经营性建设用地土地增值收益,是指农村集体经营性建设用地入市环节入市收入扣除取得成本和土地开发支出后的净收益,以及再转让环节的再转让收入扣除取得成本和土地开发支出后的净收益。试点县综合考虑土地增值收益情况,按照土地征收转用与农村集体经营性建设用地入市取得的土地增值收益在国家和集体之间分享比例大体平衡以及保障农民利益等原则,考虑土地用途、土地等级、交易方式等因素,确定调节金征收比例。"第十六条规定:"农村集体经济组织以现金形式取得的土地增值收益,按照壮大集体经济的原则留足集体后,在农村集体经济组织成员之间公平分配。对以非现金形式取得的土地增值收益应加强管理,并及时在农村集体经济组织内部进行公示。农村集体经济组织取得的收益应纳入农村集体资产统一管理,分配情况纳入村务公开内容,接受审计、政府和公众监督。"规定村集体经济组织与其成员间的利益分配属于集体内部事务,按照多数同意的原则遵循程序依法确定,与国家管制无关。因此,土地增值收益分配问题的实质在于既然国家的政策目标是构建城乡一体建设用地使用权市场,那么农村集体建设用地与国有土地使用权价格也应该规则统一,不应该存在显著不同,甚至另行制定一套实施办法。事实上,城乡建设用地同地同权同价规定模糊不清,亟须辨明。

我国建设用地市场具有典型的城乡二元性,城乡存在两种不一样的建设用地使用权制度,我国地权结构二元性根本问题不在于二元土地所有权,而在于二元土地权利的不平等。建设用地使用权利的二元不平等主要体现为如下几点:一是开展农村集体经营性建设用地入市改革试点点,农村土地参与城镇化的途径只能通过农村土地征收方式。地方政府直接参与土地资源要素的市场配置,角色日益异化,转化成为经营型政府;二是根据《中华人民共和国土地管理法》(2019)第四十八条规定,"征收土地应当给予公平、合理的补偿,保障被征地农民原有生活水平不降低、长远生计有保障。征收土地应当依法及时足额支付土地补偿费、安置补助费以及农村村民住宅、其他地上附着物和青苗等的补偿费用,并安排被征地农民的社会保障费用"。扣除土地征收补偿后,经营性建设用地开发的规划用途与原用途之间存在巨额的土地增值收益差异,这一增值收益全部归政府所有,与村集体经济组织和农民个人无关,颇受公众诟病。三是农村集体与国有建用地使用权的权利差距在《物权法》中的权利差距十分明显,在《担保法》中抵押权利也明显不同,导致农村集体建设用地资本化步伐进展缓慢。

第三节 深化农村集体经营性建设用地入市改革的路径

一、加大农村集体经营性建设用地入市改革的步伐

农村集体经营性建设用地入市改革试点以来,各试点地区探索出一批可

复制、可执行、可推广的经验,应当在总结各试点地区经验的基础上,进一步加快改革的步伐。

一是在符合土地用途管制和土地城乡发展规划的条件下,可以采取土地入股、土地联营、土地联建等多种方式参与存量集体经营性建设用地的开发,也可对土地开发采取直接参与的方式。但单纯依靠存量土地推进农村集体经营性建设用地入市步伐是难以持续的,应该扩展建设用地的选择范围,逐步扩大农村集体经营性建设用地的入市规模。二是考虑到农村集体经营性建设用地分布十分零散的问题,继续推进和不断完善农村集体经营性建设用地入市方式。三是加强研究农村集体经营性建设用地与农村宅基地改革联动的研究,探索农村宅基地整理腾退转变为集体经营性建设用地入市的路径。四是完善农村土地征收制度改革,严格公共利益征收农村土地限制条件,缩小农村土地征收范围,为发展壮大村级集体经济留出一定的用地空间。

二、建立城乡统一的建设用地使用权制度

2013 年 11 月,党的十八届三中全会明确提出建立城乡统一的建设用地市场,以促进现代市场体系的建设和完善。通过农村集体经营性建设用地的市场化改革方式,建立健全城乡划拨与出让土地使用权管理并行的城乡统一建设用地市场。国家通过有效的计划手段、经济手段和法律手段来监控建设用地市场的运行,使农村集体经营性建设用地使用权在国家管控下有序进入市场实现健康流动。

(一)建设用地使用权入市流转的类型

在充分肯定全国各地改革试点经验的基础上,可以借鉴国有土地使用权转让、国有土地使用权出租和国有土地使用权抵押的管理制度要求,出台管理制度明确农村集体经营性建设用地使用权再次入市的基本条件、使用期限、合

同订立、入市程序、土地用途管制、承租或受让土地使用权再次转让、再次出租和再次抵押、土地使用权提前收回、转让出租收益分配以及查处各种违法行为方面的要求和规定。根据农村集体经营性建设用地土地所有权的特点,设计农村集体经营性建设用地土地使用权再次入市交易的制度应当采用不同于国有建设用地二级市场的制度设计。在集体建设用地再次入市的条件上应该明确必须获得集体经营性建设用地土地所有权主体同意。在集体经营性建设用地入市程序上,应当明确农村集体经营性建设用地使用者在获取土地所有权主体同意后,经由镇政府同意后,向县(市、区)人民政府自然资源管理部门提出出租和转让申请。在土地抵押权实现处置上,没有通过法律规定的程序不得改变农村集体经营性建设用地土地所有权性质和土地的用途。在农村集体经营性建设用地收益分配中,县(市、区)政府可以依规收取一定比率的土地增值收益调节金。

(二)建设用地入市期限

农村集体经营性建设用地入市流转必须合理确定土地使用年限。根据各地试点改革地区的经验,可以考虑参照国有建设用地土地流转年限的规定。即居住用地,工业用地与教育科技文化、体育、卫生用地,商业、娱乐与旅游用地分别执行 70、50 和 40 年的规定。农村集体经营性建设用地入市年限到期后需要继续使用土地的,可以通过重新签订土地使用权出让协议、续期申请;作价出资和作价入股的时限可以按照农村集体经营性建设用地出让年限执行;采取建设用地租赁方式,在考虑双方需求的基础上确定采取短期或长期租赁。建设用地长期租赁的时限不得超出同类土地出让最长年限。

(三)建设用地入市主体

村集体经济组织拥有农村集体经营性建设用地的所有权,这就产生由谁代表村集体经济组织行使权力进行土地流转的问题。相关规定使得村委会、村民小组和村集体经济组织都有权管理和占用包括农用地和农村集体经营性建设用地在内的农村土地和农村其他集体资产,二者皆具合法性。但村委会在基层管理中实质承担上传下达的管理功能,是乡(镇)人民政府和上级职能管理部门在农村地区的抓手。基于这种状况,由村委会代行农村集体经营性建设用地入市主体就会出现许多问题。一些试点地区的经济事务有农村经济联社和经济社管理,但这些经济组织又往往与村党支部和村委会紧密捆绑在一起,村委会主任、村党支部书记和经联社社长往往由同一人兼任,并未实现政经分离。从改革的发展方向来看,应当推进村集体层面政治与经济分离的改革,村集体经济方面的事务由村经济合作社承担,村集体经济组织承担公共服务职能。

(四)建设用地入市方式

应当继续健全完善农村集体经营性建设用地就地入市、整治入市和调整入市等三种入市方式。对于建设用地调整入市,需要明确异地调整地块条件、调整操作程序、调整收益分配内容。异地调整需要建立在城乡土地利用规划和土地用途管制基础上,按照先进行土地复垦再入市的基本原则实施,确保农村耕地数量不降低、农村耕地质量不下降、农村建设用地不增多;建设用地入市收益应当在集体经营性建设用地入市地块所属村集体经济组织和复垦地块所属村集体经济组织间确定合理的分享比例。对于建设用地整治入市,需要对农村集体经营性建设用地整治入市的范围、城中村整治改造规划和城中村实施整治计划编制、城中村整治改造实施主体、城中村整治改造运作方式、农村集体经营性建设用地入市程序、城中村整治改造资金的筹措、城中村整治改造资金的使用、城中村整治改造资金的监督管理及土地增值收益分配比例进行明确规定。

三、建立农村集体经营性建设用地使用权流转的制度

(一)实行农村集体经营性建设用地入市流转的交易许可制度

不同于农用地,农村集体经营性建设用地入市会产生更大、更高的土地使用效益。倘若放任农村集体经营性建设用地使用权流转,可能产生农用地大量转用为建设用地的弊端,因此需要对农村集体经营性建设用地使用权进行明确限制,实施农村集体经营性建设用地入市流转的交易许可管制制度。农村集体经营性建设用地入市要以符合土地用途规划为基础,严格执行土地用途管制。规定流转入市的农村集体经营性建设用地必须满足手续齐全、性质合法、权属明确、合乎土地规划条件的基本条件。如果不进行严格限制,由于巨额增值收益的存在,一旦放开农村集体经营性建设用地入市的条件,在实践上就可能出现把宅基地变成农村集体建设用地,再把农村集体建设用地变成农村集体经营性建设用地入市的情形。针对这种变化,农村集体经营性建设用地入市可以考虑采用优先存量、补充增量的办法分步骤实现农村集体经营性建设用地入市,首先考虑优先解决乡镇企业倒闭产生闲置土地入市的历史遗留问题为主。

(二)健全完善农村集体经营性建设用地市场中介服务体系

就绝大部分农村地区而言,我国土地市场严重缺位或处于亟待完善的状况。为了促进农村集体经营性建设用地流转市场发展,需要健全完善农村集体经营性建设用地市场发展所需的信息服务、信息咨询、价格与需求预测和价格评估等中介服务机构,促进中介机构服务体系的社会化和专业化水平。

(三)形成合理科学的农村集体经营性建设用地市场价格形成机制

农村集体经营性建设用地市场使用权流转涉及建设用地价格、土地租金

等问题。引入市场手段发挥市场机制作用后,农村集体经营性建设用地使用权出让价格、出租价格由市场供求状况决定,但地方政府发布的区域基准地价及由此折算的地块基准地租仍然是参与各方进行决策的基本依据。因此,各改革试点地区可以参考城市地块制定基准地价的方法,积极探索符合农村集体经营性建设用地使用权价格确定的方法和依据。

（四）构建农村集体经营性建设用地市场监管制度

国有建设用地"招拍挂"制度不仅是一种供应国有建设用地的办法,而且是一种建设用地出让市场的有效市场监督管理方式。要按照构建城乡一体建设用地市场的原则要求构建建设用地市场统一监管的制度体系,健全完善城乡统一的建设用地出让的"招拍挂"制度。满足农村集体经营性建设用地入市条件,由村集体经济组织决定用于工业等经营性用地用途的,必须在城乡统一的土地有形市场通过"招拍挂"方式出让,从源头防止出现新一轮的土地腐败行为。

（五）构建农村集体经营性建设用地入市收益的税收调节机制

允许农村集体经营性建设用地使用权在入市流转后,为了充分调动地方政府积极性,妥善处理地方政府、村集体经济组织和农户之间的土地出让收入分配关系,可以通过构建入市收益的税收调节机制,参照土地增值税的设计原则,对土地增值收益实现累计税率,对入市后的农村集体经营性建设用地考虑增值收益增长幅度确定不同税率,按年征收集体建设用地使用税,确保土地增值收益在地方政府、村集体经济组织和农户之间合理划分比例,并适当考虑提高农户利益的分享比重。而对于大城市郊区和经济发达地区农村集体经营性建设用地使用权出让,由于具有明显的土地区位优势,入市交易可以获取更高的土地使用权出让收入,政府可以考虑通过税收调节,保证一定数量的土地使用权出让增值收益用于广大农村地区的公共基础设施建设和社会事业发展,壮大农村集体经济。

第八章　稳慎推进农村宅基地改革研究

　　2019 年中共中央、国务院《关于坚持农业农村优先发展做好"三农"工作的若干意见》中提出稳慎推进农村宅基地制度改革，探寻盘活闲置农村住宅的办法和显化农村宅基地价值与提升其利用效率的路径。我国农村"三块地"即为农地、农村集体建设用地和农村宅基地，解决"三农"问题的重要途径就是通过农村土地的增权赋能，以此深化"三块地"改革。宅基地制度改革是统筹城乡建设用地一体化发展的关键，通过确权赋能，促推农村宅基地流转、退出与有偿使用。① 根据《中华人民共和国土地管理法》的规定，农村宅基地属于建设用地，但由于农村宅基地有满足广大农户居住功能的特殊属性，国土资源部门采取审慎的态度，对农村宅基地入市执行相对严厉的管控政策。

　　当前，有关农村宅基地研究重点体现在如下几点：第一，宅基地的"三权分置"具体实践及宅基地权力物权化研究。农村宅基地"三权分置"改革的实质是农村宅基地占有权、使用权、收益权和处置权拓展形成的宅基地使用权、农户身份资格权和宅基地集体土地所有权的三项权利分置产权格局。② 通过

---

　　①　冯广京、朱道林等：《2016 年土地科学研究重点进展评述及 2017 年展望》，《中国土地科学》2017 年第 1 期。
　　②　韩立达、王艳西、韩冬：《农村宅基地"三权分置"：内在要求、权利性质与实现形式》，《农业经济问题》2018 年第 7 期。

稳定农户资格权,赋予集体所有权主体处分权,放活农村宅基地使用权,探寻宅基地的入市实现机制,①将承包权与经营权构建为用益物权—次级用意物权。② 第二,农村宅基地流转研究。围绕放活农民住宅和宅基地使用权,学术界大致存在自由流转、有条件流转和禁止流转的三种不同观点。赞同农村宅基地自由流转的专家认为,农村宅基地入市,即是深化农村土地制度改革的要求,也是满足以租赁为主的城镇住房结构性改革的需要,③从根本上消除土地"半商品、半货币"特征,允许农村宅基地使用权入市交易。④ 主张农村宅基地有条件流转的专家认为,完全放开农村宅基地市场极易产生系统性风险,⑤限制农村宅基地使用权转让是目前的最佳选择。⑥ 现行法律法规并不禁止农村宅基地使用权流转,只不过对流转主体、方式进行限制。⑦ 坚持禁止农村宅基地流转的专家认为,宅基地制度的基本目标是满足农户居住权益,必须坚持农村宅基地制度的保障性特征。⑧ 农村宅基地制度改革的核心和方向应当是维护广大农户"户有所居"的权利。倘若放开农村宅基地市场,必然影响社会和谐与稳定,增大城镇化风险。⑨ 第三,农村宅基地退出研究。主要涉及广大农户的资格权,现行法律规定允许退出农村宅基地。由于退出激励机制缺乏,农户的参与意愿不高,积极性不强,⑩需要扩大农户收益比重吸引农户主动参与,⑪制

① 韩文龙、谢璐:《宅基地"三权分置"的权能困境与实现》,《农业经济问题》2018 年第 5 期。

② 蔡立东、姜楠:《农地三权分置的法实现》,《中国社会科学》2017 年第 5 期。

③ 黄小虎:《农民宅基地能入市吗》,《中国乡村发现》2016 年第 6 期。

④ 周其仁:《改革的逻辑》,中信出版社 2013 年版。

⑤ Wu,Yuzhe,Zhibin mo,Yi Peng,and Martin Skitmore.Market-driven Land Nationalization in China:A New System for the Cipitalization of Rural Homesteads,Land Use Policy,2018(1):255-276.

⑥ 李永安:《中国农户土地权利研究》,中国政法大学出版社 2013 年版。

⑦ 陈锡文、韩俊主编:《中国特色"三农"发展道路研究》,清华大学出版社 2014 年版。

⑧ 夏柱智:《农村土地制度改革的进展、问题和启示——基于 33 个试点的资料》,《云南行政学院学报》2017 年第 5 期。

⑨ 贺达水、高强:《农村宅基地制度改革研究》,《理论探索》2018 年第 4 期。

⑩ 庄开明、黄敏:《完善农村宅基地退出与补偿机制的思考》,《农村经济》2017 年第 7 期。

⑪ 刘庆乐、施青军:《风险防范、市场嵌入与政策演进:基于中国集体建设用地市场化的进程分析》,《中国行政管理》2017 年第 12 期。

定科学规范的宅基地退出程序,让参与农户有章可循、有据可依,建构公平、合理的利益分享机制有序推动农村宅基地的自愿、有偿退出。① 第四,农村宅基地的收益分配及有偿使用研究。主要涉及集体所有权、农户资格权和集体土地使用权人之间的利益划分,对超过法律标准占用和取得宅基地实行有偿使用,②在收益分配过程中尽可能考虑宅基地的土地发展权因素、功能损失补偿,充分体现公正与共享原则。③

梳理已有研究成果发现,由于农村宅基地制度改革涉及广大农户,十分敏感,研究还有待深入,亟待在关键环节和关键方面取得进展与突破。改革试点还在稳步推进,农村宅基地的"三权分置"改革试点才启动不久,试点改革过程中出现的情况和问题需要通过实践和研究破解。我国东部、中部、西部地区习俗不同且经济发展不平衡,不可能施行单一模式。需要从当地客观实际出发,因地制宜采取相应的模式。

第一节　农村宅基地制度改革的政策演变

自推动农村全面深化改革以来,农村宅基地制度改革集中体现在对农村宅基地流转与农村宅基地退出的不同方式上。从起初的允许房地一体转让,到20世纪末的禁止出售给市民,发展到现在的探索内部转让与有偿退出,历经了曲折的发展过程。

一、允许房地一体转让

时间跨度为1978年至1998年。在此期间,国家相继出台涉及农村宅基

---

① 罗亚海:《公共政策理论视角下农村宅基地退出机制论析》,《求索》2015年第2期。
② 杨雅婷:《我国宅基地有偿使用制度探索与构建》,《南开学报(哲学社会科学版)》2016年第4期。
③ 朱从谋、苑韶峰等:《基于发展权与功能损失的农村宅基地流转增值收益分配研究——以义乌市"集地券"为例》,《中国土地科学》2017年第7期。

地管理的规定或条例,逐渐约束管理行为和规范管理制度,在认可农户住宅产权私有的基础上,许可农户在转让住宅时一起转让住宅占用的农村宅基地。但对再次申请进行限制,《村镇建房用地管理条例》(1982)明确规定农户出现卖出住宅或者出租住宅情形的,不允许重复申请再次取得农村宅基地,《土地管理法》(1986)也规定不得批准出租、出卖房屋农户再次申请农村宅基地。农村宅基地与住宅是密切联系难以明确分割的,这一条款其实暗含许可农户在卖出其住宅的同时实现农村宅基地的退出。该部法律还规定经县级地方人民政府同意,非农城镇居民可以利用村集体经济组织所有土地建造住宅。《土地管理法》(1986)修正案规定集体与国有土地使用权可以按照法律规定转让,但删除了城镇非农业户口居民可使用集体所有土地取得农村宅基地的规定,以应对不断增长的"小产权房"压力。但修订后的《土地管理法》并没有禁止转让农村宅基地使用权。可以发现,这个阶段农村宅基地和农村住宅管理制度施行的是房地一体转让管控措施。

二、禁止出售给市民

时间跨度为 1999 年至 2008 年。在此期间,集体所有的农村土地转让非常混乱,"炒地热"高温不退,国务院发布《关于加强土地转让管理严禁炒卖土地的通知》(1999),禁止农户出售住宅给城市居民,禁止城镇居民利用集体所有的农村土地建造住宅,对农户转让土地使用权和处分农村住宅行为进行严格限制。在此规定出台之前,从法律和政策视角考虑,国家和地方政府并未限制农户行使农村宅基地使用权的转让行为和农村宅基地的处分权利,更没有提及要对农村宅基地受让对象的身份实行条件限制。伴随经济发展,《土地管理法》(2004)适时进行了修订,仍旧保有不得批准出租、出卖房屋农户再次申请农村宅基地和允许依法转让土地使用权等规定,但伴随城市郊区农村宅基地流转频繁和"小产权房"问题日渐严重,国务院发布《关于深化改革严格土地管理的决定》(2004),严禁城镇居民到农村购置宅基地。其后不久,国土资源部制定《关于加强宅基地管理的意见》规定城镇居民不允许购买农村宅基地,城镇居民在农村利用危房改造或购买方式获取的农村住宅不能取得土地使用权利许可证照。《物权法》(2007)公布实施后,该法并没有对宅基地使用权权利如何取得、如何行使与如何转让进行具体规定,而是采取回避的方式,用笼统的表述使用国家土地管理法律和相关规定。2008 年中共中央、国务院公布的中央一号文件再次提及要严格管理农村集体建设用地,建设用地获取不能采取以租代征的违法违规方式,禁止市民到农村购买住宅、宅基地或者违法违规的"小产权房"。随后,住建部和国土资源部先后发布文件规定,城镇居民违规购买农村宅基地或住宅,不得办理产权登记和受理农村住宅与农村宅基地所有权转移申请。由此可见,这个阶段农村宅基地管理的核心是禁止将农村宅基地使用权和住宅出售给市民。

三、探索内部转让与有偿退出

2008 年以来,为了缓解"空心村"问题,充分发挥土地要素价值,提升利用宅基地的效益,在严格禁止违法违规交易"小产权房"的基础上,地方政府鼓励离农入城农户转让其所拥有的农村宅基地,探索试行在村集体内部有偿转让和退出的方式。国务院出台《关于促进节约集约用地的通知》(2008)规定,地方政府可以奖励和补助农户自愿腾退农村宅基地的行为。《全国主体功能区规划》(2010)方案中提出,要在考虑城镇化和人口市民化速度与规模的条件下,推进农村闲置居民点的复垦与改造。《中共中央关于全面深化改革若干重大问题的决定》(2013)提到推进农村宅基地制度的改革和完善,慎重稳妥推进农民住房财产权抵押、担保或转让,增加农民收入。中央全面深化改革领导小组通过的《关于农村土地征收、集体经营性建设用地入市、宅基地改革试点工作的意见》(2014)也规定,离农入城农户的宅基地退出与转让对象仅限于本集体经济组织内部。2015 年,全国人民代表大会常务委员会授权国务院在北京市大兴区等 33 个试点县(市、区)行政区域,暂时调整实施《中华人民共和国土地管理法》、《中华人民共和国城市房地产管理法》关于农村土地征收、集体经营性建设用地入市、宅基地管理制度的有关规定,其中确定江西省余江县等 15 个试点县(市、区)开展农村宅基地改革试点。2018 年中央一号文件从国家政策层面正式提出,探索宅基地所有权、资格权、使用权"三权分置"。近年来,国家开始强化农村宅基地的担保、抵押和转让等权能,为农村宅基地自愿有偿退出提供制度保障。但是,改革方向仍是严格限制农村宅基地的受让人身份,农村宅基地转让对象仅限于本集体经济组织内部,城镇居民不在受让对象考虑范围之内,不能获得使用农村宅基地和购买农村住宅的政策认同。

第二节　农村宅基地制度改革实践的模式比较

一、改革实践的主要模式

（一）地方政府主导模式

福建晋江、四川泸县是采取地方政府主导模式进行农村宅基地制度改革的典型地区。其基本措施就是采取易地搬迁方式,转移土地发展权,实现农村宅基地与城镇住宅的城乡置换,以此保障农户的合法居住权益。该种方式实现了农民市民化,改变了户籍类型,由农村户口变成城镇户口。地方政府可以在短期内迅速整合人、财、物来推动农村宅基地的整理、复垦和建设安置房等工作,降低协调成本、执行成本和时间成本,快速缩短项目建设周期,决定土地增值收益的分享比例。如福建晋江对农村宅基地退出补偿费用、村集体经济组织的收益进行了规定,实行"城中村"改造,推进烧灰、阳光等 4 个村和社区的宅基地整体退出,退出的农民统一安置在城镇高层住宅居住;四川泸县对结余建设用地指标的收购价格进行明确,限定了村集体经济组织的收益规模,依托异地扶贫搬迁的方式保障参与农户的宅基地权益。从该模式的损耗考察,为了保障改革的顺利进行,政府在改革之初就展开案例调研和资料收集,耗费的人力和时间成本较大,由于政府机构设置中本身包括许多计划、管理者,出现了一定的官僚成本。并且需要上一级政府耗费精力和时间监督,不可避免地出现监督成本和控制成本。

(二)市场交易主导模式

浙江义乌是采取市场交易主导模式进行农村宅基地制度改革的典型地区。其基本措施就是通过引入市场机制,将住宅修建与社区建设委托给专业的房地产开发公司负责。市场交易主导模式具有非常正向的激励作用,参与双方可以按照市场释放的价格信息进行自由交易。市场交易主导模式是地方政府依靠较强的资金实力探索出符合当地需求的农村宅基地退出模式,浙江义乌采取"集地券"方式进行农村宅基地退出、废弃的工矿建设用地,以及农村闲置、散乱和低效使用的其他建设用地等折算成建设用地指标的形式通过市场交易,地方政府的托底回购最低价格为40万元/亩,义乌楼西塘村依托"高低结合"的农村宅基地置换模式盘活农村宅基地108亩,节约农村宅基地指标40亩。义乌下沿塘村则通过建设新社区实现村民集聚的目的,建造5栋18层和4栋22层的高层住宅安置296户农户,盘活农村宅基地56.3亩。与此相类似,福建晋江砌坑村依托旧村改造方式,新增3栋5层和67栋2层的村民安置房安置209户农户。相对其他农村宅基地试点改革地区而言,浙江省义乌市、福建省晋江市退出的农村宅基地相对较多,宅基地退出规模相对较大。地方政府与房地产开发公司的收益比例同二者间的博弈能力和资源禀赋大小密切相关。从交易成本视角考察,地方政府和村集体经济组织确定房地产开发公司之前要搜集信息,进行能力甄别,开展招标、投标工作,交易双方确定价格、执行与监督协议履行,需要耗费较多的人力和时间成本。

（三）村集体主导模式

村集体主导模式部分具备地方政府强有力的内部控制特征,可以通过组织的权威和强制性动员内部成员高效一致地完成集体行动,实现集体组织目标。同时也部分具备市场交易主导模式的激励性,借助价格信号引导参与双方达成交易。主要采取农村宅基地置换的方式,即村集体组织补偿与调整农户原有宅基地面积后,农户再购买或置换农村新宅基地进行自建或者统建的方式。农村宅基地置换不改变参与农户的户口类型和原有生活方式,参与农户依旧享有原来村集体经济组织的成员权,村集体经济组织负责村庄道路、水电等公共基础设施的改善和维护。农村宅基地置换是保障农户宅基地权益的一个主要方式,也是试点改革地区普遍采取的通行方式。按实现方式不同,农村宅基地置换又可细分为在村庄内部建设安置房、翻新旧宅、安置与翻新相结合等三类。其中,福建晋江的砌坑、大埔、溪边等 7 个村和湖北宜城的新华等 2 个村主要采取建设安置房的方式,福建晋江的龙埔村主要采取翻新旧宅的方式,福建晋江的运伙、塘东等 4 个村主要采取安置与翻新相结合的方式。该模式收益分配涉及组织内部成员及组织与其他参与主体的利益分配。前者一般按照村集体经济组织内部规章执行,后者取决于村集体经济组织与其他参与方博弈能力大小。由于涉及众多农户,农户需求各异,偏好不同,有的积极配合,有的消极懈怠,需要耗费较大精力同消极懈怠农户沟通说服,产生较大的协商与实施成本。

（四）地方政府与村集体双主导模式

江西余江是采取地方政府与村集体双主导模式进行农村宅基地制度改革的典型地区。该类模式通过充分发挥地方政府的权威性和村集体经济组织的半强制激励促进机制加快各利益主体迅速达成合作,显著提升资源配置效率。江西余江专门设立余江县宅基地制度改革办公室,成立改革试点工作领导小组,收集农村宅基地、农户住宅资料,建立全县宅基地数据库,出台试点具体实施方案,发布《余江县农村村民建房管理暂行办法》《余江县农村集体经济组织成员资格认定办法(试行)》和《余江县农村宅基地有偿使用、流转和退出暂行办法》,编制和实施村庄规划等。具体政策执行则由各村集体经济组织的村民事务理事会实施,负责确定"一户一宅"面积标准、收取农村宅基地有偿使用费、实施农村宅基地的拆除与退出等。该模式收益分配同村集体经济组织的博弈能力和相对资源禀赋状况密切相关,而地方政府的收益较低,可以忽略不计甚至为负。村集体经济组织收益大小取决于组织规模、动员组织内部成员的能力等。从交易成本视角考察,由于充分发挥村民事务理事会在集体活动中的核心作用,建立了比较完善的沟通渠道和协商机制化解农户的矛盾与纠纷,搜寻成本、签订契约成本、执行成本和监督成本明显降低。

二、改革实践不同模式的比较

比较上述改革实践模式发现,除改革目标不同外,其在基本特征、主导方、交易范围、资金来源、可复制性等方面也存在明显不同,如表8-1所示。

表8-1　宅基地改革实践模式的比较分析

实践模式	地方政府主导模式	市场交易主导模式	村集体主导模式	地方政府与村集体双主导模式
试点区域	四川泸县、福建晋江	浙江义乌、福建晋江	福建晋江、湖北宜城	江西余江
改革目标	促进城镇化,实现土地增值	充分发挥市场作用	改善优化居住环境	提高宅基地利用效率
基本特征	行政力量取代市场作用	市场手段配置资源	村庄内部流动	土地流转
主导方	地方政府	市场机制	村集体	地方政府、村集体
交易范围	县域/镇域	县域	村域	村域
资金来源	财政资金	市场主体	农户	财政、农户
可复制性	较弱	很强	很弱	较强

具体来说,浙江义乌采取市场交易主导模式,通过"集地券"方式,实现城市建设用地和农村集体建设用地不同产权属性土地的联系渠道,推动城镇资金流入农村,交易范围覆盖行政辖区,参与农户获得的农村宅基地退出补偿较高,参与主体实现供求基本平衡,具有很强的可复制性。江西余江通过充分发挥地方政府引导和村集体主导作用,充分利用村民自治探索基层治理模式,对土地市场价值不高,主要用于满足农户居住需求的同等条件地域具有较强的可复制性。

第三节　农村宅基地制度改革面临的困境

农村宅基地改革试点有非常明确的目的:第一,降低农村宅基地的闲置程度,鼓励进城农户自愿退出农村宅基地,提高土地资源的利用效率,促进土地资源的保护。第二,通过流转盘活农户的农村宅基地,显化农村宅基地的用益物权。要顺利实现这两个目的,有必要熟悉理解农村宅基地的性质及功能。从农村宅基地性质考察,农村宅基地就是满足农户居住需求用来建造住宅的土地,是通过免费的方式获取并可长期使用的土地。从农村宅基地的功能考察,农村宅基地是广大农户在农村生产居住的重要保障。当前农村家庭通常采取以代际分工为基础的"半耕半工"生计类型,子女年轻时进城务工,父母年老时留乡务农,共同作用形成农村劳动力再生产的经济基础。在这一前提条件下,即使青年农民进城务工,家庭农户依旧对农村宅基地和农村住宅留有依赖。进城居住的只是青年农民,家庭农户全部融入城镇还需要一个长期的过程。因此,在中国工业化进城、城镇化进城加快的过程中,农村宅基地退出改革也应该充分考虑城镇化的现状与特点,采取渐进化的模式,保障农户宅基地合法权益。就农村土地利用规划而言,当前农村宅基地改革试点主要面临如下困境。

一、法律与观念障碍影响退出规模

农村住宅无疑是绝大多数农户十分重要的财富,国家也从未否认农村住宅的私有产权特征,农户拥有农村住宅的处置和收益权。《宪法修正案》(1988)规定"土地使用权可以依照法律规定转让",《土地管理法》历次修订规定"土地使用权可以依法转让""农村村民出卖、出租住房后,再申请宅基地的,不予批准"等规定可以发现,国家是允许农户转让农村住宅的。但是,由于农户的农村住宅和农村宅基地存在难以分离的特征,也可以据此判断法律并没有禁止农村宅基地的转让。当然,农村宅基地使用权转让必须要在法律框架内进行,依法转让。比较遗憾的是,截至现在,也没有关于农村宅基地使用权转让的法律法规出台。《物权法》对农村宅基地使用权的转让也只是进行技术性规定,第一百五十三条规定:"宅基地使用权的取得、行使和转让,适用土地管理法等法律和国家有关规定。"但是,国家对小产权房的管控却日趋严格,在严禁城市郊区农村住宅交易的同时,也事实上限制了农村住宅和农村宅基地的流转与转让。而现行《担保法》和《物权法》关于农村宅基地使用权不可抵押的限制性规定,则更进一步限制了农村住宅的交易空间。与此同时,各改革试点地区关于农村宅基地自愿有偿退出或流转转让、农户住宅财产权担保、抵押贷款等文件规定将农村宅基地受让人的身份限定在村集体内部成员的做法,进一步强化了农村住宅和农村宅基地不能跨村集体转让的规定。

另外,农户根深蒂固的社会观念也是影响农村宅基地退出和农村土地集约使用的一个关键障碍。很多试点地区农户认为农村宅基地是祖业,是祖宗留传下来的,传统习惯不能变,也必须继续留作后代可以继承的遗产,"只有败家子才卖祖业",一些进城农户甚至把农村宅基地和农村住宅看成是回家的载体和留住乡愁的依靠,即使进入城镇也不离开农村,不愿意退出其所拥有的农村住宅和农村宅基地。我国有 2 亿多农民工常年在城镇生活,留住农村从事农业生产活动的农民通常为 50 岁以上的中老年,出现了程度不同的闲置现象,加剧了农村空心化程度。学术界也有部分学者认为,农村宅基地是农民最后的生活保障,是农民赖以生存的根本,倘若放开农村住宅和农村宅基地转让,在经济下行,城镇无法提供足够的就业岗位,农民"留城不得,返乡不能"时,就会出现居无定所的游民,影响社会的和谐稳定。这种顾虑也会对农村宅基地顺利退出产生影响。

二、身份限制影响经济价值

涉及农村宅基地制度管理的现行法律法规对受让人的身份进行了明确限定,受让人仅限于本村集体经济组织内部成员。在工业化进程、城镇化进程明显加快的过程中,农村人口持续流入城镇,村集体经济组织成员常住人口不断减少的情形下,将受让人限制在本村集体经济组织内部这个狭小空间、严格限定受让人的身份导致符合条件的受让人非常有限,出现农户退出宅基地受让人的政策性不足,导致农村退出宅基地区域性供求失衡,形成农村宅基地局部过剩,导致有条件离开农村的农户也不能彻底离开农村,真正实现农村宅基地的自愿有偿退出和融入城市。与此同时,农村退出宅基地的受让人身份限制还影响了农村退出宅基地市场的形成,影响了市场机制中价格发现功能的正常发挥,使得闲置的农村宅基地采取什么方法退出? 闲置的农村宅基地采用多高的价格退出? 闲置的农村宅基地退出所需的补偿资金来源渠道在哪里? 等成为改革试点的焦点与难点,也影响了进城农户自愿有偿退出农村宅基地补偿的顺利实现。因此,目前大部分地区进行的农村宅基地改革试点,不管是采取地方政府主导模式,还是村集体主导模式,地方政府最终都成为了农村退出宅基地的直接受让人,地方政府行为成为市场机制缺陷的一种有效补充。

三、权益忽视影响整体评价

由于各种原因,农村宅基地退出工作推进中往往存在极少数不愿意退出的农户,在地方政府主导的城市郊区农村表现得尤为突出。通常来说,基于农村土地整理或者规划产业园需要采取农村宅基地换房方式,要求在控制区内实施整村搬迁、集中连片退出。但是,规划控制区内农户是种类各异的个体,并非统一整体,早就已经分化、分层,不同类型参与农户的农村宅基地退出意愿、生活传统及融入城市的市民化能力存在非常显著的差异,地方政府主导的农村宅基地和农村住宅退出模式、自愿退出补偿标准很难取得参与农户的全体认同。为了减弱行政干预色彩,绝大多数农村宅基地改革试点地区在实行农村住宅和宅基地整体退出时,通常采取少数服从多数的办法。这样一来,一部分本来不想参与的农户可能碍于亲戚邻居的要求或从众心理不得不参与,同意参与农村住宅和宅基地的整体退出拆迁。但是,必须注意到,控制区内的少数农户可能因为各种各样的理由而消极抵抗。从调研情况反馈来看,各宅基地试点改革地区在实施农村住宅和农村宅基地集中连片退出时,一般没有为极少数不愿参与农村住宅和农村宅基地农户制定专门的实施办法,引发许多社会问题,极有可能成为群体性社会事件的导火索,不仅影响干群关系,影响社会稳定,也严重损害了社会公众对农村宅基地改革试点的整体评价。

第四节 农村宅基地改革试点的典型案例分析

一、四川泸县农村宅基地改革试点分析

泸县位于长江、沱江交汇区,位于四川盆地南部,是丘陵地区百万人口大县,总人口 107.4 万人,农村户籍人口 80.2 万人;幅员面积 1525 万平方公里,农户以散居为主,农村宅基地 26.9 万宗、24.3 万亩。2015 年 3 月,四川泸县被列入全国农村宅基地制度改革试点县,2016 年 9 月增加了集体经营性建设用地入市改革、农村土地征收制度改革两项任务,推动"农村土地三项改革试点"的统筹进程。四年多以来,四川泸县在农村宅基地改革试点方面取得了一些成效和经验,但从目前农村宅基地制度改革进程来看,依旧存在一些尚待

解决的争议事项和薄弱环节,需要进一步理顺思路、聚焦目标,进而更好地支撑农村土地管理法的修订和农村宅基地管理制度的完善。

(一)四川泸县在宅基地改革之初面临的难题

一是面临土地管理法律规定同现实不相适应的难题。主要表现在如下四个方面:首先,宅基地分配的制度过于固化。现行法律制度只允许农民在本集体经济组织内部获取农村宅基地,导致人地封闭,束缚人口流动。譬如,在乡村振兴、区域经济发展过程中,提倡建设适度集中的农民新村聚居点,现行法律无法对跨组、跨村和跨镇的农户宅基地需求实现合法审批。其次,无偿无利的农村宅基地难以实现顺利退出。现行法律法规只允许农民把闲置的农村宅基地无偿退还给村集体经济组织,极大影响农户参与积极性,农村房屋烂而不拆、破而不修的现象十分普遍。譬如,泸县有 3.6 万宗、3.2 万亩闲置农村宅基地①,既不能有效用于居住,又影响农村人居环境的改善。再次,农村宅基地执法手段欠缺。现行法律规定农村宅基地管理权集中在县及以上政府。乡(镇)政府、村集体、村小组职能缺失,有责无权、无力制止农村宅基地乱建乱占的违法行为,导致"管得了的看不到,看得到的管不了"问题十分突出。譬如,农民宅基地建房的违建行为,本该制止在刚刚动工的萌芽状态,但苦于"镇村无权、县局事多"的局面,时间一拖,违建农房已经拔地而起,再要依法强拆,耗时费力,极易影响农村社会稳定。最后,农村用地规定禁锢了土地利用效率的提升。现行法律严厉禁止集体土地使用权出让、出租或转让给乡镇企业或公益设施需要之外的非农用途,导致农村建设用地需求难以得到有效满足或者处于低效使用状态。譬如,新增农村集体建设用地纳入土地利用年度计划,通常所占比重为 5%。一方面,城镇建设用地需求量大,实际分配给农村建设用地的比重很低或者几乎没有,农民、农村一地难求;另一方面,农村

---

① 注:数据为课题组实地调研获取,下同。

却有大量闲置宅基地沉睡,看得见用不着。

二是面临农房管理相互掣肘的难题。主要表现在如下三个方面:首先,农房规划管理错位难以落地。自然资源管理部门(原国土部门)主导土地利用规划,城乡住建部门主导城乡建设规划,农业农村部门主导村庄建设规划和农业产业发展规划、生态环境部门主导生态环境保护规划。由于时间不同步,多头部门管理,规划之间协调性、统一性不够,相互割裂,现实上缺乏可操作性,规划调整十分频繁。与此同时,由于村级土地利用规划和村庄建设规划滞后或者缺失,难以形成合法依据,对于农房建设,难以科学出具农房选址意见书或者乡村规划建设许可证书,但却在进行不动产登记时需要提供上述证明材料。其次,农房监督管理背离客观实际。自然资源主管部门主要针对一户一宅审批农房占地面积,但很难实现农房审批的三到场要求;农户在法定面积内,分离了居住用房与生产用房的,就要承担一户多宅的风险。与此同时,由于缺少建设用地指标,原来一些地方采取的不批、少批或者停批的消极应对措施,农民被迫承担农房违建后果。城乡住建部门没有足够精力监管和服务农房建筑质量安全,但在农房办理登记手续时,却要农户出具房屋安全检测合格报告。林业主管部门不允许农房占用林地,必须占用林地的,只能以林业设施用地名义获得审批许可。对于分户,公安部门要求先要有分割开的产权,而自然资源管理部门则要求事先有独立的户头,这种互为前置、事实难以实现的事情十分普遍,令农户左右为难,无法通过审批。最后,农房占用面积规定不切实际。农村宅基地使用面积不仅要考虑居住需要,还得考虑生产需求,但现行法律只对居住占地面积进行规定,出现了两种局面:第一,满足生产需要,修建生产设施,导致居住农房占地面积不足,普遍存在50平方米以上的超占情形;第二,钻法律没有明确规定生产设施占地面积的漏洞,圈占土地,"造小房建大院"的现象十分普遍。同时,对建设发展用地,城市有增减挂政策解决用地空间需求,而农村没有类似政策,普遍存在以农业设施用地为名行违法占地之实的现象。

三是农房供求存在结构性失衡难题。主要体现在如下几个方面:首先,农民的构成发生了结构性变化。当前,农民已经出现了代际分化,农民概念已经不再单纯是从事农业生产的农民,65 岁以上的第一代农民大部分成为农村留守老人,从事农业粗放生产;40 岁以上的第二代农民,大多数属于改革开放中的外出务工劳动者,在城镇发展不下去便回乡居住,兼顾农业与工商业。而30 岁至 40 之间的第三代农民,常年在外经商务工,长期停留在城市,不懂农业生产,也就出现了谁来经营耕作农地的问题。其次,农村偏远村庄逐渐衰落。伴随外出务工经商人员对城镇生活的不断向往及家庭财富的逐渐累积,外出务工经商农民纷纷离开故居,地理位置偏僻、生活不便的老村落逐渐衰败,出现了乡村谁来振兴的问题。当前,泸县有农民 80.2 万人,其中外出务工经商人员有 36 万人,已经在城镇购房居住的农民有 29.4 万人,占外出务工经商人员的 81.67%。最后,用地供给存在短板。农村土地向新型经营主体流转,一二三产业融合发展的趋势不断加深,乡村田园综合体、旅游综合体、康养综合体等新型业态不断涌现,建设用地需求不断增加、人才下乡回村意愿增强,能人回乡创业增加。但是,在目前建设用地管理规定条件下,对新型业态建设用地需求、市民下乡的支持不足,这就出现"谁来补缺"的问题。当前,泸县已经实现农村承包地流转 26 万多亩,但大多数经营者仅仅依靠少量农业设施用地额度进行配套设施建设。

(二)四川泸县在宅基地改革中的探索实践

在遵循中央"三条底线"原则前提下,泸县作为全国人大常委会拟授权国务院在 33 个试点县(市、区)暂时调整实施土地管理法的相关规定的实践地区之一,坚持以问题为导向,紧紧围绕宅基地依法取得、有偿使用、有偿退出、规范管理四大任务,大胆探索,用心求证,取得了改革的初步成效。

第一,实现了农村宅基地依法取得的制度创新,多元化保障住有所居。建立起宅基地法定无偿、跨区配置、预置有偿、节约有奖的制度,同时配套激励农民进城安居的制度,推动 0.5 万农民进新村实现集中居住、10.5 万农民进城镇安居。初步解决了农民自由流动和土地节约集约利用问题。

第二,实现了农村宅基地有偿使用的制度创新,多路径显化财产价值。建立起农村宅基地跨区有偿、超占有偿和置产经营、共建共享、房地置换、抵押融资制度,促成 512 户农户借力创业、887 户农户借力安居,农村宅基地及农房抵押融资 4197 万元。放活了农村宅基地的使用权,实现了宅基地的财产性价值。

第三,实现了农村宅基地有偿退出的制度创新,多种方式激励自愿退出。建立起宅基地部分退出、整体退出、保权退出和永久退出制度,并对退出房屋给予补偿,促成闲置宅基地退出 2.5 万户共 1.8 万亩,退出农户户均收益 4.2 万元,初步解决了闲置农村宅基地的资源化利用问题。同时,建立起宅基地整治利用、宅基地退出节余指标调整为集体经营性建设用地和流转用于土地征收的制度,初步解决了农村宅基地为什么退出,怎样退出,退出指标如何使用及退出资金来源等问题。

第四,实现了农村宅基地规范管理的制度创新,多层次增强监管合力,建立起规划引领、总量管控、底线保障、平台监控、村级自治、镇级监管、县级督导的制度,镇政府获得农村宅基地的审批权和执法权,村级实现在法治和行政监管下的土地自治,农村宅基地农房违占现象降低了八成以上,促进了农村宅基地规范化管理。同时,四川泸县在农村宅基地改革试点过程中还创新了改革叠加制度,多角度助力乡村振兴。一是叠加脱贫攻坚促成贫困人口安居乐业。叠加了异地扶贫搬迁项目,以房置换方式促成 882 户贫困户实现安居乐业;叠加了扶贫产业建设项目,建成众创产业园等产业扶贫工程,实现以土地入股分红等利益联结方式的自我造血。二是叠加涉农项目促成现代农业快速发展。叠加了水利、农业等部门项目,建成谭坝田园综合体、龙桥文化生态园等示范点。三是叠加民生建设促成农村治理成效显著。叠加了农村危房改造、基础设施建设等项目,促成居住类土坯房、D

级危房全部消除,水电路气等设施通到户,实现 8 成以上农户户通水泥公路。

(三)四川泸县宅基地改革试点建议

首先,建立健全农村宅基地管理制度。一是实施农民户有所居制度,基本上保障广大农户的一户一宅需求。如果确实因客观条件难以满足,可以采取其他替代方式实现其安居需求。农户生产与生活用房分离的,在不超出法定面积规定的情形下视同一户一宅。二是推行农村宅基地获得资格权认定制度。由各省、自治区、直辖市立法明确规定农村宅基地资格权的取得、宅基地资格权的行使和宅基地资格权的丧失条件。对实现就地城镇化等长期居住在农村且在城镇没有独立或共有住房的城镇户口居民,可以通过实施村民自治、行政审批等方式赋予其农村宅基地资格权。三是严格规定农村宅基地、农房及其附属设施用地面积,实施面积法定制度。由省、自治区、直辖市地方立法确定以户为单位、人均住宅及附属设施用地的地方标准。在人多地少的区域,人均控制标准应该不超过 50 平方米。四是严格农村宅基地的审批执法制度。规定宅基地谁审批谁执法的原则,农村宅基地使用、分配,由镇级人民政府负责;涉及农用地转用的,由县级人民政府审批;农村宅基地行政监督执法权授予镇级人民政府行使。五是严格农村宅基地的计划管制制度。对农村宅基地实行总量调控、底线保障和新增年度计划单列制度,涉及农用地、林地转用的,由农业农村主管部门提请自然资源主管部门按照占用一般耕地、林业用地的规定程序先行报批用地,再由农业农村主管部门提请审批宅基地,做到有据可依,有效避免农户无法审批弊端。配套实施农村宅基地县(市、区)内统筹调剂使用制度。允许镇、村、组之间有偿调剂农村宅基地指标、异地整治使用存量宅基地,保持农村宅基地增减平衡;允许农户跨组、跨村、跨镇申请农村宅基地,但应当通过申请地村集体经济组织同意并有偿获取;允许向符合新建农房条件的宅基地资格权人永久出让农村宅基地使用权及农房。实施宅基地违法分类处罚和一般程序与简易程序并行的制度、对于农村宅基地违法,根据情节严重程度,给予行政罚款并完善手续、责令自行拆除并恢复原状、强制拆除的行政处罚;对轻微超占的,进行罚款并由村集体组织收取有偿使用费。行政执法程序由省、自治区、直辖市地方立法明确一般与简易程序的适用条件。六是实施农村宅基地"三权分置"制度,鼓励农村宅基地有偿退出。允许农村宅基地使用权人经集体组织同意、镇级人民政府审批,在符合规定的条件下出租、转让、入股和抵押农村宅基地使用权,实施乡村振兴。禁止农村宅基地买卖,禁止农村宅基地进行商业房地产开发用途。鼓励农村闲置宅基地有偿退出,可以就地利用,也可以通过整治、复垦、调整等手段,统筹用于满足乡村振兴或拓展城镇发展空间,并由自然资源和农业农村管理部门联合制定具体实施办法。

其次,提高对农村宅基地改革的认识。一是农村宅基地改革涉及广大农民切身利益,面对改革争议需要求同存异,取得改革的最大公约数。除了全国人大常委会授权暂时调整实施部分法律条款外,宅基地改革试点还会碰触到行政处罚法、担保法、物权法等相关法律的部分条款,有些人认为这是一种改革需要的合理延伸突破,有些人认为宅基地改革触碰了红线。譬如对行政简易执法程序的探索、下放宅基地行政执法权、界定闲置农村宅基地复垦范围、利用宅基地退出的节余指标、农房登记等问题存在诸多争议,必然影响改革进程,需要进一步形成改革共识,实现步调统一。二是改革目标需要相对一致。调研中发现有些人认为,农村土地制度改革从互不打通、封闭运行到相互打通、统筹推进,是一个逐渐深入、深化的改革进程,既是为了完善法律,也是为了发展,基层应当用好、用活改革试点政策,推进乡村振兴。有些人认为改革应当稳慎推进,要注意加强改革的风险防范,应当聚焦完善法律制度进行,步伐不宜太快、程度不宜过深,每项举措涉及范围不宜过宽。目标的显著差异,导致改革态度和改革行为存在差异,影响改革红利的释放及改革的进程和深度。三是改革定调需要理直气壮。基层一线的干部,在改革试点中只要不突破三条底线、不为私利、不搞乱秩序,符合法理研究、规范管理和科学发展的需要,就应当给予理解和支持。经过实践证实难以行得通的,及时叫停并妥善采取善后措施;对行之有效的措施则支持继续探索并在实施中不断完善。

再次,明确农村宅基地制度改革深化的方向。一是进一步明确农村宅基地使用权放活的导向。可以考虑允许公开拍卖一定年限的农村宅基地使用权和承包经营权,吸引城镇人员下乡创业或养老,着手制定宅基地使用权放活的方式。二是进一步明确界定农村宅基地有偿退出的范围。可以考虑借鉴城乡建设用地增减挂钩项目的做法,支持农村宅基地复垦,同时明确宅基地退出后使用的基本原则。三是进一步明确探索宅基地执法的简易程序。考虑对违法事实确定、处罚依据充分、处罚对象当事人没有异议的执法行为允许采用简易程序,同时明确审理改革期间的涉地案件适用改革试点措施。四是进一步明确增减农村宅基地及农房登记的要件。考虑对那些没有村级规划的区域无须提供规划选址意见书、乡村建设许可证,只需要镇级人民政府证明在规划区外选址即可;剔除要求出示房屋安全检测合格报告的要件,需要给予善意提醒注意建筑安全。同时,对农房登记的"僵尸"问题实行分类处置,形成合法、备案和强制拆除的登记机制。五是进一步明确农村宅基地管理职能的合理划分和配合。建议农业农村部、自然资源部在划转农村宅基地管理职能后,尽快明确对省、自治区、直辖市及市、县级人民政府的管理体制要求,加强对部门协调配合机制的探索力度,助力基层人民政府利用改革试点的有利时机,理顺农村宅基地管理的体制。

最后,妥善处理农村宅基地改革授权和历史遗留问题。建议在已有全国人大授权基础上,对地方改革实践探索触及行政处罚法、担保法、物权法等法律条款与改革措施相抵触的地方,由改革试点地区上报自然资源部或农业农村部提请全国人大进行个性化备案,延伸改革授权,作为审理试点地区相关案件的法律依据。提请全国人大授权暂时调整部分法律条款时限至新的土地管理法生效时止,确保改革试点地区在法律实施上不会存在空档期。对改革试点地区实践的改革事项同新修订的土地管理法不一致的规定,在新法颁布到实施期间全面停止执行、全面消化。对改革试点期间已经形成的产权事实予以认可,给予确权登记;对已实质实施的项目按照改革政策完善,对未实质实施的项目按照新修订的土地管理法完善,妥善处理改革试点的遗留问题。

二、江西余江农村宅基地改革试点分析

江西余江地处赣东北,2018 年 7 月撤县设区,下辖 11 个乡镇、7 个农垦场、113 个村委会,国土面积 932.8 平方公里,总人口 38.5 万人,全区农业人口 30 万人,有 7.3 万农户①,是传统农业区。全区一户一宅 4.4 万户,所占比重为 39.7%。农村宅基地 92350 宗,面积 4.7 万亩,附属设施 10.2 万间,其中闲置农房 2.3 万栋,农村危房 0.83 万栋,倒塌房屋 0.72 万栋;农村建设用地 7.2 万亩,改革试点前人均建设用地 170 平方米,闲置宅基地 11781 宗,面积 2418 亩,如表 8-2 所示;农村宅基地对应户籍人口归属于村集体的 8395 宗,面积 1704 亩。全区有 1040 个自然村,949 个改革试点村已有 906 个通过验收,所占比重为 95.5%。其中城镇规划区外 908 个,通过验收 899 个,完成比重 99%;城镇规划区内 41 个,已验收 7 个,完成 17%。截至目前,共退出农村宅基地 34226 宗 4573 亩,其中有偿退出 7687 宗 1073 亩,无偿退出 26539 宗 3500 亩,退出宅基地复垦 991 亩;收取 7968 户宅基地有偿使用费 1133 万元,构建了覆盖城乡、村组的农村宅基地管理制度体系。村民满意度问卷调查统计数据显示,98.1%的村民支持宅基地改革试点,95.4%的村民认为人居环境、村容得到显著改善,88.5%村民认为生活质量得到明显提升。

---

① 注:数据为课题组实地调研获取,下同。

表 8-2　江西余江农村宅基地闲置情况汇总表　　（单位:亩）

闲置宅基地农房		宗数	面积
		11781	2418
按户籍情况划分	户籍人口迁出宗数	3386	713.85
	户籍人口未迁宗数	8395	1704.15
按地上建筑物划分	无建筑物	1790	405.45
	有建筑物且不宜居住	5592	1198.05
	有建筑物且可居住	4399	814.5
按闲置时间划分	闲置 1 年以内	5334	1048.95
	闲置 1—3 年	4228	908.4
	闲置 3 年以上	2219	460.65

（一）余江农村宅基地改革试点前存在的主要问题

改革试点前大部分村庄"空心化"严重,农户建房不规范,农房布局杂乱无序,没有乡村建设规划,或者有乡村建设规划不按规划执行,村庄外、荒山里、村道边、责任田里未批先建,或者批少建多,有的甚至建到坟场里。有的村庄只经历十几年的时间,耕地就由人均 1 亩变为 0.3 亩,面积大幅度减少。村庄内部道路狭窄、排水不畅,环境卫生堪忧,"积水靠蒸发,垃圾靠风刮"是一些村庄的真实写照。很多有钱有势的村民留着老房、住着新房、占着空房,而弱势村民则无地建房。对集体土地是"不占白不占""你占我也占""占到就是赚到",农村宅基地是老祖业的观念根深蒂固。村民一户多宅、面积超标、非法占地和闲置废弃等现象频发,土地利用效率低下,且耕地非法占用现象十分普遍,农村土地管理秩序非常混乱,效率十分低下。另外,余江农村内部建猪栏、牛栏、厕所等自发建设较多,严重影响村容村貌和人居环境改善。存在的突出矛盾是村庄公共建设与村民私人无序建设之间因为土地利用出现难以调和的矛盾。改革试点之初的阻力非常大:一是老年村民财产观念和祖业观念非常浓厚,普遍认为祖产即使废弃也不可拆除;二是部分农房只是剥离了居住功能,却事实上发挥储藏粮食、圈养牲畜和放置农具的农业生产和生活用途,满足了村民农业生产的需要;三是村庄内部村庄非常浓厚的公平观念,对村干部拆除农房公平性存在顾虑,担心厚此薄彼。目前,余江通过宅基地改革试点工作,比较成功地解决了上述问题,完成了9成以上的验收工作。

(二)改革试点的经验

江西余江自2015年3月被确定为全国农村宅基地改革试点县以来,按照党建统领、人民主体、三治融合的工作思路,构建党委领导、支部主导、村委协同、理事实施、群众主体体系,探索出一套可行制度,形成引领村民自主规划和新村建设的可复制推广、惠民生、利修法的有益经验。成功的关键是将宅基地改革试点这一国家事务成功地转化为村庄内部公共事务,将国家政策有机转化为村规民约。

首先,充分发挥基层党组织的政治引领作用。江西余江始终把农村宅基地改革试点作为区、乡、村各级书记的头等大事来抓,党员干部、村民理事会以革自己命的勇气,带头发挥示范作用。通过挂出党员家庭户、佩戴党徽、划出党员责任区等方式,自觉做到亮身份、亮承诺、亮形象,切实做到"五带头",即带头宣传农村宅基地改革政策、带头支持农村宅基地改革、带头参与农村宅基地改革、带头做好亲朋好友思想工作、带头为村里做实事办好事,以实际行动喊出"我是党员我带头"的响亮口号,涌现出一大批甘于奉献、公而忘私的先进典型,如平定乡洪万村党支部书记夏早元、春涛镇罗坪村党支部书记赵建华等。基层党员干部坚持"5+2""白加黑",进村入户,挑灯夜战,反复细致、全覆盖的凝聚思想、达成共识,激发广大村民参与宅基地改革的热情。

其次,突出村民事务理事会的主体作用。始终坚持基层党组织的领导,办法由群众想、事情由群众办,因地制宜,形成了三种理事会模式,即协调型、民选型与指导型理事会。协调型理事会通过村小组与理事会有机融合,村庄事务主要由理事会负责,理事长与村小组组长实行"一肩挑"。每个家族都有一名成员在理事会中任职,单姓村按照一房一理事原则产生理事,多姓村按照一姓一理事原则产生理事,保证每个村民都有自己可信赖的代言人。此类理事会共有941个,所占比重为90.5%。民选型理事会存在于那些矛盾尖锐、纠纷较多、村小组干部威信不够、执行力不强的村庄,建成村民事务理事会,成员根据需要选择,进行弹性调整,由村小组的村民投票选举产生,理事长由票数最多的人担任,以家族为单元,以一房一理事为原则,灵活吸收理事会成员,此类理事会共有48个,所占比重为4.6%。指导型理事会是由于村庄情况十分复杂,一时无法产生理事长或理事,在村党支部指导下,建立村民事务理事会。理事长通常由村两委干部兼任,理事由村党支部提名,经村民代表会议选举产生,通常从村委会干部、老党员和老干部等人员中选举产生。指导型理事会还设名誉理事长一人,通常由驻村干部担任,此类理事会共有51个,所占比重为4.9%。无论采取哪种理事会形式,都有一个共同特点,即都在村党组织的领导下,按照代表性、稳定性和公认性原则,“有事好商量”,“众人的事情由众人商量”,由村民民主协商产生自己的利益代表。各村党支部鼓励农村能人、致富能手、家乡贤人参选理事,动员在外知名人士返乡,通过推荐选举担任理事长或理事,确保理事长能接地气,有人气。全区1040个自然村选出5018名村民事务理事会理事,并成立680个党小组,有效延伸了党组织的工作手臂,赋予了村民事务理事会全新的职能和概念,制定了12项权力清单和独立或参与配合村“两委”履职的15项职责清单,明确了职能定位,初步实现了村小组层面财权与治权的统一。区政府主要负责制定和引导总体性的政策方针,具体实施方案由各级村集体在村民理事会框架下制定。农村宅基地改革方案在各村的实施略有不同,包括农村宅基地有偿退出与无偿退出、农村宅基地有偿使用标准、村民一户多宅的界定标准等,这种一村一策的方式十分契合各村的实际情况,有效防止了“一刀切”,有效维护了广大参与村民的切身利益。

再次,强化乡贤能人的反哺作用。各村普遍建立宅基地改革微信群,及时向在外工作人员、在外经商务工人员、在外求学青年才俊传达党和政府意图、宅基地改革进程及发展动态、家乡发展变化等。通过采取举办乡贤恳谈会方式,组织乡贤实地考察农村宅基地改革现场,亲身感受农村宅基地改革带来的正气、人气、财气、和气和名气,在外企业家、技能人才等纷纷返乡投资兴业、捐资捐物,回报家乡。先后有 50 多位乡贤返乡投入农村宅基地改革,担任理事长或理事,捐资 5500 多万元支援家乡建设,推动了农村宅基地改革顺利进行,凝聚起共建美好家乡的强大合力。如平定乡洪万村洪家组乡贤在党员示范引领下,自发筹建成立了青农基金会,为公益事业提供资金支持;成立快乐儿童之家,邀请退休老师义务为留守儿童授课,尊老爱幼、互帮互助、和谐共处的文明风尚蔚然成风。

最后,充分发挥舆论的约束和项目的激励作用。舆论约束是指利用村庄内部话语体系或者村规民约动员广大村民共同反对少数"钉子户",通过舆论压力迫使"钉子户"配合农村宅基地改革试点,主要依靠舆论否定和权利排斥两种方式达成目的。余江结合新农村建设经验通过鼓励乡村间的项目竞争推动宅基地改革试点顺利推进,通过打造宅基地改革示范村、向宅基地改革效果良好的村庄注入项目资金,激励村庄积极参与宅基地改革试点。余江于 2015 年 11 月出台《关于开展美丽乡村综合改革示范点建设实施方案》,提出以农村宅基地制度改革试点为统领,扎实推进农村综合改革,主要包括农民住房财产权抵押试点、创建生态示范村、农村集体资产股份权能改革试点、农村淘宝、新农村建设、农村生活垃圾专项治理、精准扶贫等。

(三)改革试点展望

江西余江宅基地改革试点经验为实施乡村振兴、强化制度供给找到一条可行路径。目前存在的农村宅基地问题需要置于乡村振兴的整体框架中统筹解决。一方面,地方政府需要把农村宅基地改革作为实施乡村振兴的制度工具,增强土地管理能力,为美丽乡村建设进村入户扫除制度障碍;另一方面,农村人居环境改善、美丽乡村建设又会激发广大村民参与宅基地改革的积极性，增强村民的幸福感和获得感。

宅基地属于村集体内部公共财产，有效管理农村宅基地的关键在于充分发挥村民自治的作用。当前农村普遍存在的一户多宅、占用耕地等问题本质属于村集体内部资源配置无效，如何科学处理、妥善解决，有学者主张对宅基地进行市场化、财产化改革，并未能充分认识东部沿海发达地区和中、西部城镇近郊以外的农村宅基地并不具备太大的经济价值，但有可能导致进城失败农民失去返乡的退路和居住的基本生活保障。农村宅基地资源配置有效的关键在于解决村集体内部利用效率低下的问题，实现集体资源优化配置。江西余江宅基地改革试点的经验是依托村民自治行使农村土地集体所有权，找到激活农村宅基地社会产权属性的科学路径。通过《村民委员会组织法》规定村民自治组织承担土地管理职能，负责农村宅基地资源分配和农村宅基地资源管理。通过民主选举成立理事会，充分动员广大村民积极参与村庄内部事务，自觉完成农村宅基地的退出工作，服从农村宅基地的日常管理工作。本质上这是以广大村民为主体，以基层组织为核心，建立一套村集体成员内部科学利用稀缺资源的实践。有效激活了村民自治，极大降低了农村宅基地改革的成本，促进了村民对宅基地改革的信任和理解；盘活了宅基地资源，有效实现空心村的整治，提高了土地利用效率；实现了乡村规划的引领、带动作用；促进乡村有效治理，提升了农村土地管理能力和村庄公共治理能力。江西余江宅基地改革经验适用于中西部宅基地价值不高、村集体经济薄弱的传统农区。一些地区看似宅基地改革效果显著，却是以地方政府巨额财政投入和引发尖锐的社会矛盾为代价的，而在江西余江，无偿退出的农村宅基地宗数和面积占退出总宗数和总面积的比重高达81%和75.7%。因此，江西余江的农村宅基地改革经验对中西部传统农区具有较强的推广性和可复制性，但对集体建设用地启动流转较早的经济发达地区借鉴意义相对有限。

第五节　农村宅基地制度"三权分置"
改革进程的路径选择

一、确立市场机制主体作用

农村宅基地是农村集体建设用地的主体,必须充分发挥市场机制的作用,采取市场化交易方式,在农村集体经营性建设用地入市制度改革的基础上,将农村宅基地逐步纳入城乡统一的建设用地市场,提升农村住宅和农村宅基地的交易便利性程度,为稳步提升广大农户财产性收入提供制度保障。各地改革试点的经验也证实,市场化是农村宅基地退出的必由之路。但改革很难一蹴而就,需要在各地试点的基础分阶段、分步骤稳步推进。要扩大农村住宅和农村宅基地退出的转让范围,将农村宅基地使用权和农村住宅受让人严格限制在村集体经济组织内部的做法,在农村人口不断流入城镇的情形下,必然导致符合条件的受让人严重不足和受让价格十分低下,实际等于变相禁止了农村宅基地和农村住宅的退出和转让。要破解当前符合规定条件受让人欠缺、农村住宅和农村宅基地退出方式及退出补偿价格不公平、不合理困境,必须取消受让人仅限于村集体经济内部成员的限制性规定,逐渐扩大农村宅基地退出的转让范围。可以借鉴荷兰土地银行的成功经验,在更大范围、更广区域内进行国家土地收储或地票交易的方式,为广大农户提供区域性或全国性的农村住宅和农村宅基地交易市场。

二、建构农村新型住宅保障体系

我国农村现行住宅保障制度是有关农村宅基地无偿取得、使用及农户自行建房等一系列规定。由于法律、法规对农村宅基地流转的限制性规定及农村住宅难以离开土地而存在,导致农户住宅转让极为不易。农户住宅是农村土地使用权和住宅所有权的统一体。因此,农村宅基地制度与农村住宅保障制度间的联系十分密切。在实施乡村振兴战略,坚持农业农村优先发展,实现城乡一体化的大背景下,在继续推进农村宅基地制度改革的前提下,应当继续深化城乡住宅制度改革,构建农村新型住宅保障体系(见图8-1),形成城乡一体的住宅保障体系(见图8-2)。

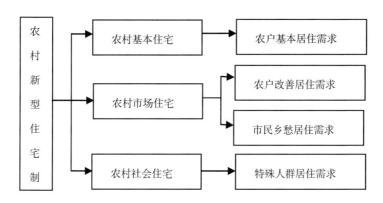

图8-1　农村新型住宅保障体系

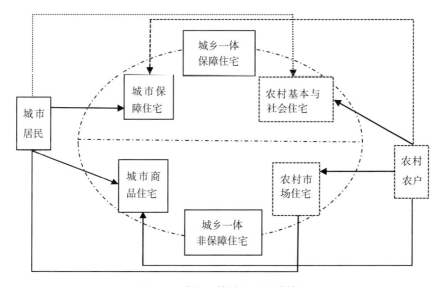

图8-2　城乡一体的住宅保障体系

在改革农村宅基地制度的基础上,完善农村现有的住宅保障体系:一是构建农村基本住宅制度,类似城市已经施行的福利房制度,主要是满足广大农户的基本居住需求。所需宅基地通过无偿划拨形式取得,采取农户自建或村集体经济组织统一建设的方式。二是构建农村市场住宅制度,主要是满足部分农户的改善居住需求和满足城市居民乡愁需求。所需宅基地通过有偿形式取得,住宅主要采取村集体经济组织统一建设为主的方式;考虑不同群体类型,采取出租或出售的办法。三是构建农村社会住宅制度,主要是满足农村鳏寡孤独老人和残疾困难农户的居住需求,由村集体经济组织统一建设。形成城乡一体的住宅保障体系后,除了维持城镇现有住宅体系外,许可城市居民到农村租入或购买农村市场住宅。如果城市居民在农村工作和定居,亦可享受农村的基本与社会住宅,但需要满足没有在城镇持有福利保障房为前提。农户可以申请农村宅基地自建住宅,缺乏自建能力、满足条件的农户可以享受农村住宅居住保障,经济条件较好的农户可以在城镇居住购房,但不能以退出农村住宅或宅基地保障为前提。

三、完善农村宅基地退出保障机制

加快农村宅基地改革进程,探索进城农户自愿有偿退出农村宅基地,要充分保障农户是否退出的自主权,并对自愿退出农户给予合理补偿,推动综合配套制度改革,完善农村宅基地退出的保障体系:一是制定和完善农村宅基地使用权自愿有偿退出的法律和制度。修改《中华人民共和国物权法》《中华人民共和国担保法》中关于农村宅基地不得抵押的限制性条款,从法律上明确农村宅基地抵押、流转与退出行为的合法性。在保留农村宅基地原有用益物权的前提下,完善农村宅基地交易制度,探索依托形式多样的方式实现农村宅基地的土地财产收益。二是充分保障广大农户的农村宅基地使用权和农村住宅财产权。在"同地同权同价"的改革思路指引下,寻找参与各方利益诉求的最大公约数。三是推动农村宅基地制度的综合配套体系改革,在养老保险、社会保障、子女入学、购房补贴和职业培训等方面为进城农户提供便利,统筹推进农村宅基地自愿有偿退出与进城务工农民工市民化的有机结合。同步推进农村宅基地制度改革与农村集体产权制度改革,统筹考虑农村宅基地、农村承包地和农村集体资产的总体退出。充分发挥市场资源配置、地方政府引导和村集体经济组织自治的合力优势,提高农村宅基地改革效率,探索市场、政府与社会在治理体系的平衡点。

参考文献

[1]《资本论》第1—3卷,人民出版社2018年版。

[2]《马克思恩格斯全集》,人民出版社1980年版。

[3][英]亚当·斯密:《国富论》,唐日松等译,商务印书馆2005年版。

[4][德]约翰·冯·杜能:《孤立国同农业和国民经济的关系》,吴衡康译,商务印书馆1986年版。

[5][德]阿尔弗雷德·韦伯:《工业区位论》,李刚剑、陈志人、张英保译,商务印书馆2010年版。

[6][德]沃尔特·克里斯塔勒:《德国南部中心地原理》,常正文、王兴中等译,商务印书馆2010年版。

[7][美]帕克、伯吉斯、麦肯齐:《城市社会学:芝加哥学派城市研究》,宋俊岭、郑也夫译,商务印书馆2012年版。

[8][英]科林·克拉克:《经济进步的条件》,商务印书馆2010年版。

[9][美]霍利斯·钱纳里、谢尔曼·鲁宾逊、摩西·赛尔奎因:《工业化和经济增长的比较研究》,吴奇、王松宝等译,格致出版社、上海三联书店、上海人民出版社2015年版。

[10][美]西蒙·史密斯·库兹涅茨:《各国的经济增长》,常勋等译,商务印书馆1999年版。

[11][美]迈克尔·波特:《国家竞争优势》,李明轩、邱如美译,中信出版社2012年版。

[12][英]阿瑟·刘易斯:《经济增长理论》,周师铭、沈丙杰、沈伯根译,商务印书馆1983年版。

［13］［法］威廉·吕彼克:《农业国的工业化:一个科学的问题》,商务印书馆 1999 年版。

［14］谢康、乌家培编:《阿克洛夫、斯彭斯和斯蒂格利茨论文精选》,商务印书馆 2010 年版。

［15］［英］威廉·配第:《赋税论》,邱霞、原磊译,华夏出版社 2017 年版。

［16］［法］杜尔哥:《关于财富的形成和分配的考察》,唐日松译,华夏出版社 2007 年版。

［17］大卫·李嘉图:《大卫·李嘉图全集》,商务印书馆 2013 年版。

［18］陈锡文、韩俊:《中国特色"三农"发展道路研究》,清华大学出版社 2014 年版。

［19］曹笑辉、曹克奇:《告别权利的贫困:农村集体建设用地入市法律问题研究》,法律出版社 2012 年版。

［20］申惠文:《非公共利益利用集体土地机制研究》,法律出版社 2015 年版。

［21］李永安:《中国农户土地权利研究》,中国政法大学出版社 2013 年版。

［22］周其仁:《改革的逻辑》,中信出版社 2013 年版。

［23］《中共中央关于推进农村改革发展若干重大问题的决定》,人民出版社 2008 年版。

［24］《中共中央关于全面深化改革若干重大问题的决定》,人民出版社 2013 年版。

［25］《2020 中国统计年鉴》,中国统计出版社 2020 年版。

［26］王洪庆:《中部地区新型工业化发展研究》,经济科学出版社 2016 年版。

［27］樊志全:《全国土地利用变更调查报告(2005)》,中国大地出版社 2006 年版。

［28］《国家新型城镇化规划(2014—2020 年)》,人民出版社 2014 年版。

［29］吴春岐:《中国土地法体系构建与制度创新研究》,经济管理出版社 2012 年版。

［30］《中共中央关于全面深化改革的若干重大问题的决定》,人民出版社 2013 年版。

［31］王伟光:《中国二线城市科学发展研究》,社会科学文献出版社 2008 年版。

［32］牛凤瑞:《中国城市发展 30 年》,社会科学文献出版社 2009 年版。

［33］刘彦随、龙花楼、陈玉福:《中国乡村发展研究报告——农村空心化及其整治策略》,科学出版社 2011 年版。

［34］杨继瑞:《中国城市地价探析》,高等教育出版社 1997 年版。

［35］孙鹏:《集体建设用地流转的风险控制与法律构造》,华中科技大学出版社

2016 年版。

［36］韩俊:《将土地农民集体所有界定为按份共有制》,《中国经济时报》2003 年 11 月 11 日。

［37］叶兴庆:《农村集体经营性建设用地的产权重构》,《中国经济时报》2015 年 5 月 27 日。

［38］费孝通:《小城镇关系大问题》,《光明日报》2013 年 12 月 8 日。

［39］全国人大:《中华人民共和国宪法》,2018 年 11 月 15 日,见 http://www.npc. gov.cn/npc/xinwen/node_505.htm。

［40］国土资源部:《中华人民共和国土地管理法》,2019 年 2 月 13 日,见 http:// www.mlr.gov.cn/zwgk/flfg/tdglflfg/200506/t20050607_68174.htm。

［41］全国人大:《全国人民代表大会常务委员会关于授权国务院在北京市大兴区 等三十三个试点县(市、区)行政区域暂时调整实施有关法律规定的决定》,2015 年 2 月 28 日,见 http://www.npc.gov.cn/npc/xinwen/2015-02/28/content_1906228.htm。

［42］全国人大:《全国人民代表大会常务委员会关于延长授权国务院在北京市大 兴区等三十三个试点县(市、区)行政区域暂时调整实施有关法律规定期限的决定》, 2017 年 12 月 20 日,见 http://www.gov.cn/xinwen/2017-11/05/content_5237311.htm。

［43］新华社:《习近平在小岗村主持召开农村改革座谈会》,2016 年 4 月 28 日,见 http://news.cnr.cn/native/gd/20160428/t20160428_522016371.shtml。

［44］乔思伟:《2016 年国有土地使用权出让收入 3.74 万亿元》,2017 年 3 月 17 日,见 http://www.mlr.gov.cn/xwdt/jrxw/201703/t20170317_1442683.htm。

［45］黄云、熊剪梅、柴萌:《晋宁县征地冲突事件舆情分析》,2014 年 10 月 31 日, 见 http://yuqing.people.com.cn/n/2014/1031/c210114-25946195.html。

［46］江泽民:《全面建设小康社会,开创中国特色社会主义事业新局面——在中国 共产党第十六次全国代表大会上的报告》,2017 年 9 月 5 日,见 http://www.china.com. cn/guoqing/2012-10/17/content_26821180.htm。

［47］胡锦涛:《胡锦涛在党的十七大上的报告(全文)》,2017 年 8 月 6 日,见 http://news.sina.com.cn/c/2007-10-24/205814157282.shtml。

［48］杨良敏、姜巍:《"以地谋发展"模式能否持续?》,2017 年 7 月 2 日,见 http://theory.people.com.cn/GB/82288/83853/83865/15825945.html。

［49］李红波:《征地冲突研究》,华中科技大学博士学位论文,2007 年。

［50］孙学光:《中国新型工业化进程分析与科学推进研究》,华中科技大学博士学 位论文,2008 年。

[51]倪方树:《企业区位选择与空间集聚》,南开大学博士学位论文,2012 年。

[52]石冬梅:《非对称信息条件下的农村土地流转问题研究》,河北农业大学博士学位论文,2013 年。

[53]陈锡文:《中国农村发展的五个问题》,《生产力研究》2005 年第 3 期。

[54]陈锡文、韩俊:《如何推进农民土地使用权合理流转》,《农业工程技术》2006 年第 3 期。

[55]陈锡文:《农村形势与农村政策》,《中国报道》2009 年第 1 期。

[56]陈锡文:《关于农村土地制度改革的两点思考》,《经济研究》2014 年第 1 期。

[57]陈锡文:《落实发展新理念破解农业新难题》,《农业经济问题》2016 年第 3 期。

[58]陈锡文:《深化农村土地制度改革与"三权分置"》,《公民与法》2017 年第 7 期。

[59]陈明星、叶超、周义:《城市化速度曲线及其政策启示——对诺瑟姆曲线的讨论与发展》,《地理研究》2011 年第 8 期。

[60]陈佳贵、黄群慧:《工业发展、国情变化与经济现代化战略——中国成为工业大国的国情分析》,《中国社会科学》2005 年第 4 期。

[61]陈佳贵、黄群慧、钟宏武:《中国地区工业化进程的综合评价和特征分析》,《经济研究》2006 年第 6 期。

[62]陈志平:《"两型社会"建设中湖南新型工业化发展探讨》,《湖南社会科学》2010 年第 4 期。

[63]陈赤平、刘佳沽:《工业化中期生产性服务业与制造业的协同定位研究——以湖南省 14 个市州的面板数据为例》,《湖南科技大学学报(社会科学版)》2016 年第 1 期。

[64]陈波翀、郝寿义、杨兴宪:《中国城市化快速发展的动力机制》,《地理学报》2004 年第 6 期。

[65]陈华震:《经济发达地区农业的根本出路在于更新家庭联产承包责任制》,《农业经济问题》1986 年第 1 期。

[66]陈东琪:《经济形势、理论和政策》,《经济研究》1989 年第 3 期。

[67]陈吉元、邓英淘:《中国农村经济发展与改革所面临的问题及对策思路》,《经济研究》1989 年第 10 期。

[68]陈胜祥:《农民土地所有权认知与农地制度创新》,《中国土地科学》2009 年第 11 期。

[69]陈飞、翟伟娟:《农户行为视角下农地流转诱因及其福利效应研究》,《经济研究》2015年第10期。

[70]陈小君:《我国农村土地法律制度变革的思路与框架》,《法学研究》2014年第4期。

[71]陈凯:《中国城镇化的现状特征与趋势》,《中共中央党校学报》2014年第1期。

[72]陈江龙、曲福田、陈雯:《农地非农化效率的空间差异及其对土地利用政策调整的启示》,《管理世界》2004年第8期。

[73]陈池波、韩占兵:《农村空心化、农民荒与职业农民培育》,《中国地质大学学报(社会科学版)》2013年第1期。

[74]陈红顺、夏斌:《快速城市化地区土地利用变化及驱动因素分析——以广东省东莞市为例》,《水土保持通报》2012年第1期。

[75]陈会广、崔娟、陈江龙:《常州市耕地数量变化驱动力机制及政策绩效分析》,《资源科学》2009年第5期。

[76]成金华、吴巧生:《中国新型工业化与资源环境管理》,《中南财经政法大学学报》2005年第6期。

[77]蔡昉:《农村经济发展特征与下一步改革》,《经济研究》1987年第8期。

[78]蔡立东、姜楠:《承包权与经营权分置的法构造》,《法学研究》2015年第3期。

[79]蔡立东、姜楠:《农地三权分置的法实现》,《中国社会科学》2017年第5期。

[80]蔡继明:《乡村振兴战略应与新型城镇化同步推进》,《人民论坛·学术前沿》2018年第10期。

[81]杜润生:《稳定农民预期与土地制度法律化》,《中国改革》1998年第8期。

[82]杜润生:《来自农民的制度创新》,《百年潮》2000年第2期。

[83]邓宇鹏:《中国的隐性超城市化》,《当代财经》1999年第6期。

[84]邓大才:《效率与公平:中国农村土地制度变迁的轨迹与思路》,《经济评论》2000年第5期。

[85]杜鹰:《我国的城镇化战略及相关政策研究》,《中国农村经济》2001年第9期。

[86]董辅礽:《再论我国社会主义所有制形式问题》,《经济研究》1985年第4期。

[87]董悦华:《农业合作化与家庭联产承包责任制的实施比较研究》,《当代中国史研究》1988年第4期。

[88]董国礼、李里:《产权代理分析下的土地流转模式及经济绩效》,《社会学研

究》2009 年第 1 期。

[89]董梅生、杨德才:《工业化、信息化、城镇化和农业现代化互动关系研究——基于 VAR 模型》,《农业技术经济》2014 年第 4 期。

[90]郭克莎:《中国工业化的进程、问题与出路》,《中国社会科学》2000 年第 5 期。

[91]郭晓鸣、廖祖君:《中国城郊农村新型城市化模式探析——来自成都市温江区的个案》,《中国农村经济》2012 年第 6 期。

[92]郭栋、邸敏学:《发挥好农村土地流转中的政府作用》,《理论探索》2017 年第 3 期。

[93]郭珍:《中国耕地保护制度:实施绩效评价、实施偏差与优化路径》,《郑州大学学报(哲学社会科学版)》2017 年第 1 期。

[94]高波:《经济发展理论范式的演变》,《南京大学学报(社会科学版)》2010 年第 1 期。

[95]高强:《论我国城镇化进程及对策》,《开发研究》2005 年第 1 期。

[96]高帆:《农村土地承包关系长久不变的内涵、外延及实施条件》,《南京社会科学》2015 年第 11 期。

[97]高圣平、严之:《"从长期稳定"到"长久不变":土地承包经营权性质的再认识》,《云南大学学报》2009 年第 4 期。

[98]高圣平、刘守英:《土地权利制度创新:从〈土地管理法〉修改的视角》,《经济社会体制比较》2010 年第 3 期。

[99]辜胜阻、成德宁:《农村城镇化的战略意义与战略选择》,《中国人口科学》1999 年第 3 期。

[100]韩长赋:《土地"三权分置"是中国农村改革的又一次重大创新》,《中国合作经济》2016 年第 10 期。

[101]韩长赋:《中国农村土地制度改革》,《农业经济问题》2019 年第 1 期。

[102]韩俊:《中国农村土地制度建设三题》,《管理世界》1999 年第 3 期。

[103]韩俊:《"十二五"时期我国农村改革发展的政策框架与基本思路》,《改革》2010 年第 5 期。

[104]韩俊:《准确把握土地流转需要坚持的基本原则》,《农村经营管理》2014 年第 11 期。

[105]韩松:《集体建设用地市场配置的法律问题研究》,《中国法学》2008 年第 3 期。

[106]韩立达、王艳西、韩冬:《农村宅基地"三权分置":内在要求、权利性质与实

现形式》,《农业经济问题》2018 年第 8 期。

[107]韩文龙、谢璐:《宅基地"三权分置"的权能困境与实现》,《农业经济问题》2018 年第 5 期。

[108]韩康:《宅基地制度存在三大矛盾》,《人民论坛》2008 年第 14 期。

[109]胡新民:《建设新农村背景下农村土地产权制度创新研究》,《华东经济管理》2007 年第 10 期。

[110]胡震、朱小庆吉:《农地"三权分置"的研究综述》,《中国农业大学学报(社会科学版)》2017 年第 1 期。

[111]胡立君、薛福根、王宇:《后工业化阶段的产业空心化机理及治理——以日本和美国为例》,《中国工业经济》2013 年第 8 期。

[112]黄维芳:《农地产权弱排他性、产权冲突及其变迁优化》,《江汉论坛》2011 年第 1 期。

[113]黄小虎:《农民宅基地能入市吗》,《中国乡村发现》2016 年第 6 期。

[114]黄怡:《新城市社会学:1970 年代以来西方城市社会学的范式转变》,《同济大学学报(社会科学版)》2011 年第 6 期。

[115]黄健柏、刘维臻:《金融发展、资本深化与新型工业化道路》,《金融研究》2008 年第 2 期。

[116]黄文清:《关于包产到户问题》,《兰州学刊》1980 年第 2 期。

[117]黄季焜、夏耕:《入世后中国农业综合开发的对策研究》,《农业经济问题》2001 年第 3 期。

[118]黄祖辉:《中国农民合作组织发展的若干理论与实践问题》,《中国农村经济》2008 年第 11 期。

[119]黄征学:《我国城镇化进程中的土地制度变迁》,《宏观经济管理》2018 年第 11 期。

[120]黄群慧:《"新常态"、工业化后期与工业增长新动力》,《中国工业经济》2014 年第 10 期。

[121]黄贤金:《价值论与土地价值原理》,《江苏社会科学》1993 年第 6 期。

[122]黄发儒:《集体经营性建设用地入市路径思考》,《中国土地》2015 年第 2 期。

[123]黄少安、孙圣民、宫明波:《中国土地产权制度对农业经济增长的影响——对 1949—1978 年中国大陆农业生产效率的实证分析》,《中国社会科学》2005 年第 3 期。

[124]房国坤、王咏、姚士谋:《快速城市化时期城市形态及其动力机制研究》,《人文地理》2009 年第 2 期。

［125］贺达水、高强：《农村宅基地制度改革研究》，《理论探索》2018 年第 4 期。

［126］冀县卿、钱忠好：《论我国征地制度改革与农地产权制度重构》，《农业经济问题》2007 年第 12 期。

［127］刘守英、李青：《土地制度改革与国民经济成长》，《管理世界》2007 年第 9 期。

［128］刘守英：《以地谋发展模式的风险与改革》，《国际经济评论》2012 年第 2 期。

［129］刘守英：《中共十八届三中全会后的土地制度改革及其实施》，《法商研究》2014 年第 2 期。

［130］刘守英：《中国城乡二元土地制度的特征、问题与改革》，《国际经济评论》2014 年第 3 期。

［131］刘守英：《中国土地制度改革：上半程及下半程》，《国际经济评论》2017 年第 5 期。

［132］刘守英：《政府垄断土地一级市场真的一本万利吗》，《中国改革》2005 年第 7 期。

［133］刘茂松：《论新型工业化的中国特色——农业小部门化时期的中国农业工业》，《湖南师范大学学报（社会科学版）》2009 年第 5 期。

［134］刘铮：《城镇化障碍因素及路径选择》，《经济学动态》2003 年第 8 期。

［135］刘奇：《失地农民的叹息》，《中国发展观察》2013 年第 8 期。

［136］刘薰词：《湖南小城镇化建设的基本策略》，《求索》2002 年第 3 期。

［137］刘隆：《包产到户是现阶段加快农业发展的劳动管理形式》，《经济问题探索》1981 年第 1 期。

［138］刘荣材：《农村土地产权制度创新模式选择：构建农民家庭土地产权制度》，《经济体制改革》2008 年第 3 期。

［139］刘卫柏、陈柳钦：《农村土地流转问题新思索》，《理论探索》2012 年第 2 期。

［140］刘杨、黄贤金、吴晓洁：《失地农户的维权行为分析》，《中国土地科学》2006 年第 1 期。

［141］刘海云：《从我国土地征用制度的变迁论土地征用制度的完善》，《改革与战略》2008 年第 6 期。

［142］刘永健、耿弘、孙文华：《城市建设用地扩张的区域差异及其驱动因素》，《中国人口·资源与环境》2017 年第 8 期。

［143］刘彦随、乔陆印：《中国新型城镇化背景下耕地保护制度与政策创新》，《经济地理》2014 年第 4 期。

［144］刘欣葵:《中国城市化的空间扩展方式研究》,《广东社会科学》2011 年第5 期。

［145］刘庆乐、施青军:《风险防范、市场嵌入与政策演进:基于中国集体建设用地市场化的进程分析》,《中国行政管理》2017 年第 12 期。

［146］刘书楷:《构建我国农村土地制度的基本思路》,《经济研究》1989 年第 9 期。

［147］李成:《经济后进区人力资源与城镇化发展探讨——以陕西北缘六县市为例》,《经济地理》2001 年第 1 期。

［148］李明秋、石鹏鹏:《农村土地承包关系长久不变的内涵、隐忧及化解》,《西北农林科技大学学报(社会科学版)》2018 年第 6 期。

［149］李中:《我国征地制度:问题、成因及改革路径》,《理论探索》2013 年第 2 期。

［150］李新仓:《城市化进程中失地农民土地征用补偿机制研究》,《农业经济》2013 年第 10 期。

［151］李长兵:《农地征用中的农民合法权益保障研究——基于博弈论的视角》,《生产力研究》2012 年第 5 期。

［152］李颐:《基于新兴古典经济学的分工理论述评》,《兰州学刊》2010 年第 3 期。

［153］李魁:《东亚工业化、城镇化与耕地总量变化的协动性比较》,《中国农村经济》2010 年第 10 期。

［154］李国强:《论农地流转中"三权分置"的法律关系》,《法律科学》2015 年第6 期。

［155］李程骅:《科学发展观指导下的新型城镇化战略》,《求是》2012 年第 14 期。

［156］李广东、邱道持、王平:《地方政府耕地保护激励契约设计研究》,《中国土地科学》2011 年第 3 期。

［157］李庆曾:《谈我国农村土地所有制结构改革》,《农业经济问题》1986 年第4 期。

［158］廖洪乐:《农村改革试验区的土地制度建设试验》,《管理世界》1998 年第2 期。

［159］廖洪乐:《农村集体土地征用中的增值收益分配》,《农业经济问题》2007 年第 11 期。

［160］罗必良:《农地确权、交易含义与农业经营方式转型》,《中国农村经济》2016 年第 11 期。

［161］罗必良:《从产权界定到产权实施》,《农业经济问题》2019 年第 1 期。

［162］罗必良:《农地产权模糊化:一个概念性框架及其解释》,《学术研究》2011 年

第 12 期。

　　[163]罗亚海:《公共政策理论视角下农村宅基地退出机制论析》,《求索》2015 年第 2 期。

　　[164]林旭:《劳动价值与资源价值融合基础上的农地价格再认识》,《软科学》2009 年第 6 期。

　　[165]林卿:《农村土地承包期再延长三十年政策的实证分析与理论思考》,《中国农村经济》1999 年第 3 期。

　　[166]马晓河:《中国农业发展的根本出路在于实现规模经营》,《国际技术经济研究学报》1994 年第 4 期。

　　[167]梁伟:《失地农民权益流失探析》,《农业经济》2003 年第 11 期。

　　[168]龚映梅、顾幼瑾:《云南省县域经济新型工业化发展水平评价与对策》,《经济问题探索》2009 年第 2 期。

　　[169]杜传忠、刘英基、郑丽:《基于系统耦合视角的中国工业化与城镇化协调发展实证研究》,《江淮论坛》2013 年第 1 期。

　　[170]崔红志、王佳宁:《农村土地承包关系长久不变的内涵、挑战与对策》,《改革》2017 年第 9 期。

　　[171]程怀儒:《现行农村征地制度的缺陷与失地农民权益保护》,《甘肃社会科学》2014 年第 1 期。

　　[172]蓝庆新、彭一然:《论"工业化、信息化、城镇化、农业现代化"的关联机制和发展策略》,《理论学刊》2013 年第 5 期。

　　[173]姜爱林:《城镇化、工业化与信息化的互动关系研究》,《经济纵横》2002 年第 8 期。

　　[174]贺雪峰:《如何做到耕者有其田》,《社会科学》2009 年第 10 期。

　　[175]马德安:《农业生产的组织管理形式要由生产力发展水平决定——关于"包产到户"问题》,《经济研究》1981 年第 1 期。

　　[176]金汶:《论农业生产责任制的基础和前途》,《农业经济问题》1980 年第 2 期。

　　[177]戚晓明:《人力资本、家庭禀赋与被征地农民就业——基于 CFPS2014 数据的分析》,《南京农业大学学报(社会科学版)》2017 年第 5 期。

　　[178]苗长虹:《从区域地理学到新区域主义:20 世纪西方地理学区域主义的发展脉络》,《经济地理》2005 年第 5 期。

　　[179]袁志刚、范剑勇:《1978 年以来中国的工业化进程及其地区差异分析》,《管理世界》2003 年第 7 期。

［180］樊端成：《新型工业化与农业转型》，《生产力研究》2005年第6期。

［181］欧阳峣：《美国工业化道路及其经验借鉴——大国发展战略的视角》，《湘潭大学学报（社会科学版）》2017年第5期。

［182］孙良媛、李琴、林相森：《城镇化进程中失地农村妇女就业及其影响因素——以广东省为基础的研究》，《管理世界》2007年第1期。

［183］徐维祥、舒季君、唐根年：《中国工业化、信息化、城镇化、农业现代化同步发展测度》，《经济地理》2014年第9期。

［184］綦好东：《论我国农地产权结构调整与演进的目标模式》，《中国软科学》1998年第6期。

［185］顾海英、周小伟：《现代都市农业可持续发展的意义及内涵》，《上海农村经济》2000年第11期。

［186］毛致用：《关于稳定完善家庭联产承包责任制的探讨》，《农业经济问题》1990年第9期。

［187］曲福田、陈海秋：《土地产权安排与土地可持续利用》，《中国软科学》2000年第9期。

［188］蒋励：《股份合作制：农村土地制度改革的最优选择》，《农业经济问题》1994年第12期。

［189］靳相木：《初级社：农村股份合作经济的制度渊源》，《学术研究》1995年第4期。

［190］陆铭、常晨、王丹利：《制度与城市：土地产权保护传统有利于新城建设效率的证据》，《经济研究》2018年第6期。

［191］许经勇：《完善家庭联产承包责任制的若干问题》，《厦门大学学报（哲学社会科学版）》1984年第4期。

［192］许经勇：《对中国特色城镇化道路的深层思考》，《经济经纬》2006年第1期。

［193］许经勇：《我国农村土地产权制度改革的回顾与前瞻》，《经济学动态》2008年第7期。

［194］许瑞泉：《经济新常态下我国农业供给侧结构性改革路径》，《甘肃社会科学》2016年第6期。

［195］姚洋：《工业化、土地市场和农业投资》，《经济学（季刊）》2004年第3期。

［196］骆友生、张红宇：《家庭承包责任制后的农地制度创新》，《经济研究》1995年第1期。

［197］盖国强：《农业现代化进程中的土地制度创新》，《山东农业大学学报（社会

科学版)》2001 年第 2 期。

[198]章政:《农村土地产权制度创新模式的探索》,《中国农村经济》2005 年第 2 期。

[199]郑梦熊:《关于进一步稳定和完善农村土地承包关系问题的思考》,《中国农村经济》1999 年第 7 期。

[200]徐旭、蒋文华、应风其:《我国农村土地流转的动因分析》,《管理世界》2002 年第 9 期。

[201]江淑斌、苏群:《农村劳动力非农就业与土地流转——基于动力视角的研究》,《经济经纬》2012 年第 2 期。

[202]陆继霞:《农村土地流转研究评述》,《中国农业大学学报(社会科学版)》2017 年第 1 期。

[203]钱文荣:《浙北传统粮区农户土地流转意愿与行为的实证研究》,《中国农村经济》2002 年第 7 期。

[204]钱忠好、肖屹、曲福田:《农民土地产权认知、土地征用意愿与征地制度改革——基于江西省鹰潭市的实证研究》,《中国农村经济》2007 年第 1 期。

[205]孔祥智、伍振军:《我国土地承包经营权流转的特征、模式及经验》,《江海学刊》2010 年第 2 期。

[206]乐章:《农民土地流转意愿及解释》,《农业经济问题》2010 年第 2 期。

[207]宋宜农:《新型城镇化背景下我国农村土地流转问题研究》,《经济问题》2017 年第 2 期。

[208]孔泾源:《中国农村土地制度:变迁过程的实证分析》,《经济研究》1993 年第 2 期。

[209]孔庆亮、聂德仁:《如何看待"包产到户"》,《齐鲁学刊》1980 年第 4 期。

[210]冯开文:《公田、初级社与"大包干"——从三种不同的退出权中探测农村土地制度变迁的前景》,《中国农业大学学报(社会科学学报)》1997 年第 1 期。

[211]冯广京、朱道林:《2016 年土地科学研究重点进展评述及 2017 年展望》,《中国土地科学》2017 年第 1 期。

[212]袁国龙、林金忠:《农业土地制度变迁对我国农业转型的影响》,《华南农业大学学报(社会科学版)》2013 年第 2 期。

[213]蒋省三、刘守英:《土地资本化与农村工业化——广东省佛山市南海经济发展调查》,《管理世界》2003 年第 11 期。

[214]孟勤国:《物权法如何保护集体财产》,《法学》2006 年第 1 期。

[215]郜永昌：《集体土地收益分配规定的实证分析》，《经济法论坛》2013 年第 2 期。

[216]宋志红：《宅基地"三权分置"的法律内涵和制度设计》，《法学评论》2018 年第 4 期。

[217]单卓然、黄亚平：《"新型城镇化"概念内涵、目标内容、规划策略及认知误区解析》，《城市规划学刊》2013 年第 2 期。

[218]余欣荣：《坚持走中国特色农业现代化和新型城镇化协调发展道路》，《农村工作通讯》2013 年第 18 期。

[219]孙久文：《城乡协调与区域协调的中国城镇化道路初探》，《城市发展研究》2013 年第 5 期。

[220]武廷海：《建立新型城乡关系走新型城镇化道路——新马克思主义视野中的中国城镇化》，《城市规划》2013 年第 11 期。

[221]何树平、戚义明：《中国特色新型城镇化道路的发展演变及内涵要求》，《党的文献》2014 年第 3 期。

[222]谢天成、施祖麟：《中国特色新型城镇化概念、目标与速度研究》，《经济问题探索》2015 年第 6 期。

[223]卿孟军：《新中国成立后中国共产党发展战略的历史考察》，《中共南宁市委党校学报》2014 年第 5 期。

[224]鄢一龙、胡鞍钢：《中国十一个五年计划实施情况回顾》，《清华大学学报（哲学社会科学版）》2012 年第 4 期。

[225]贾百俊、刘科伟、王旭红：《工业化进程量化划分标准与方法》，《西北大学学报（哲学社会科学版）》2011 年第 5 期。

[226]姜爱林：《国内外工业化发展阶段不同划分方法》，《首都经济》2002 年第 5 期。

[227]马晓河、胡拥军：《中国城镇化进程、面临问题及其总体布局》，《改革》2010 年第 10 期。

[228]唐任伍：《我国城镇化进程的演进轨迹与民生改善》，《改革》2013 年第 6 期。

[229]殷江滨、李郇：《中国人口流动与城镇化进程的回顾与展望》，《城市问题》2012 年第 12 期。

[230]祁全明：《我国农村闲置宅基地的现状、原因及其治理措施》，《农村经济》2015 年第 8 期。

[231]钱忠好、牟燕：《征地制度、土地财政与中国土地市场化改革》，《农业经济问

题》2015 年第 8 期。

[232]唐其宝:《农村土地征收补偿,怎么补更合理》,《人民论坛》2018 年第 10 期。

[233]汪秀莲:《韩国土地管理法律制度》,《中国土地科学》2003 年第 3 期。

[234]邵晓梅、杨勤业、张洪业:《山东省耕地变化趋势及驱动力研究》,《地理研究》2001 年第 3 期。

[235]梁育填、樊杰、柳林:《优化开发区域制造业企业迁移的因素及其区域影响——以广东东莞市为例》,《地理研究》2013 年第 3 期。

[236]邱孟龙、李芳柏、王琦:《工业发达城市区域耕地土壤重金属时空变异与来源变化》,《农业工程学报》2015 年第 2 期。

[237]袁磊、杨昆、赵俊三:《云南省土地利用变化特征及耕地变化驱动因素分析》,《国土资源科技管理》2015 年第 3 期。

[238]张耀宇、陈利根、宋璐怡:《中国城市用地扩张驱动机制的差异性研究》,《资源科学》2016 年第 1 期。

[239]万胜超、王良健、刘敏:《基于空间的省际农地非农化驱动因素研究》,《经济地理》2012 年第 7 期。

[240]袁方成、康红军:《城镇化进程中"人—地"失衡及其突破》,《国家行政学院学报》2016 年第 7 期。

[241]霍雅勤、蔡运龙:《可持续理念下的土地价值决定与量化》,《中国土地科学》2003 年第 4 期。

[242]晏智杰:《略论经济学价值论的研究对象和层次》,《经济科学》2001 年第 1 期。

[243]苑全治、郝晋珉、张玲俐:《基于外部性理论的区域耕地保护补偿机制研究》,《自然资源学报》2010 年第 4 期。

[244]马文博、李世平、陈昱:《基于 CVM 的耕地保护经济补偿探析》,《中国人口·资源与环境》2010 年第 11 期。

[245]江冲、金建君、李论:《基于 CVM 的耕地资源保护非市场价值研究》,《资源科学》2011 年第 10 期。

[246]贺锡苹、张小华:《耕地资产核算方法与实例分析》,《中国土地科学》1994 年第 6 期。

[247]雍新琴、张安录:《基于粮食安全的耕地保护补偿标准探讨》,《资源科学》2012 年第 4 期。

[248]曲福田、陈江龙、陈雯:《农地非农化经济驱动机制的理论分析与实证研

究》,《自然资源学报》2005 年第 2 期。

[249]吴正红、黄伟:《转型深化时期地方政府行为特征与耕地保护激励问题研究》,《经济体制改革》2012 年第 5 期。

[250]谭荣、曲福田:《中国农地发展权之路:治理结构改革代替产权结构改革》,《管理世界》2010 年第 6 期。

[251]汪晖、陶然:《论土地发展权转移与交易的"浙江模式"——制度起源、操作模式及其重要含义》,《管理世界》2009 年第 8 期。

[252]汪晖、王兰兰、陶然:《土地发展权转移与交易的中国地方试验——背景、模式、挑战与突破》,《城市规划》2011 年第 7 期。

[253]谷树忠等:《耕地保护经济合理性的理论模型与识别标准》,《资源科学》2011 年第 5 期。

[254]傅熠华:《利用多元线性回归对农民政治参与进行分析预测——基于全国272 个村庄 3993 份问卷的调查》,《国家行政学院学报》2014 年第 2 期。

[255]侯江华:《城镇化进程中被征地农民的权益损害与征地纠纷——基于全国31 省被征地农户的调查》,《西北农林科技大学学报(社会科学版)》2015 年第 3 期。

[256]吴敬琏:《中国应当走一条什么样的工业化道路》,《管理世界》2006 年第8 期。

[257]吴九兴、杨钢桥:《农地整理项目中农民受益支付与受损补偿——以湖北省5 个县区为实证》,《西北农林科技大学学报(社会科学版)》2014 年第 5 期。

[258]王郁昭:《包产到户是农村集体经济管理上的新突破》,《农业经济问题》1981 年第 5 期。

[259]王贵宸、魏道南:《论包产到户》,《经济研究》1981 年第 1 期。

[260]王西玉:《荒山开发治理中的制度、政策和农户行为——山西省吕梁地区拍卖"四荒地"个案研究》,《中国农村经济》1994 年第 11 期。

[261]王西玉:《农村改革与农地制度变迁》,《中国农村经济》1998 年第 9 期。

[262]王小映:《土地制度变迁与土地承包制》,《中国土地科学》1999 年第 4 期。

[263]王小鲁:《中国经济增长的可持续性与制度变革》,《经济研究》2000 年第4 期。

[264]王泽填、林擎国:《工业化中的中国粮食安全》,《宏观经济管理》2005 年第8 期。

[265]王宇波、张子刚:《工业化进程中的失地农民问题剖析》,《宏观经济管理》2005 年第 6 期。

［266］王喆、陈伟:《工业化、人口城市化与空间城市化——基于韩、美、日等 OECD 国家的经验分析》,《经济体制改革》2014 年第 5 期。

［267］王丁元:《从列宁的合作制到邓小平的家庭联产承包责任制》,《毛泽东邓小平理论研究》1999 年第 3 期。

［268］王定祥、李伶俐:《城镇化、农地非农化与失地农民利益保护研究》,《中国软科学》2006 年第 10 期。

［269］王安春:《农村土地流转的必然性及流转方式初探》,《改革与战略》2010 年第 10 期。

［270］王黎明:《中国特色的新型城镇化道路研究》,《改革与战略》2014 年第 2 期。

［271］王亚华,鄢一龙:《十个五年计划完成情况的历史比较》,《宏观经济管理》2007 年第 4 期。

［272］王海军、王惠霞、邓羽:《武汉城市圈城镇用地扩展的时空格局与规模等级模式分异研究》,《长江流域资源与环境》2018 年第 2 期。

［273］王小斌:《耕地保护、政府征地与博弈行为研究》,《武汉理工大学学报(社会科学版)》2014 年第 4 期。

［274］王蕾、张红丽:《农村土地产权制度创新》,《农业经济》2013 年第 8 期。

［275］王利明:《我国市场经济法律体系的形成与发展》,《社会科学家》2013 年第 5 期。

［276］汪晖:《城乡结合部的土地征用:征用权与征地补偿》,《中国农村经济》2002 年第 2 期。

［277］谭淑豪、秦光远:《农户风险认知对其土地流转意愿的影响》,《西北农林科技大学学报(社会科学版)》2013 年第 4 期。

［278］谭术魁、涂姗:《征地冲突中利益相关者的博弈分析》,《中国土地科学》2009 年第 11 期。

［279］谭术魁、齐睿:《中国征地冲突博弈模型的构建与分析》,《中国土地科学》2010 年第 3 期。

［280］谭明智:《严控与激励并存:土地增减挂钩的政策脉络及地方实施》,《中国社会科学》2014 年第 7 期。

［281］夏柱智:《农村土地制度改革的进展、问题与启示》,《云南行政学院学报》2017 年第 5 期。

［282］肖卫东、梁春梅:《农村土地"三权分置"的内涵、基本要义及权利关系》,《中国农村经济》2016 年第 11 期。

[283]肖屹、曲福田、钱忠好:《土地征用中农民土地权益受损程度研究——以江苏省为例》,《农业经济问题》2008 年第 3 期。

[284]叶兴庆:《集体所有制下农用地的产权重构》,《毛泽东邓小平理论研究》2015 年第 2 期。

[285]叶兴庆:《扩大农村集体产权结构开放性必须迈过三道坎》,《中国农村观察》2019 年第 3 期。

[286]叶剑平、蒋妍:《中国农村土地流转市场的调查研究——基于 2005 年 17 省调查的分析和建议》,《中国农村观察》2006 年第 4 期。

[287]杨雅婷:《我国宅基地有偿使用制度探索与构建》,《南开学报(哲学社会科学版)》2016 年第 4 期。

[288]杨勋:《包产到户是一个重要的理论和政策问题》,《农业经济丛刊》1980 年第 5 期。

[289]杨继瑞:《农村土地产权制度创新与市场化配置》,《经济理论与经济管理》1996 年第 3 期。

[290]杨继瑞:《土地承包经营权市场化流转的思考与对策》,《经济社会体制比较》2010 年第 3 期。

[291]杨继瑞、汪锐:《征地制度的来龙去脉及其变革路径找寻》,《改革》2013 年第 4 期。

[292]杨学成:《关于"30 年不变政策"若干基本问题的思考》,《山东农业大学学报(社会科学版)》2001 年第 2 期。

[293]周其仁:《农地产权与征地制度——中国城市化面临的重大选择》,《经济学》2004 年第 4 期。

[294]周其仁:《农地产权与征地制度》,《经济学季刊》2004 年第 1 期。

[295]周其仁:《还权赋能——成都土地制度改革探索的调查研究》,《国际经济评论》2010 年第 2 期。

[296]周炳中、赵其国:《优化开发区域制造业企业迁移的因素及其区域影响——以广东东莞市为例》,《地理研究》2013 年第 3 期。

[297]周翔、韩骥、孟醒等:《快速城市化地区耕地流失的时空特征及其驱动机制综合分析——以江苏省苏锡常地区为例》,《资源科学》2014 年第 6 期。

[298]周诚:《土地价值简论》,《中国土地科学》1996 年第 10 期。

[299]周立斌、杨林:《空间政治经济学对我国城市发展的启示》,《学术交流》2014 年第 4 期。

[300]朱文:《新农村建设中农村集体土地流转制度改革与创新》,《农村经济》2007 年第 9 期。

[301]张蔚文、李学文:《外部性作用下的耕地非农化权配置——"浙江模式"的可转让土地发展权真的有效率吗?》,《管理世界》2011 年第 6 期。

[302]张元庆:《中国城镇化与征地困局——基于农地产权视角的思考》,《西北农林科技大学学报(社会科学版)》2014 年第 4 期。

[303]张红宇:《中国农村土地产权政策:持续创新——对农地使用制度变革的重新评判》,《管理世界》1998 年第 6 期。

[304]张红宇:《中国农地调整与使用权流转:几点评论》,《管理世界》2002 年第 5 期。

[305]张红宇:《城乡居民收入差距的平抑机制:工业化中期阶段的经济增长与政府行为选择》,《管理世界》2004 年第 4 期。

[306]张红宇:《三权分离、多元经营与制度创新》,《南方农业》2014 年第 2 期。

[307]张神根:《农村改革反思》,《当代中国史研究》1998 年第 6 期。

[308]张庭伟:《1990 年代中国城市空间结构的变化及其动力机制》,《城市规划》2001 年第 7 期。

[309]张宗斌:《也谈我国农业的出路问题——与侯风云同志商榷》,《经济研究》1997 年第 1 期。

[310]邹富良、李小洁:《"征地补偿"与土地价格扭曲机制探析》,《江苏行政学院学报》2012 年第 5 期。

[311]张效军、欧名豪:《耕地保护区域补偿机制研究》,《中国软科学》2007 年第 12 期。

[312]张守夫、张少停:《"三权分置"下农村土地承包权制度改革的战略思考》,《农业经济问题》2017 年第 2 期。

[313]张云华:《城镇化进程中要注重保护农民土地权益》,《经济体制改革》2010 年第 5 期。

[314]张军:《农村土地流转存在的问题与对策思考》,《农业经济》2007 年第 8 期。

[315]张曙光:《城市化背景下土地产权的实施和保护》,《管理世界》2007 年第 12 期。

[316]张莉、徐现祥、王贤彬:《地方官员合谋与土地违法》,《世界经济》2011 年第 3 期。

[317]诸培新、曲福田:《从资源环境经济学角度考察土地征用补偿价格构成》,《中国土地科学》2003 年第 3 期。

［318］邹秀清,钟骁勇:《征地冲突中地方政府、中央政府和农户行为的动态博弈分析》,《中国土地科学》2012年第10期。

［319］朱元珍:《家庭联产承包责任制是社会主义合作经济的新发展》,《北京师范大学学报》1985年第1期。

［320］朱从谋、苑韶峰:《基于发展权与功能损失的农村宅基地流转增值收益分配研究》,《中国土地科学》2018年第1期。

［321］赵阳、李隆伟:《农村土地确权登记颁证有关问题探讨》,《兰州大学学报(社会科学版)》2017年第1期。

［322］赵昌文、许召元、朱鸿鸣:《工业化后期的中国经济增长新动力》,《中国工业经济》2015年第6期。

［323］赵梦涵:《新中国经济结构战略调整的历史变迁及宏观政策分析》,《中国经济史研究》2003年第4期。

［324］赵国鸿、郭睿:《新型工业化的量度指标探索》,《中国社会科学院研究生院学报》2005年第1期。

［325］魏后凯:《新形势下我国中西部工业化战略探讨》,《中国工业经济》1999年第2期。

［326］温铁军:《农村城镇化进程中的陷阱》,《战略与管理》1998年第6期。

［327］赵鹏:《同步推进中国工业化城镇化农业现代化》,《中央党校学报》2011年第4期。

［328］曾福生、高鸣:《中国农业现代化、工业化和城镇化协调发展及其影响因素分析——基于现代农业视角》,《中国农村经济》2013年第1期。

［329］曾国安:《试论工业化的条件》,《经济评论》1998年第1期。

［330］庄岚、范文俊:《走新型工业化道路需要处理好若干重大关系》,《理论视野》2008年第3期。

［331］钟太洋、黄贤金、孔苹:《农地产权与农户土地租赁意愿研究》,《中国土地科学》2005年第1期。

［332］钟太洋、黄贤金、陈逸:《基本农田保护政策的耕地保护效果评价》,《中国人口·资源与环境》2012年第1期。

［333］Wu,Yuzhe.Zhibin mo.Yi Peng.and Martin Skitmore.Market-driven Land Nationalization in China:A New System for the Cipitalization of Rural Homesteads,Land Use Policy,2018(1),pp.255-276.

［334］Francois Perroux.Economic space:theory and applications,Quarterly Journal of Economics,1950(1),pp.89-104.

[335] Friedmann John.Regional Development Policy:A Case Study of Venezuela,Cambridge:M.I.T.Press,1966,pp.2-10.

[336]Patrick Geddes.City Development,A Report to the Carnegie Dunfermline Trust,New Jersey:Rutgers University Press,1904,pp.35-55.

[337]David Harvey.The urbanization of capital:studies in the history and theory of capitalist urbanization,Baltimore:The Johns Hopkins University Press,1985,pp.112-135.

[338] Gottman,Jean.Megalopolis or the urbanization of the Northeastern Seaboard,Economic Geography,1957(7),pp.31-40.

[339]Daniel Bell.The Coming of Post-Industrial Society:A Venture in Social Forecasting,Journal of the Operational Research Society,1980(1),pp.83-84.

[340] Todaro,M.P.A.Model of Labor Migration and Urban Unemployment in Less Developed Countries,The American Economic Review,1969(1),pp.138-148.

[341]Demsetz,H.Towords.A Theory of Property Rights,American Economic Review,1967(2),pp.347-359.

[342] Coase R. H. The federal communications commission, Journal of law and economics,1959(2):pp.1-10.

[343]Feder Gershon,Feeny David.Land Tenure and Property Rights:Theory and Implications for Development Policy,World Bank Economic Review,1991(1),pp.135-153.

[344]Macmillan D.C..An Economic Case for Land Reform,Land Use Policy,2000(1),pp.49-57.

[345]Li X.Zhou W.Ouyang Z.Forty years of urban expansion in Beijing:What is the relative importance of physical, socioeconomic, and neighborhood factors?, Applied Geography,2013(1),pp.1-10.

[346] Liao F.H.F.Wei Y.H.D.Modeling determinants of urban growth in Dongguan,China:a spatial logistic approach,Stoch Environ Res Risk Assess,2014(28),pp.801-816.

[347]ZHANG Tingwei.Community features and urban sprawl:The case of the Chicago metropolitan region,Land use policy,2001(18),pp.221-232.

[348]Wolfram G.The sale of development rights and zoning in the preservation of open space:Lindahl equilibrium and a case study,Land Economics,1981(3),pp.398-413.

[349]Yi chun Xie.Yu Mei.Socio-Economic Driving Forces of Arable Land Conversion:A Case Study of Wuxian City,China,Global Environmental Change,2005(3),pp.238-252.

［350］Jianhua He. Yaolin Liu. Yan Yu. Wenwu Tang. Weining Xiang. Dianfeng Liu. A counterfactual scenario simulation approach for assessing the impact of farmland preservation policies on urban sprawl and food security in a major grain producing area of China, Applied Geography, 2013(2), pp.127-138.

［351］Tao Liu. Hui Liu. Yuanjing Qi. Construction land expansion and cultivated land protection in urbanizing China: Insights from national land surveys, 1996-2006, Habitat International 2015(2), pp.13-22.

［352］Juan FENG. Erik LICHTENBERG. Chengri DING. Balancing act: Economic incentives, administrative restrictions, and urban land expansion in China, China Economic Review, 2015(5), pp.184-197.

［353］Homer-Dixon T.F. Environment, Scarity and Violence, Princeton University Press, 1999, pp.23-34.

［354］Conbere. J.P. Theory building for conflict management system design, Conflict Resolution Quarterly, 2001(19), pp.215-236.

［355］Boydell, S. Land Tenure and Land Conflict in the South Pacific, Consultancy Report for the United Nations Food & Agriculture Organization, 2004, pp.125-155.

［356］Muzondo LF. Barry M. Dwar D. Land conflicts in Informal Settlements: Wallacedene in Cape Town, South Africa, Urban Forum, 2007(18), pp.171-189.

［357］Lee. J. Alston. Land Reform Policies, the Sources of Violent Conflict, and Implications for Deforestation in the Brizillian Amazon, Journal of Envionmental Economics and Management, 2000(39), pp.162-188.

后　记

本书是我主持的国家社科基金一般项目《工业化、城镇化进程中的农村土地制度改革研究》(14BJL071)的最终研究成果,感谢课题组成员湖南师范大学公共管理学院社会学魏逊、魏白莎和浙江大学经济学院彭魏倬加同志在前期社会调查、数据收集与整理过程中付出的辛勤劳动。感谢湖南省自然科学基金杰出青年科学基金项目(2019JJ20009)提供的支持。本书为贵州大学贵州基层社会治理创新高端智库建设、农林经济管理一级学科博士点研究成果。

课题研究的大部分工作是在清华大学中国农村研究院从事博士后研究完成的。本书的出版,首先要特别感谢博士后合作导师韩俊教授、孟庆国教授。博士后从事"三农"问题研究期间,我非常荣幸地得到韩老师和孟老师两位恩师的言传身教,两位恩师严肃的科学态度、严谨的治学精神、精益求精的工作作风,深深感染和激励着我,导师以其学识开阔了我的眼界、启发了我的思维,使我受益颇多,教会了我许多做人、做事、做学问的道理。

感谢清华大学中国农村研究院的各位领导、老师和同事,特别是陈锡文院长、何宇鹏副院长、王亚华副院长从专业方面给予诸多有益指导,赵瑞娜老师等为我们研究工作顺利开展创造了良好条件;感谢清华大学中国农村研究院的各位学兄、学友,特别是陈春良博士、张瑞娟博士等,各位领导、老师和学友给予了我悉心的指导和热情的帮助!

还要感谢我的博士生导师游达明教授、硕士生期间结识的导师何振教授、工作期间结识的曾宝成教授、向文江教授等老师和领导对我一直以来的培养;感谢课题组成员单位湖南财政经济学院给予李中教授项目研究提供的支持;感谢工作单位洪名勇教授、伍国勇教授、唐小平博士、袁鹏举博士等有关领导和同事一直以来对我的帮助和鼓励;尤其是家人和亲戚朋友对我的支持与期盼。

在本书的写作过程中,参考和引用了大量的国内外文献,借鉴了国内外专家、学者的相关研究成果。这些文献资料与研究成果给我以启发,丰富了本书研究的内容,在此向所有文献资料的作者致谢。

中国农村土地问题是十分复杂的理论问题和实践问题,由于受主客观条件的限制,书中难免存在许多不足,甚至存在一些疏漏和错误,恳请同行谅解并批评指正。希望本书的出版,能够为读者提供有价值的线索和资料,为国家完善土地政策、法律,推动土地制度深化改革提供参考。

本书的顺利出版,归功于人民出版社提供的支持和高晓璐女士付出的辛勤劳动,在此,一并表示真诚的谢意。

刘卫柏

2020 年 10 月

责任编辑：高晓璐
封面设计：石笑梦
版式设计：胡欣欣
责任校对：黄常委

图书在版编目（CIP）数据

城镇化进程中的农村土地制度改革研究/刘卫柏,李中 著. —北京：
　人民出版社,2021.12
ISBN 978－7－01－023793－0

Ⅰ.①城…　Ⅱ.①刘…②李…　Ⅲ.①农村-土地制度-经济体制改革-
　研究-中国　Ⅳ.①F321.1

中国版本图书馆 CIP 数据核字（2021）第 198876 号

城镇化进程中的农村土地制度改革研究
CHENGZHENHUA JINCHENGZHONG DE NONGCUN TUDI ZHIDU GAIGE YANJIU

刘卫柏　李　中　著

人民出版社 出版发行
（100706　北京市东城区隆福寺街 99 号）

中煤（北京）印务有限公司印刷　新华书店经销

2021 年 12 月第 1 版　2021 年 12 月北京第 1 次印刷
开本：710 毫米×1000 毫米 1/16　印张：22.25
字数：320 千字

ISBN 978－7－01－023793－0　定价：69.00 元

邮购地址 100706　北京市东城区隆福寺街 99 号
人民东方图书销售中心　电话（010）65250042　65289539